福建师范大学学术著作出版资金资助出版

# 古漢語研究論集

林海权◎著

语文出版社

**图书在版编目(CIP)数据**

古汉语研究论集/林海权著. —北京:语文出版社,2010.4

ISBN 978-7-80241-308-5

Ⅰ.①古… Ⅱ.①林… Ⅲ.①汉语—古代—文集 Ⅳ.①H109.2-53

中国版本图书馆 CIP 数据核字(2010)第 042965 号

**古汉语研究论集**

林海权 著

*

**语文出版社出版**

100010 北京朝阳门南小街 51 号

E-mail:ywp@ywcbs.com

新华书店经销 北京鑫海达印刷有限公司印刷

*

890 毫米×1240 毫米 32 开本 12.25 印张 307 千字

2010 年 9 月第 1 版 2010 年 9 月第 1 次印刷

印数:1-1,500 定价:30.00 元

# 序

林海权教授是福建师范大学文学院老一辈的专家、教授，长期从事古代汉语的教学与研究，在语法学、训诂学、诗律学、音韵学诸领域均有较深的学术造诣，在国内学术界有一定的影响。新近，他对其学术论文做了整理和遴选，拟编辑出版《古汉语研究论集》。这是一件很好的事情，我非常乐意推荐这一本好书，并为之作序。

《古汉语研究论集》是林海权先生重要的学术著作，全书约30余万字，分为“语法篇”、“训诂篇”、“音韵·格律篇”三个部分，是先生几十年来心血的结晶。文章见解独到，观点鲜明，材料翔实可靠，论证严密有据，逻辑性强，有很高的学术价值。

“语法篇”所谈的内容主要是探讨在使用高校古代汉语教材过程中所遇到的一些疑难问题或有重大争议的问题。如“莫”字、“所”字的词性，“何所”的用法，人称代词“其”的句法功能，“孰与”的句式，用在主谓之间的“之”字的词性和作用，“有以”、“无以”的用法，“何以……为”、“无以……为”的句式以及“为”字的用法等等问题，作者都提出自己的看法。如说上古否定词“莫”字是否定副词，不是无定代词，在句中只能作状语，不能作主语。书上说上古人称代词“其”的语法作用是“名词加‘之’字”，在句中只能作定语，不能作主语。先生认为这种说法与人称代词是代替人或事物的名称这一性质不符，举了大量前词语名词之后并不加“之”的例子来证明其说不确，认为上古人称代词“其”在句中不但可以作定语，还可以作主语、宾语（近宾、介宾）和兼语，几乎后代人称代词“其”的句法功能在上古都已经出现了。他提出用在主谓之间的“之”字是语气助词，有表舒缓语气、调谐音节的作用，没有化句子形式为主谓短语等作用。他说“何以……为”、“何……为”句尾的“为”字是动词，这“为”有强大的带宾能力，其宾语总是要求紧靠在“为”字之前，形成一种反问或询问的习惯句式，这种句式有强调宾语的作用。他说用在动词前的“所”字是助词，是动词作定语的标志，而不是特别的指示代词。这部分论文新见迭出，很有说服力，受到学术界的重视。2001 年，第四届东南亚华文研讨会来函邀请先生以国际代表身份携带《论用在主谓之间的“之”字》一文赴泰国曼谷出席研讨会，在大会上做学术交流。2003 年，当代杰出管理专家人才名典编辑部发来用稿通知说：“经有关专家及新闻机构的宣传与推荐，确定您所撰写的《上古否定词“莫”字的词性研究》一文，具有较高的参考价值与研读价值，内容新颖，结构严谨，经审定符合入编大型理论文集《中华优秀论文（作品）集》。《“有以”、“无以”用法新探》发表当年，《全国高校文科学报文摘》曾摘要发表。

“训诂篇”也新见不少。如他说中古时代动词“闻”、“种”进入句子有一词两义而分别带宾的用法（如“闻磬声香烟”、“种鱼万尾橘千头”），是汉语词义和语法发展史上一种极为罕见的现象，这确是一个大发现。他说古书注解常用概括义的词来注释概括义的词（如“作”、“为”）往往掩盖了一词两义而分别带宾的现象，应注意区别，这无异于提出了一条新的训诂条例。他释“六国互丧”中的“互”字义为“相继”，既有词义考证的精核根据，又有坚实的史实根据。他看到《汉书》颜师古注以“互”释“更”，确定“更”、“互”是一组同义词。他更以此释《汉书·外戚传上》“王后所生四男更病死”中的“更”字义为“相继”，解决了古书“更”字释义的一个难题。他说副词“更”的交替、轮流义和相继义都产生于西汉，而在东汉获得广泛的应用，也言之凿凿，证据坚确可信。成语“振聋发瞶”中的“瞶”字《类篇》释为“目无精”，今有人说是“白内障”。先生从《正字通》“目中黑粒有光者亦曰精，今通作‘睛’”得到启示，认为“瞶”与“瞍”为同义词(“目无眸子曰瞍”,“目无精[睛]曰瞶”),破解了“瞶”字的今义训释问题。

“音韵·格律篇”有许多发现和创造、创新。《论陈第对我国古音学的贡献》从研究方法方面进行论述,是对王力先生着重从理论方面对陈第作出的评价的重要补充。2003 年,世界文化艺术研究中心确认本文为优秀论文,来函邀请参加评选,称:“经各界知名人士及有关机构的鼎力举荐,您的论文《论陈第对我国古音学的贡献》由国际优秀论文评选委员会初步筛选审定,现由世界文化艺术研究中心总干事、国际优秀论文评选委员会主任陆虓先生特别提名推荐,特发此函,诚邀你参加本次论文评选。”

他写《论近体诗产生的年代》、《谈六言近体诗的格律》和《论仄韵近体诗》等文,发现唐代五言近体诗(包括押平韵、押仄韵)产生于六朝,而七言平韵近体诗萌芽于六朝陈、隋而完成于初唐,六言平韵近体诗产生于唐代,这些都证据确凿,令人叹服。他拟出六言近体诗(包括押平韵和押仄韵)的四种平仄格式,又完整地拟出了五七言仄韵近体诗的四种平仄格式(王力先生只拟出五言仄韵近体诗的一种平仄格式),提出这些诗平仄拗救的原则和方法,这当会促进当代五七言仄韵近体诗和六言近体诗(包括平韵和仄韵)创作的繁荣,先生在这方面的历史性贡献不可低估。他是当代研究近体诗格律有所发现并有重要创造和创新的一个人。

林海权先生的研究坚持从语言的客观实际出发,他既重视今人的观点,也重视古人的看法,注意利用古书注释、古书异文、互文等的材料,加以认真的考证,辨明其是非而定去取,论证细密,观点新颖,其论文深度广度兼备,可信度强,很有可读性。

先生参加过高等师范院校《古代汉语》协编教科书的编写,为撰稿人之一。他参加过李贽《焚书》《续焚书》的注释,又参加过《实用古汉语大词典》词目的撰写,并为福建师大词目撰稿人改稿、定稿。他出版过《诗词格律与章法》、《李贽年谱考略》、《战国策选》、点校《杨时集》、点校《小山类稿》(与人合作)、整理点校《沈文肃公牍》、《杨时故里行实考》(与人合作)、《学生小辞海》(语文分册主编)、《<古代汉语>习题集》(主编)等。未出版的著作尚有《张岳年谱》、《古代汉语语法》、《训诂学》、《诗词曲格律及写作》、点校《林次崖先生文集》、《林海权诗选》等多种。《李贽年谱考略》是一部在海内外都有重大影响的学术著作。他整理点校的《沈文肃公牍》,被称为"是中国古籍出版中的一部精品佳作,为中国古籍、书信手稿整理提供难得的创新范本"。

林海权先生治学严谨,其《古汉语研究论集》新说随处可见,确是一部很有特色很有价值的学术专著。此书出版将对我国高校的古代汉语教学与研究产生积极的有益的影响。谓予不信,岁月可待。是为序。

国务院学位委员会第六届学科评议组成员
福建师范大学研究生院常务副院长
汉语言文学学科带头人、博士生导师教授马重奇

2009年3月13日

# 目　录

## 语法篇

## 训诂篇



## 音韵·格律篇

# 语 法 篇

# 上古否定词“莫”字的词性研究

在上古汉语里，否定词“莫”字的词性是什么？我国语言学界主要有两种不同的意见：一种认为“莫”是指示代词，以马建忠为代表，时称“约指代字”[1]；一种认为“莫”是否定副词，以周生亚为代表[2]。此外还有一种意见认为，“莫”既是指示代词（现一般称“无定代词”或“无指代词”），又是否定副词。持这一看法的有杨树达[3]、吕叔湘[4]、王力[5]、杨伯峻[6]、郭锡良[7]、朱星[8]、何乐士[9]诸人。现行的中学语文课本，一部分古文注本，甚至素以“释义精确”著称的《现代汉语词典》也都采用这种观点，可见其影响之巨大。

但持“莫”字可以作指示代词的人，大多指出这“莫”是代替名词的，即它是个名词性的指示代词，说它是“无人”、“无物”、“无地”或“没有人”、“没有谁”、“没有什么东西（事情、地方）”等的意思，但谁都没有明说把“莫”字看作指示代词和否定副词的根据是什么以及二者如何划界的问题，因此在分析具体例子时就难免发生严重的意见分歧。请看以下的例子：

(1)君仁莫不仁，君义莫不义。（孟子·离娄上）

(2)溥天之下，莫非王土。（诗经·小雅·北山）

(3)为君计，莫若遣君子孙昆弟能胜兵者悉诣军所。（史记·萧相国世家）

(4)宋莫能守。（墨子·公输）

(5)三岁贯女，莫我肯顾。（诗经·魏风·硕鼠）

例(1)(2)中的“莫”字杨树达、何乐士认为是无指代名词[10]

或代词[11]，而吕叔湘认为是副词[12]。例（3）中的“莫”字杨树达认为是副词[13]，而何乐士却认为是代词[14]。例（4）中的“莫”字杨伯峻认为是无指代词[15]；而华中师院中文系编的《文言虚字》认为是副词[16]；人民教育出版社《古代散文选》上册则持两可态度，注曰：“莫能，不能，没人能。”例（5）中的“莫”字殷孟伦等认为是副词[17]，而黄岳洲却认为是无定代词[18]。为什么会出现这种互相矛盾的现象呢？这是因为各人的认识不一与所持的标准不同的缘故。周生亚虽然提出“莫”是副词的看法，也进行了一些具体的语法分析，但他仍然把“无人”、“无物”等说成是“莫$_A$在具体语言环境里所表现出来的语法意义”[3]，因而仍然缺乏说服力。因此，“莫”字的词性还是一个尚待解决的问题。这个问题的正确解决，不但可以纠正“无”、“毋”、“亡”、“罔”、“靡”等一系列否定词被牵连比附而误定词性的偏差，而且有助于准确地注解和翻译古书，值得认真探讨。本文拟就上古汉语否定词“莫”字的词性进行一些粗浅的研究，但不涉及“莫”字用作动词“无”（如《韩非子·七术》“莫众而迷”）的问题。

一

词类是按句法功能分出的类。在上古汉语里，否定词“莫”字的词性究竟是名词性的指示代词还是副词？还是二者兼而有之？要解决这个问题，首先还是要看看它到底具有哪一类词的句法功能。根据考察，在上古汉语里，否定词“莫”字只具有否定副词的句法功能，而不具有名词性指示代词的句法功能。现分述如下：

**第一，名词性指示代词可以用在名词前修饰名词作定语，而否定词“莫”字不能修饰名词。**名词性指示代词可修饰名词，如《左传·文公元年》：“且是人也，蠭目而豺声，忍人也。”以上指示代词“是”修饰名词“人”，作定语。但否定词“莫”不能修饰名词，当它用来修饰名词时，则该名词用如动词。例如：

(1)王后、夫人非莫蚕也。(礼记·祭统)

(2)寡人不席而坐地，二三子莫席，而子独搴草而坐之，何也？(晏子春秋·内篇谏下)

(3)君死乎外，而莫之或罪。(左传·昭公三十一年)

以上句中谓语部分的名词“蚕”、“席”、“罪”受否定词“莫”的修饰，都用如动词。如例(1)“莫蚕”意即“不养蚕”。余类推。否定词“莫”不能修饰名词的这种情况和其他副词完全相同。如晁错《论贵粟疏》：“女不蚕织。”《孟子·梁惠王上》：“王无罪岁。”其中名词“蚕”、“岁”因受否定副词“不”、“无”的修饰，都用如动词，意即“养蚕”、“归罪”。由此可见，否定词“莫”并不具有名词性指示代词的句法功能，而具有副词的句法功能。

**第二，名词性指示代词一般不能修饰动词或形容词①，而否定词“莫”可以修饰动词或形容词作状语。**如《公羊传·僖公二十八年》：“此执其君。”又《文公十二年》：“其心休休能有容，是难也。”以上指示代词“此”、“是”用在动词“执”、形容词“难”前，并不修饰动词、形容词，而是整个谓语陈述的对象。但否定词“莫”用在动词或形容词前则是修饰动词或形容词的。例如：

(1)有子七人，莫慰我心。(诗经·邶风·凯风)

(2)国人莫敢言，道路以目。(国语·周语上)

(3)如使人之所欲莫甚于生，则凡可以得生者何不用也？(孟子·告子上)

例(1)南宋朱熹注：“而我七子，独不能慰悦母心哉！”例(2)三国吴·韦昭注：“不敢发言，以目相眄而已。”以上“莫”字分别修饰

①名词性指示代词偶尔可以修饰动词作状语。例如杜甫《登楼》：“花近高楼伤客心，万方多难此登临。”

动词“慰”、“敢”，都是否定副词。例(3)瞿果行《孟子选读》注：“如果人所需要的东西没有比生更重要……。”“莫”修饰形容词“甚”，也是否定副词。

有人认为用在动词谓语否定句中的“莫”字是无指代名词或否定性的无定代词，如《论语·宪问》“莫我知也夫！”和“自经于沟渎，而莫之知也”中的“莫”字就是“无人”或“没有谁”的意思。这种看法值得商榷。

**首先，对用法相同的语言事实“不”、“未”等的认识不一致，不相符。**大家知道，用否定副词“不”、“未”等的否定句，动词的宾语如果是一个代词，一般要放在动词前。这是上古汉语否定句的一个共同特点。如《论语·先进》：“不吾知也。”《孟子·梁惠王上》：“臣未之闻也。”用否定词“莫”的否定句代词宾语一般也要放在动词前。例如：

(1)人莫之能诬也。(荀子·王霸)

(2)非子莫能吾救。(战国策·中山策)

(3)亡君夫人，不可以莫之死也。(左传·昭公二十三年)

(4)“闻道百，以为莫己若”者，我之谓也。(庄子·秋水)

为什么以上用法相同的“不”、“未”等是否定副词而“莫”字却是无定代词呢？

再说，在先秦时代，否定句代词宾语后置的现象也已经出现了。如《诗经·王风·黍离》：“不知我者谓我何求。”《论语·阳货》：“其未得之也，患得之。”用“莫”的否定句也不例外。例如：

(1)岂不尔思，远莫致之。(诗经·卫风·竹竿)

(2)螭魅罔两，莫能逢之。(左传·宣公二年)

以上情况证明：用“莫”的否定句其代词宾语前置或后置的规律与“不”、“未”等完全一致。为什么“不”、“未”等是否定副词，而“莫”字不是否定副词呢？

**其次，与否定句代词宾语前置的规律不符。**否定句代词宾语前置有一条不可移易的规律，这就是动词必须受否定副词的修饰；如果动词不受否定副词的修饰，则不能前置代词宾语。主张“莫”是无指代名词的人不是说这“莫”是“无人”之义吗？照此说来，“莫”和“无人”该是可以互换的了。但事实上，“无人”不可以代替“莫”，“莫”也不可以代替“无人”。比如我们不能把《离骚》“国无人莫我知兮”改成“国莫无人我知兮”。为什么呢？因为古汉语没有“无人我知”的说法。这个事实说明了一条语法规律：只有当否定副词是直接否定动词时代词宾语才能前置，否则就不能。那么所谓“无定代词”或“无指代词”的真实含义是什么呢？顾名思义，所谓“无定代词”或“无指代词”应该是一个否定自身存在的“指示代名词”；既然如此，在动词谓语句里，它还能够前置代词宾语吗？这岂不是自相矛盾？其实所谓的“无定代词”或“无指代词”与前置宾语是互不相容的两件事：既认为是无定代词或无指代词就不能前置宾语，是前置宾语的就决不是无定代词或无指代词，不能亦此亦彼，或可此可彼。而从语言的客观实际看，所谓的无定代词或无指代词是根本不存在的。

**再次，与千百年来人们的共同语感不符。**如上述《论语·宪问》：“自经于沟渎，而莫之知也”，范晔《后汉书·应劭传》引作：“子曰：经于沟瀆，人莫之知。”朱熹《四书集注》也说：“莫之知，人不知也。”而“莫我知也”，清刘宝楠《论语正义》说：“莫我知者，夫子叹己不见用，由世人莫我知故也。”在“莫”字居于句首的“莫”字句，古人在注释时都不认为这“莫”字是代词，故他们都不约而同地要补出主语“人”或“世人”来。

**第三，名词性指示代词不能受副词的修饰，而否定词“莫”则可以受别的副词的修饰。**如《左传·成公二年》：“天下多美妇人，何必是！”这“必”并不是修饰“是”（指夏姬），而是修饰整个谓语

的。而否定词“莫”则可受其他副词的修饰。例如:

(1)夫以信召人,而以僭济之,必莫之与也。(左传·僖公二十五年)僭,不信。济,成。与,助也。

(2)群臣皆莫敢谏。(吕氏春秋·开春论)

例(1)“必莫”连用,是“必”修饰“莫”,然后共同修饰“与”,不是“必”、“莫”分别修饰“与”。余类推。由此可见,“莫”是一个否定副词。郭翼舟认为“决不责备”中,副词“决”就是副词“不”的状语。(见郭翼舟著《副词、介词、连词》,新知识出版社1957年11月第1版,第9页)

这里值得注意的是,例(2)“莫”字前可受范围副词“皆”的修饰,这是一个最具启发性的例子。它不但可以帮助我们明确地认识“莫”字的词性是副词,而且还可以帮助我们明确地认识这“莫”字是一个表示总括否定的副词。我们看到,上古用“莫”作否定副词的句子,其主语必须是复数的(上古几乎没有例外,中古后则不同,请参看《语法札记壹》)。吕叔湘先生把“莫”字归入“表示否定的总和”中去讲述[4],正是认识到“莫”字的这个特性的。正因为这样,“莫”字往往可以和表范围的副词“皆”字同时出现在主语是复数的句子里。有时句子里即使不用“皆”字,也往往可以在“莫”字前再加一个“皆”字去理解。古人给古书作注,有时正是这样做的。例如:

(1)吾有司死者三十三人,而民莫之死也。(孟子·梁惠王下)孙奭疏:“而民皆莫之死也。”

(2)忧来无方,人莫之知。(曹丕:善哉行)李善《文选》注:“而人皆莫能知之。”

对于这些例子,难道我们能够说引文中的“莫”字是指示代词,而注疏中的“莫”字是否定副词吗?显然是不能够的。我们认为,用否定词“莫”的句子,不论“莫”字前是否出现别的副词或他类的词,这"莫"字的词性统统是副词。

**第四,名词性指示代词不能修饰否定副词"不"、"非",而否定词"莫"则可以修饰否定副词"不"、"非"。**如《左传·庄公二十三年》:"是不可鞭。"《公羊传·隐公三年》:"此非先君之意也。""是"、"此"用在"不"、"非"前,但它并不修饰"不"、"非",而是整个谓语陈述的对象。而否定词"莫"用在否定副词"不"、"非"前,情况就不同了。例如:

(1)莫不尽力,以从上命。(左传·成公十六年)

(2)民莫不逸,我独不敢休。(诗经·小雅·十月之交)

(3)一民莫非其臣也。(孟子·公孙丑上)

以上例句中的"莫"字分别用在"不"、"非"前,是以双重否定的形式表示对谓语的肯定,都含有"皆"(都)的意思。然而有人认为这种用法的"莫"字是无指代词。这说得通吗?

对于这种双重否定的现象,马建忠说:"句中有两弗辞者,则先者弗其后者(着重点为笔者所加。下同),与无弗辞同。"[5]吕叔湘先生也说:"一句之中,上下两次用否定词,就含有肯定的意思,正如数学里负乘负得正一样。"又说:"上头用'莫'字或'无'字否定其下的另一否定词,不但表示肯定,且含有皆之意。"他并明确指出"莫不"、"莫非"即等于"咸"、"皆"。[6]我们认为,马、吕二先生的这种看法是符合语言的实际的。由于"莫不"、"莫非"是以双重否定的形式来表示对动词谓语的肯定的,所以代词宾语不能前置,这也是我们认为这"莫"字是否定副词的另一个重要的理由。对于这种双重否定的形式,古人有时即用"皆"字来注释,如例(2)朱熹即注:"众人皆得逸豫。"古书有时甚至"皆"和"莫不"连用。如成玄英《庄子序》:"而自古高士晋汉逸人皆莫不耽翫,为之义训。"这都说明"莫"是否定副词。

**第五,名词性指示代词可以用在动词、形容词前作主语,用在**

**动词、介词后作宾语；而否定词“莫”不能作主语、宾语。**指示代词“是”“此”等用在动词、形容词前作主语的例子见以上第二点，请参看。“是”、“此”等用在动词、介词后作宾语的，如《左传·宣公十五年》：“武子疾，命颗曰：‘必嫁是！’”《楚辞·渔父》：“何故至于斯也？”而否定词“莫”不能用作动词或介词的宾语，“莫”用在动词、形容词前也不作主语，而是作状语（说见前）。

然而主张“莫”可作指示代词的人，他们都说“莫”字“在句中只能作主语”。现在我们不妨试作一下句法分析，看看把“莫”字看作主语到底会遇到什么困难。请看以下的例子：

（1）子曰：“莫‖我知也夫！”（论语·宪问）

（2）治地莫‖善于助，莫‖不善于贡。（孟子·滕文公上）

例（1）如果第一刀切在所谓的主语“莫”字之后，则谓语是“我知”，原来的代词宾语前置的关系看不出来了。这句话也不能用通常分析句子的方法来发问，比如说，问：“‘莫’怎么样？”——答：“我知。”例（2）也不能说成“‘莫’怎么样？”——“善于助”、“不善于贡”。第一刀切下去之后，为什么句意完全相反了呢？可见这“莫”字是不能离开动词或形容词谓语而成为陈述的对象——主语的，这不是很清楚了吗？再从语音停顿上看，以上“莫我知”、“莫善于助”、“莫不…”都要连读，中间不能停顿。但一般句子的主谓之间是可以有语音停顿的。从这点看，把“莫”字说成是主语也是有困难的。

可是“莫”字为什么会被误认为句子的主语呢？看来除了词义认识上的偏差外（说详后），可能还有一个句法认识上的原因，这就是“莫”字经常居于句首（有时则是居于宾语部分之首）。其实这是一种误解。“皆”字有时也居于句首，但我们能说这“皆”字也是主语吗？例如《左传·僖公四年》：“十月戊申，[大子]缢于新城，姬遂谮二公子曰：‘皆知之。’”《荀子·天论》：“皆知其所以成，莫知其无形,夫是之谓天功。”前一例“皆”字前省略主语“二公子”,后一例“皆”字前省略主语“人”,它们分别是对话和泛指时省略。“莫”字居于句首(或宾语部分之首)之所以被误认为主语还有一个重要的原因,就是人们不承认这种句子也有一个成分省略的问题。为什么平时讲句子成分的省略,可是一遇到“莫”字句,总感到是个例外,这不是一件十分奇怪的事吗?其实,参看一下古注,这个问题不难迎刃而解。因为古注遇到这种句子,**常常补出主语**来。这个问题上面已经谈过了,现再略举数例:

(1)蝃蝀在东,[ ]莫之敢指。(诗经·鄘风·蝃蝀)

(2)戎狄是膺,荆舒是惩,则[ ]莫我敢承。(诗经·鲁颂·閟宫)郑玄笺:“天下无敢御也。”

(3)虽失天下,[ ]莫敢有也。(谷梁传·僖公二十四年)范宁集解:“郑不敢有之以为国。”

(4)凡祭,有其废之,[ ]莫敢举也。(礼记·曲礼下)孔颖达疏:“如殷时废柱祀弃,则后人不敢复举柱而祭之也。”

(5)福重乎羽,[ ]莫之知载。(庄子·人间世)成玄英疏:“……贪竞之徒不知载之在己。”

(6)五间俱起,[ ]莫知其道。(孙子·用间)杜牧注:“……敌人不知其情泄露之道。”

(7)始终若环,[ ]莫得其伦。(淮南子·精神训)高诱注:“伦,理也,道也,人莫能得焉。”

以上各例主语都是泛指的,是主语**共喻省略**,古人在给古书作注时,都分别补出主语。例(1)朱熹注:“言蝃蝀在东,而人不敢指。”这个注释表明了朱熹是认识到“莫”字句是个省略了动作主体的句子,而“指”这个动作的主体不言而喻是“人”,因此他就毫不犹豫地补出个“人”字作主语。

由于“莫”是一个表示总括否定的副词,其主语一般是泛指的，是表示复数的名词，又由于有一定语言环境的衬托，有谓语动词的标示，动作行为的主体即使不说，其意思还是明确的，因此古人往往把"莫"字前的主语径行省去，这就是"莫"字句主语共喻省略之所以能够存在的独特条件和原因。

"莫"字句主语省略除了上述共喻省略外，还有**承上文而省略**的。承上一分句的主语而省略的。例如：

(1)天下莫能知，[ ]莫能行。(老子·七十章)

(2)在陈绝粮，从者病，[ ]莫能兴。(论语·卫灵公)

例(1)第二分句"莫能行"，主语"天下"承前省略，意即"天下之人不能实行"。余类推。承上一分句的宾语而省略的，例如：

(1)狂者伤人，[ ]莫之怨也。(淮南子·说林训)

(2)攻城略地，[ ]莫不降下。(淮南子·兵略训)

(3)号令行于天下，而[ ]莫之能非矣。(淮南子·氾论训)

(4)今使臧获奉君令诏卿相，[ ]莫敢不听，非卿相卑而臧获尊也，主令所加，[ ]莫敢不从也。(韩非子·难一)

例(1)主语承上一分句宾语"人"而省略。例(2)主语承上一分句宾语"城"、"地"而省略。例(3)主语承上一分句介词宾语"天下"而省略。例(4)第二分句主语承第一分句宾语"卿相"而省略，第五分句主语隔句承第一分句宾语而省略。对于这种承上省略的现象，古人也是认识到的。现举两例：

(5)而死生终始，将为昼夜，而[ ]莫之能滑。(庄子·田子方)

(6)则之野，有众逐虎，虎负隅，[ ]莫之敢撄。(孟子·尽心下)

例(5)成玄英疏："死生不能滑乱。"例(6)孙奭疏："众人皆莫敢撄。"可见他们是认识到这里分别承上一分句的主语、第二分句的宾语而省略了主语"死生"和"众"。

**形容词比较句**主语省略的现象较少见。但如果主语与形容词谓语相同时也可**蒙后省略**。例如：

(1)[ ]莫神于天,[ ]莫富于地,[ ]莫大于帝王。(庄子·天道)

(2)[晋平公]乃喟然叹曰:"[ ]莫乐为人君,惟其言而莫之违。"(韩非子·难一)

例(1)主语分别蒙后谓语"神"、"富"、"大"而省略。例(2)主语蒙后谓语"乐"而省略。对于这种省略现象,我们可以从《楚辞·九歌·少司命》"悲莫悲兮生别离,乐莫乐兮新相知"这种句式中获得启示和认识。

**综上各点所述,名词性指示代词可以修饰名词,不能修饰动词、形容词,而否定词"莫"则可以修饰动词、形容词和"不"、"非"等副词,有时还可以受其他副词的修饰,而不能修饰名词;名词性指示代词在句中可以作主语、宾语、定语,而否定词"莫"则不能作主语、宾语、定语,只能作状语。否定词"莫"根本不具有名词性指示代词的任何句法功能,却具有副词的全部句法功能。由此可知,在古代汉语里,特别是在上古汉语里,否定词"莫"确实是一个货真价实的否定副词,这不是一清二楚了吗?**

## 二

否定词"莫"的词性是副词已如上述,那末"莫"字的词义又如何呢?我们认为,"莫"字过去之所以被误认为指示代词,显然**也是和对词义的错误认识有关**。最早提出"莫"是"约指代字"的是马建忠。现姑以他所举的例子来考察,看看他把"莫"说成是"无人"之义到底是否可信。马建忠在说"莫"是"约指代字"时举《左传·成公十六年》"各顾其后,莫有斗心"为例后解释说:"莫者,无人也。"[7]这是缺乏根据的。这句话杜预只注:"人恤其所底",哪有什么"无人"的意思呢？从《马氏文通》所举的几个"莫"作"约指代字"的用例看，只有《论语·里仁》"不患莫己知"，[宋]邢昺疏"不患莫己知者，言不怕无人见知于己也"一例多少还有点影子外，其余都找不到古注的根据来。

根据本人的考察，在古代汉语里，"莫"不但没有"无人"之义，而且也没有"无物"、"无地"之义。那种把"莫"说成"为'无人'、'无地'、'无物'之义"[8]或"相当于'没有谁'、'没有人'、'没有什么东西(事情、地方)'"[9]，看来都是承袭了马建忠的错误而来的。下面我们着重引用一些**古书注解**、**古书异文**和**互文**的材料，来讨论"莫"字的词义，以和马建忠的说法相比较。我们觉得，**只要是从语言的客观实际出发，而不是凭主观臆测，不论今人古人，都是可以达到共同的认识的**。下分几点来谈：

第一，"莫"用在**动词**前。有几种情况：

甲、表示对一般动作行为(或能愿)的否定，相当于"不"。古人一般**用"不"来训释**。例如：

(1)五者一物纰缪，民莫得其死。(礼记·大传)东汉·郑玄注："一事失，则民不得其死。"

(2)三岁贯女，莫我肯德。(诗经·魏风·硕鼠)郑玄笺："不肯施德于我。"

(3)岂有他故兮，莫好脩之害也。(屈原：离骚)东汉·王逸章句："……以上不好用忠正之人害其善士之故。"

(4)虽使五尺之童适市，莫之或欺。(孟子·滕文公上)东汉·赵岐注："……不相为诈，不相欺愚小也。"

(5)仲尼闻之曰："女知莫若妇，男知莫若夫。"(国语·鲁语下)三国吴·韦昭注："言处女之智不如妇，童男之智不如夫也。"

(6)唯其言而莫予违也。(论语·子路)魏·何晏集解："所乐者惟乐其言而不见违。"

(7)莫保其性。(左传・昭公八年)晋・杜预注:“民不敢自保其性命。”

(8)之人也,物莫之伤。(庄子・逍遥游)晋・郭象注:“而物亦不伤之也。”

(9)民莫之令而自均。(老子・三十二章)晋・王弼注:“则民不令而自均也。”

(10)均也,其绝也莫绝。(列子・汤问)晋・张湛注:“莫绝,言不绝也。”

(11)人知其一,莫知其他。(诗经・小雅・小旻)唐・孔颖达疏:“……而不知其他事也。”按,《荀子・臣道篇》引此,唐・杨倞注:“……而不知小人为害有甚于此也。”

(12)国人莫知。(公羊传・隐公元年)唐・徐彦疏:“今此传云国人不知,明是国内凡人也。”

(13)惧匏瓜之徒悬兮,畏井渫之莫食。(王粲:登楼赋)唐・李善《文选》注:“《周易》曰:‘井渫不食,为我心恻。’……”

(14)莫知所之。(孙子・九地篇)唐・杜牧注:“三军但知进退之命,不知攻取之端也。”

(15)人皆知我所以胜之形,而莫知吾所以制胜之形。(孙子・虚实篇)北宋・梅尧臣注:“知得胜之迹,而不知作胜之象。”

(16)子曰:“小子何莫学夫诗?”(论语・阳货)北宋・邢昺疏:“莫,不也。孔子呼门人曰:‘何不学夫诗也?’”

(17)子曰:“谁能出不由户,何莫由斯道也?”(论语・雍也)梁・皇侃疏:“莫,无也。”宋・邢昺疏:“譬何人立身不由于此道也。”朱熹注:“言人不能出不由户,何故乃不由此道邪?”

(18)道往者其人莫往,道来者其人莫来。(管子・形势篇)清・宋翔凤云:“当从宋道潜本,言人与道化,而不见其往;亦与道俱化,而不见来也。”

以上各例中的“莫”字，从东汉的郑玄、王逸、赵岐、高诱，到三国的韦昭，魏的何晏，晋的杜预、郭象、王弼、张湛，梁的皇侃，唐的孔颖达、徐彦、杨倞、成玄英、李善、杜牧，北宋的梅尧臣、邢昺，南宋的朱熹，清的宋翔凤等[10]，都训为“不”。他们有的是在串讲中解释了“莫”的词义，有的则是引用古书的出典来作印证。而值得注意的是例(16)《论语·阳货》“小子何莫学夫诗?”句，邢昺疏直接指出：**“莫，不也。”**这是一条最可宝贵的训诂资料，但可惜这个义项并没有为后代的字典、辞书所收录。再以《论语·宪问》“自经于沟渎而莫之知也”一例来看，这是一个被我国语言学界举为“没有谁”解的典型例子，但朱熹并不注为“无人知之也”，而是注为“人不知也”。由此可见，在古代汉语里，古人确实是把“莫”字作为表示否定的副词来理解和运用的。

以上这种用法的“莫”字义同“不”，还可从**古书异文**或**互文**中得到证明。例如：

(1)道常无名，朴虽小，天下莫能臣。(老子·二十七章)清·魏源注：“河上本作‘不敢臣’，此从傅奕本。”

(2)燕楚所以形服，天下莫敢不听也。(史记·田敬仲完世家)按，《战国策·齐四》原作：“燕楚以形服，天下不敢不听。”

(3)故人主之性，莫过乎所疑，而过于其所不疑；不过乎所不知，而过于其所以知。(吕氏春秋·谨听)

(4)有杀戮妾媵，有黩乱上下，父兄弗之罪也，天下莫之非也。(干宝：晋论·总论)

例(1)(2)是古书异文，例(3)(4)是古书互文。这情况说明在古代“莫”“不”、“莫”“弗”是可以通用的。

乙、**表示对存在动词“有”的否定**，相当于**“没”**(副词)。古人用**“无”**或**“不”**来训释。例如：

(1)明日日晏矣，莫有偾(仆倒)表(柱)者。(吕氏春秋·慎小)高诱注:“莫,无也。”

(2)尽瘁以仕,宁莫我有。(诗经·小雅·四月)朱熹注:“今也尽瘁以仕,而王何其不我有哉?”

以上用“无”、“不”训“莫”,这“无”、“不”意即“没”,都是副词。古书常有用“无”修饰“有”的例子。如《墨子·公孟》:“知道之莫之若也,而不从道者,无之有也。”这“有”前的“无”字是副词,义同“没”。可见上述句中的“莫”字也是副词,其词义也是“没”。

丙、**表示对事情的否定,即表示事情还没有实现**,相当于**“未”**(没有)。古人曾用“未”来注“莫”。例如:

(1)人见其表,莫测其里。(潘岳:夏侯常侍诔)李善《文选》注:“《尚书·大传》:孔子谓子贡曰:子见其表,未见其里。”

(2)请惑闻之见之,则必以为有;莫闻莫见,则必以为无。(墨子·明鬼下)请,通“诚”;惑,通“或”。

(3)夫湿之至也,莫见其形而炭已重矣;风之至也,莫见其象而木已动矣。(淮南子·泰族训)

丁、**用于祈使句,表示禁止**,相当于**“勿”**(不要、别)。《史记·商君列传》:“秦惠王车裂商君以徇,曰:‘莫如商君反者!’”杨树达《词诠》引此,说:“莫,禁戒副词,勿也。”先秦时代“莫”已有这种用法了。例如:

(1)明日徙舍,斩有罪者以徇,曰:“莫如此不用王命!”(国语·吴语)

但“莫”用于祈使句,先秦时代还很少见。《国语》也仅《吴语》出现过5例。

第二,“莫”用在**形容词**前。主要有用在比较句和非比较句两种情况,表示对性状的否定,相当于**“没有”**(副词)或**“不”**。例如:

(1)败莫大于不自知。(吕氏春秋·自知)高诱注:“莫,无也。”

(2)多语寡人辰(指星辰)而莫同,何谓辰?(左传·昭公七年)

(3)计三年耕而余一年之食……虽涔旱灾害之殃,民莫困穷流亡也。(淮南子·主术训)

例(1)(2)的“莫”字用在比较句的形容词前,相当于“没有”,古人即用“无”来训释。例(1)“败莫大于不自知”,意即“失败没有比不自知更大了”。例(2)(3)的“莫”字用在非比较句的形容词前,相当于“不”。例(2)“莫同”即“不同”。例(3)“民莫困穷流亡”,意即“民不会困穷流亡”。

以上我们引用了大量的古书注释、古书异文和互文的材料证明,在古代汉语里,否定词“莫”并没有“无人”、“无地”、“无物”等的意义。不过古人在给“莫”作注释时,有时既训以“无”,又释以“无人”,或直接用“无人……”来串讲,这又应如何看待呢?如《论语·宪问》:“子曰:‘莫我知也夫!’”梁·皇侃疏:“莫,无也。”宋·邢昺疏:“言无人知我者。”这“无人”,并不是“莫”的词义,而是注释家用另一种表达方式来对释而已,不能作为确定“莫”是指示代词的依据。此外,还有一种是用“无……者”来解释“莫”字句的,如《诗经·小雅·小弁》:“心之忧矣,宁莫之知。”孔颖达疏:“故我心之忧矣,曾无知之者。”这是古文句译,而不是释词。句译与同义词注释有别,不能据以确定“莫”字的词性。“莫”不相当于“无人”,也不相当于“无地”、“无物”。“无地自容”、“无事生非”、“无物以相之”,难道能够说成“莫自容”、“莫生非”、“莫以相之”吗?

有人问:既然“莫”字并无“无人”、“无地”、“无物”之义,亦无“没有谁”、“没有人”、“没有什么东西(事情、地方)”等意思,不过用这些说法去翻译“莫”字句为什么却又是可通的?我们认为,如上述“[ ]莫我知也夫!”依原句结构应译为:“人家不了解我啊!”但也可依现代汉语的表达习惯译为:“没有谁了解我啊!”前者是从行为方面来进行否定,后者是从人的方面来进行否定,二者着眼点不同,表达方式不同(前者是省略句,后者是无主句),但都是全称否定,所以句意得以相通。但下面的例子则不然。《盐铁论·非鞅》:“东西南北,莫可奔走。”主语“商鞅”承前省略,依原句结构应译为,“[商鞅]东西南北,不能再奔跑逃命了”,但如译为:“[商鞅]东西南北,没有地方可奔跑逃命了。”意思显然有别。《淮南子·说林训》:“狂者伤人,[ ]莫之敢怨。”其意是:“患狂病的人伤害了别人,[别人](指那被伤害的人)也不敢恨他。”如译为“没有人敢恨他”,那就失之笼统了。再说,有些句子本来已有主语,还能再用“没有人”、“没有什么”去翻译吗?如《墨子·七患》:“四邻莫救”,意即“四方的邻国都不来救援”,《左传·宣公二年》:“善莫大焉”,意即“善事没有比这个更大了”,如果译为“四方的邻国没有哪一个邻国来救援”,“善事没有任何善事比这个更大了”,这行吗?

## 三

上面我们对否定词“莫”字进行了一番历史的考察和初步的研究,它完全可以证明,在古代汉语里,否定词“莫”确实是一个表示否定的副词而不是什么指示代词。这是因为:(一)从句法功能看,否定词“莫”只有副词的句法功能,根本不具有指示代词的句法功能,它在句中只能作状语,根本不能作主语。(二)从意义上看,否定词“莫”是一个多义词,它在不同的语言环境里有不同的词汇意义和语法作用,它有“不、没、没有、未(没有)、勿(不要、别)”等意义,是一个表示叙述否定或禁止否定的副词,根本没有“无人”、“无物”、“无地”等的意思。在古代汉语里,根本不存在一个区别于否定副词的指示代词“莫”。那种认为“莫”字可作指示代词的看法是没有根据的。事实上,**把否定词"莫"看作指示代词是马建忠及其后的某些学人的事**,而不管在这之前或之后,我国古人一直都是把否定词"莫"作为一个表示否定的副词来理解和运用的。据此可知,过去把否定副词"莫"称为"无定代词"或"无指代词"是如何地不恰当了。**所谓"无定代词"或"无指代词",即以否定副词之意义+指示代词之作用而名之也。**名不正,则言不顺,无怪乎人们无法划清指示代词"莫"和否定副词"莫"的界限,无法说清指示代词"莫"的语法特点和用途,无法圆满地解决"莫"字句的句法分析问题。把代词的作用强加在否定副词"莫"字的身上,把不同类的词强捏在一起,又如何能够说得清楚呢?

*　　　　*　　　　*　　　　*

在古代汉语里,被误定词性的除否定词"莫"字外,还有"无(無)"、"毋"、"靡"[11]、"亡"、"罔"[12]等。这些词,无论从句法功能还是从意义看,也都是否定副词。它们在上古和"莫"字语音相近,都是唇音明母字,韵部同类或相近(如"无"、"毋"[mua]属鱼部,"莫"[muak]属铎部,"亡"、"罔"[muag]属阳部,"靡[mai]"属歌部),因义亦不殊,故可通用(旁转或对转),即因音近义通而被借用为否定副词。在近代,它们则因其意义、用法和"莫"字相类而被牵连比附而误定词性。下举几个"无"、"毋"、"亡"、"罔"、"靡"被误认为无指代词的例子:

(1)臣相人多矣,[ ]无如季相。(史记·高祖本纪)主语"人"承前省略。

(2)上察宗室诸窦,[ ]毋如窦婴贤。(史记·魏其武安侯列传)主语"宗室诸窦"承前省略。

(3)奋无文学,恭谨[ ]无与比。(史记·万石君传)主语"人"泛指省略。

(4)冬十二月,郡中毋声,[ ]毋敢夜行。(史记·酷吏列传)

主语“人”泛指省略。

(5)楚战士无不一以当十。(史记·项羽本纪)

(6)文王孙亡弗褱(怀)井(刑)。(班毁)

(7)四方之民罔不祇畏。(尚书·金縢)

(8)[ ]靡不有初,鲜克有终。(诗经·大雅·荡)按,《战国策·秦策》引此,高诱注:“靡,无。”

以上各例中的“无”、“毋”、“亡”、“罔”、“靡”都是否定副词。例(1)至(4)中的“无”、“毋”相当于“不”,在句中作状语;例(5)至(8)中的“无”、“亡”、“罔”、“靡”相当于“没有”,它们分别与否定副词“不”、“弗”连用,以双重否定的形式表示对动词谓语的肯定,都含有“皆”意。例(5)刘淇《助字辨略》引,并说:“无不,皆辞。”由此可见,在古代汉语里,也根本不存在一些区别于否定副词的无指代词“无”、“毋”、“亡”、“罔”、“靡”等,这不是十分清楚了吗?

说是易,说不是难。我们的看法不一定都对,还请专家、读者不吝批评指正。

**参考文献:**

[1][21][23][24]《马氏文通校注》上册,中华书局1956年第1版,第97页、98页、199页。

[2][19]周生亚.《“莫”字词性质疑》,《中国语文》1964年第4期,第301页。

[3][10][13][25][28]杨树达.《词诠》,第24页、33页、536页。

[4][12][20][22]吕叔湘.《中国文法要略》(修订本),商务印书馆1956年版,第188页、第239页、246页、第310页。

[5]王力主编.《古代汉语》(修订本)第一册,中华书局1981年第1版,第267页、第268页。

[6][15]杨伯峻.《文言语法》,北京出版社1956年第1版,第58页。

[7]郭锡良等编.《古代汉语》上册,北京出版社1981年第1版,第283页、第322页、第324页。

[8][26]朱星主编.《古代汉语》下册,天津人民出版社1980年第1版,第110页。

[9][11][14]何乐士等编著.《文言虚词浅释》,北京出版社 1980 年第 1 版,第 180 页。

[16]华中师院中文系古代文学教研室编.《文言虚字》,内部交流教材 1973 年 5 月,第 46 页。

[17]殷孟伦等编.《古代汉语简论》,山东人民出版社 1979 年第 1 版,第 26 页。

[18]黄岳洲.《〈原君〉难句疏解》,《中学语文教学》1981 年第 8 期,第 24 页。

[27]分别引自阮元.《十三经注疏》、朱熹《四书集注》、中华书局《诸子集成》(一)至(八)册、朱熹《楚辞集注》、洪兴祖《楚辞补注》、李善《文选》注、郭沫若等《管子集校》等有关部分的注释,不一一详列版本及页码。

[29]杨伯峻.《上古无指代词"亡"、"罔"、"莫"》,《中国语文》1963 年第 6 期,第 473 页。

1982 年 4 月 5 日初稿

11 月修改

(原载《福建师范大学学报》(社科版)1983 年第 1 期(下))

# 谈“何所”

## 一

《史记·孟尝君列传》:“孟尝君问传舍长曰:‘客何所为?’”“何所为”在这里询问事物,意思是“能干什么”。这“何所为”是古代汉语的一种表示询问的习惯说法。这种习惯说法语法书上通常用“何所……”来表示。

过去的语法书一般认为“何所……”这种习惯说法是一种主谓倒装的疑问句:“所……”是“所”字词组,在句中用作主语,“何”字用作谓语,“何所……”就是“所……(者)何”的倒装形式[1]。如“何所不容”,意思是“无所不容”,这种说法在意思上带有周遍性。最近有人提出新解,认为“何”在句中作主语,“所”字词组用作谓语,“何所为”是一个以判断句形式出现的疑问句。[2]这两种看法的共同之点都是把“所”和它后面的词语看成是一个“所”字词组,不同之点是对这种句式是不是倒装在认识上有差异。近几年来,笔者留心观察“何所……”句子的一些用例,发现**古人总是把“何所”作为一个语言单位来运用**,这就给我们指出了一条探索“何所……”句式的新途径。本文就“何所”在句中的用法谈些粗浅的看法。

## 二

在古代汉语里,“何所”是一个用来**询问处所、事物和人的习惯用语**。其中“何”是疑问代词,相当于“什么”;“所”是名词,相当于“许”、“处”（地方）。“何所”在句中通常作**状语**、**宾语**，有时也作**主语**和**定语**。

“何所”在句中作**状语**的，例如：

(1)若非侵小，将何所取？（左传·襄公二十九年）

(2)子何所不逞欲？请送子。（左传·昭公十四年）

(3)何所无君？（左传·哀公十四年）

(4)何所独无芳草兮，尔何怀乎故宇？（屈原：离骚）

(5)天何所沓？十二焉分？（屈原：天问）王逸《章句》：“沓，合也。言天与地合会于何所？”朱熹《楚辞集注》云：“沓，合也。此问天与地合会于何所？”

(6)致兹亏丧，何所逃罪？（任升彦：奏弹曹景宗）

(7)黄帝、帝喾、帝颛顼、帝舜之母，何所受气？文王、武王、周公、孔子之母，何所感吞？（论衡·奇怪篇）

(8)儒者三命之说，竟何所定？（论衡·命义篇）

(9)锥刀各异能，何所独卻前？（曹植：当欲游南山行）

(10)专诸何所施其匕首？（独孤及：吴季子札论）

(11)仆何所得罪于人？（文天祥：与朱古平书）

以上各句，“何所”放在动词或动词性词组前作状语，表示处所修饰，意思是“何处”，也可简单地译为“哪里”。如例(1)“将何所取”就是“将何处取得”（将在哪里取得）。其余各例分析同。

“何所”在句中作**主语**、**定语**的，例如：

(1)何所冬暖？何所夏寒？（屈原：天问）

(2)以义兵从思东归之士，何所不散？（史记·淮阴侯列传）《中华活页文选》注：“何所不散，有什么敌人不能击溃呢？”

(3)人皆以为不治生业而饶给，又不知其何所人，愈信，争事之。（史记·封禅书）

例(1)“何所”作主语，问处所，意思是“什么地方”。例(2)

“何所”作主语，问人，意思是“什么地方的敌人”，这是修辞上的借代（以处所代人）。例（3）“何所”作定语，问处所，意思是“什么地方”。《论衡·道虚篇》亦有此段记载，其中“何所人”作“何许人”，可知“何所”即“何许”。当然，“何所”比“何许”的用法广泛得多。

“何所”作**宾语**有两种情况：一是作**介词的宾语**；一是作**动词的宾语**。“何所”作介词、动词的宾语，问处所，意思是“什么地方”。例如：

（1）田于何所？池阳谷口。（汉乐府诗·郑白渠歌）

（2）与我期［ ］何所？乃期东山隅。（繁钦：定情诗）

（3）新妇从何所来而相为炊？（太平广记卷62《女仙·白水素女》）

（4）安求其事，难而逃之，将何所入？（左传·定公四年）北大《先秦文学史参考资料》注：“将何所入，大意是，将逃到什么地方去呢？”

（5）荡子何所之？天下方太平。（汉乐府诗·鸡鸣）北大《两汉文学史参考资料》注：“这种游手好闲的人将要往哪里去呢？”

（6）从尔何所之？乃在大海隅。（曹丕：秋胡行）

例（1）“何所”作介词“于”的宾语，例（2）“何所”作省略的介词“于”的宾语，例（3）“何所”作介词“从”的宾语，例（4）（5）（6）“何所”作动词“入”、“之”的宾语，都是问处所。这种用法的“何所”，习惯放在单音动词前。

“何所”用在动词前，也可用来询问事物。“何所”的这种用法，大概始于春秋末年。《左传·襄公三十一年》：“敢请执事，将何所命之？”“何所命之”意即“［拿］什么来指示我们”。这“何所”是问事物。但当时这种用法很少见。如《左传》一书共用五个“何所”，只有一个问事物，而到战国末年，情况就不同了。屈原《天问》共用十三个“何所”,问事物的即达七个。由此可以看出“何所”在用法上的发展。

**“何所”问事物是由问处所发展而来的,后代更成为一个询问事物的习惯用语。这种用法的“何所”,作用相当于“何”,**通常放在单音动词(或形容词用作动词)前作宾语,意思是“什么东西”,也可简单地译为“什么”。例如:

(1)鲧何所营?禹何所成?(屈原:天问)

(2)载尸集战,何所急?(同上)

(3)天上何所有?历历种白榆。(汉魏乐府·陇西行)

(4)问女何所思,问女何所忆。(木兰诗)

(5)黍稷委畴陇,农夫何所获?(曹植:赠丁仪)

(6)山中何所食?岭上多白云。(陶宏景:诏问“山中何所有”,赋诗以答)

(7)人生富贵何所望?恨不早嫁东家王。(萧衍:河中之水歌)

(8)南风刎颈送公子,七十老翁何所求!(王维:夷门歌)

(9)飘飘何所似?天地一沙鸥。(杜甫:旅夜书怀)

例(1)“何所营”即“营何所”,意为“营求什么东西”或“营求什么”。余类推。这种用法的“何所”因为是从问处所发展而来的,多少还带有点“何处”的意味,如“农夫何所获”也可理解为“农夫何处获”,不过“何所”作为一个询问事物的习惯用语,它给人的感觉是与单用一个“何”字的用法相当,如“何所有”意与“何有”相当,“何所食”意与“何食”相当。《汉魏乐府·战城南》:“黍稷不获君何食?”跟“黍稷不获君何所食”在意思上也没有什么不同。文中不用“何”而用“何所”,似有强调动词宾语的作用。

“何所”放在动词前用来询问人的较少见,这也是由问处所发展而来的,意思是“什么人”,也可简单地译为“谁”。例如:

(1)齐王曰:“天下何所归?”曰:“归汉。”(史记·郦生陆贾列传)

(2)思心何所怀?怀我欧阳子。(曹摅:思友人)

从答话看,以上两个问句从谓语的性质看都是叙述句,而不是判断句,“何所”分别作“归”、“怀”的宾语。

**“何所”的作用相当于“何”,[东汉]郑玄在《诗》笺、王逸在《楚辞章句》中早已指出来了,[唐]孔颖达也有同样的看法。**请看以下的例子:

(1)薄污我私,薄澣我衣。害澣害否?归宁父母。(诗经·周南·葛覃)毛传:“害,何也。”郑笺:“我之衣服,今者何所当见浣乎?何所当否乎?”

(2)何有何亡?黾勉求之。(诗经·邶风·谷风)郑笺:“君子何所有乎?何所亡乎?”

(3)何阖而晦?何开而明?(屈原:天问)王逸章句:“言天何所阖闭而晦冥,何所开而明晓乎?”

(4)不知我者谓我何求。(诗经·王风·黍离)孔颖达疏:“不知我之情者,乃谓我之何求乎,见我久留不去,谓我有何所求索。”

(5)终南何有?有条有梅。(诗经·秦风·终南)孔颖达疏:“彼终南大山之上何所有乎?乃有条有梅之木。”

(6)无父何怙?无母何恃?(诗经·小雅·蓼莪)孔颖达疏:“无父何所依怙?无母何所倚恃?”

从以上笺、疏、章句中可以看出,郑、王、孔三人都认为“何所”相当于“何”,在句中作动词的宾语,用来询问事物。这是十分清楚的。

另外,“何所”相当于“何”,还可以从**古书异文**得到证明。例如《史记·淮阴侯列传》:

(1)今大王诚能反其道,任天下勇武,何所不诛?以天下城邑封功臣,何所不服?以义兵从思东归之士,何所不散?

对于文中的"何所",王念孙指出:"三'所'字皆后人所加。《索隐》本出'何不诛'三字,注曰:'刘氏云:言何所不诛也。'又出'何不散'三字,注曰:'刘氏云:用东归之兵,击东方之敌,无不散败也。'则正文内无三'所'字明矣。《汉纪》有三'所'字,亦后人据误本《史记》加之。《汉书》(按,指《汉书·韩信传》)、《新序》并无三'所'字。《盐铁论·结和篇》:'夫以天下之力勤何不摧,以天下之士民何不服?'句法与此同。"(王念孙:读书杂志·史记第五·"何所不")王念孙的考证十分有力。这条异文也证明,在古代,"何所"和"何"的用法是相通的。

三

"何所"跟"安所"、"焉所"、"奚所"比较,也可以看出"何所"是一个用来表示询问的习惯用语。

古书上"安所"、"焉所"、"奚所"经常使用,也是一个询问处所、事物或人的习惯用语,在句中通常作状语和宾语。现在先谈"安所"。

"安所"在古书上的基本用法与"何所"同。《论衡·书虚篇》:"宜听君高之说,诚会稽为会计,禹到南方,何所会计?如禹始东死于会稽,舜亦巡狩至于苍梧,安所会计?"前面用"何所",后面用"安所",可见"安所"即等于"何所";反之亦然。**"安所"通常在句中作状语,询问处所或人物。**例如:

(1)周尚安所事金乎?(庄子·说剑)

(2)一倾,而天下用法皆为轻重,民安所措其手足?(史记·张释之冯唐列传)王伯祥《史记选》注:"老百姓有什么地方可以安顿他们的手和脚呢?"

(3)顾王策安所决耳!(史记·淮阴侯列传)王力主编《古代

汉语》(修订本)第三册注:“只看王计策从哪个方面决定罢了。”

(4)安所求子死(尸)? 桓东少年场。(汉书·尹赏传)

(5)信义安所见乎?(汉书·苏武传)信义又从哪里表现出来呢?

(6)[齐]王曰:“然则寡人安所太仁? 安不忍人?”[成驩]对曰:“太仁于薛公,而太不忍于诸田。……”(韩非子·内储说上·七术)

例(1)至例(4)“安所”询问处所,例(5)“安所”询问行为的对象(人物),这“安所”也是从询问处所(即“[于]安所”)引申而来的。这些“安所”也完全可以换成“何所”,其作用和意义不变。

**“安所”在句中作宾语,询问处所或事物**。例如:

(1)屣履下高堂,东西安所之?(汉魏乐府·伤歌行)

(2)四海一何局,九州安所如?(曹植:仙人篇)

(3)孤魂游穷暮,飘飖安所依?(孔融:杂诗)

(4)归来安所期? 与物齐终始。(王康琚:反招魂诗)

以上句中的“安所”也完全可以换成“何所”而意思不变。

**“焉所”、“奚所”** 在古书中较少见,通常用在动词前作**状语,询问处所或人物**。例如:

(1)多言焉所告? 繁辞将诉谁?(阮籍:咏怀)

(2)政有所不通,事有所可疑,奚所咨而处焉?(韩愈:送温处士赴河阳军序)

例(1)“焉所告”等于说“何所告”,问对象;例(2)“奚所咨”等于说“何所咨”,问处所。

四

上面我们已经对“何所”的用法作了一个概要的叙述。现在再回到 **“何所……”是不是倒装句**的问题上来。在这个问题上,我们认为，下面两个问题值得探讨：

第一，如果把“何所”切割为“何”和“所”字词组两个部分，并且把它看作是“所……（者）何”的倒装，那将会在分析和解释“何（安）所”前有副词、能愿动词，后有连词的句子时遇到困难。例如：

（1）王室多故，余惧及焉，其何所可以逃死？（国语·郑语）

（2）郗君以为然，曰：“将何所以得组也？”（吕氏春秋·去尤）

（3）将军迎操，欲安所归乎？（资治通鉴·赤壁之战）

以上各例，有的“何（安）所”前面有副词、能愿动词，有的“何所”后面有连词。例（1）傅庚生《国语选》注：“何所可以逃死，什么地方可以逃避，免于一死？”例（2）“将何所以得组也？”意即“将从什么地方得到这种丝绳呢？”例（3）“欲安所归乎？”张荣安《文言文助读》说：“‘安所归’即‘归安所’，‘安所’，何处，什么地方。即归到什么地方去。”[3]以上的注译和说明都是对的。但如果把这些句子看作是“所……（者）何（安）”的倒装，那么例（1）的句子结构是“其所可以逃死（者）何”，例（2）是“将所以得组（者）何也”，例（3）是“欲所归（者）安乎”。这样，叙述句变成了判断句，句中原来修饰动词的词“其”、“将”和能愿动词“欲”都失其位次，有些词甚至改变了原来的词性（如连词“以”变成了介词），有的句子变得不通了（如例（3）），有的改变了句意，如例（1）即变成了：“可以逃避一死的方法是什么呢？”原来是问处所，现在变成问方法了。又如：

（1）我之大贤与，于人何所不容？（论语·子张）

（2）凡举进士者，于先进之门，何所不往？（韩愈：答刘正夫书）

例（1）“于人何所不容”，意思是“对人何处不能包容呢？”这是反问句。但如依倒装的看法，则“于人所不容（者）何”，意思是“对人不能包容的是什么呢？”没有明显的反问语气。例（2）“何所不往？”意思是“何处不去呢？”“何所”是状语。但如依倒装的看法，则是“所不往者何?”“所不往”是主语,而本句的主语实际上是“举进士者”。因此根据这种看法,也无法进行正确的句子成分分析。

第二,如果把“何所”切割为“何”和“所”字词组两个部分,并且把它看作是“所……(者)何”的倒装,那么在分析连动式谓语句时也会遇到困难。例如:

(1)钟起去,康曰:“何所闻而来?何所见而去?”钟曰:“闻所闻而来,见所见而去。”(世说新语·简傲)

以上所引是嵇康和钟士季的对话。有人可能根据钟士季答话中有“所”字词组“所闻”、“所见”,从而证明嵇康的问话“何所闻”、“何所见”中的“所闻”、“所见”也是“所”字词组,并且认为“何所闻”、“何所见”就是“所闻(者)何”、“何见(者)何”的倒装。我们认为,嵇、钟二人在这里所用的基本句式相同,都是连动谓语句,其主要成分都是“闻而来”、“见而去”,但二人所用的结构方式并不完全相同,故二人对话中“何”、“所”连用,貌同而实异。嵇康问话中两个“何所”分别放在“闻”、“见”之前,问事物,意思是“(你们)听到什么东西而来?看到什么东西而去?”而钟士季的答话则是把“所闻”、“所见”用作“闻”、“见”的宾语。如果把嵇康的问话看成是“所闻(者)何而来?所见(者)何而去?”则句子的前半是判断、后半是叙述,二者不相协调,古人没有这种判断与叙述杂糅的句式。古代汉语连动谓语句中用“何所”来表示询问的不少,不论“何所”位置在前在后,也都应该这样去看待。例如:

(1)临乐何所叹?素丝与路岐。(张景阳:杂诗)

(2)卖炭得钱何所营?身上衣裳口中食。(白居易:卖炭翁)

例(1)句中“临”、“叹”两个动词连用,表示一先一后的行为,而其中用“何所”问事物,作“叹”的宾语。例(2)句中“卖”、“得”、“营”三个动词连用,它们之间除时间上有先后相继的关系之外,还表示后一行为“得钱”是前一行为“卖炭”的目的,而“营”又是前面“卖炭得钱”的目的，而其中用“何所”问事物，作“营”的宾语。如果把以上两个句子看作“临乐所叹（者）何？”“卖炭得钱所营（者）何？”则前半是叙述、后半是判断，二者也不相协调，古人也没有这种叙述与判断杂糅的句式。

**参考文献：**

[1]王力主编.《古代汉语》（修订本）第一册，中华书局1981年第1版，第367页。

[2]南开大学.《古代汉语读本》（修订本），天津人民出版社1981年第1版，第323页。

[3]张荣安.《文言文助读》，安徽教育出版社1984年第1版，第70页。

（原载《福建师范大学学报》（社科版）1986年第3期）

# “……孰与……”的两种基本句式试析

## 一

古书上“孰与”二字连用，表示询问，有两种基本句式：

甲式：吾孰与徐公美？（战国策·齐一）

乙式：子孰与起？（史记·孙子吴起列传）

救赵孰与勿救？（战国策·齐一）

甲式可用“A＋孰·与B·x”来表示；乙式可用“A＋孰·与·B”来表示。这两种句式的主要不同之点在于句尾是否出现比较的内容。甲式句尾出现比较的内容“X”；乙式句尾不用任何词语来指出比较的内容。这两种句式显然有别。但是，目前我国语法学界对上述两种句式往往不加区分，都说成是“用来比较人物的高下或事情的得失”的[1]。有人因此认为乙式是甲式的省略形式[2]，或者认为甲式与“……与……孰……”式也没有什么不同，这就不可避免地造成了混乱。对于上述甲、乙二式中连用“孰与”，有人则说它“是由疑问代词‘孰’和介词‘与’结合而成的结构”[3]。总之，“孰与”连用，在不同句式中其词性、作用究竟如何，彼此间的关系怎样，它们在句中作何成分，这类句子应该如何分析等等，目前还没有一个清楚而明确的答案。本文拟以句式为纲，探讨“孰与”连用在不同句式中的词性以及它们在句中的地位和作用，从而解决“……孰与……”两种基本句式的句法分析问题。

## 二

**甲式：“A＋孰·与B·X”**。这是古代汉语里一种表示比较性选择问的习惯句式。意思是:"A跟B相比哪一个X?"(例见前甲式引)这种句式是由"A与B+孰·X"这种句式变化而来的。这里我们姑且把"A与B+孰·X"这种句式称为丙式。请看以下的例子:

吾与徐公孰美?(战国策·齐一)

礼与食孰重?(孟子·告子下)

丙式是一种选择问句式,其中"与"是连词,连接选择的两项;"孰"是代词,表示选择问;句尾的形容词指出选择的内容。这种句式意思是:"A和B哪一个(件、种)X?"以上例(1)连词"与"连接选择的两项"吾"和"徐公",组成联合词组作主语,"孰"和"美"组成主谓词组作谓语。例(2)的分析同此。

但有时为了加强选择的比较性,突出比较选择的主体,也可以对上述丙式的句法结构加以变化,即把疑问代词"孰"提到"与"的前面来。如上述"吾与徐公孰美?"也可以改变句式说成:

吾孰与徐公美?(战国策·齐一)

从比较中,我们可以清楚地看出这两种句式之间的演变关系。但这两种句式的结构关系是不同的。在丙式里,"与"是连词,连接选择的两项;而在甲式里,"与"是介词,引进比较选择的对象,"与"和它的宾语所组成的介宾词组在句中作状语。以上述句子而言,"吾"是全句的主语,"孰与徐公美"是主谓词组作谓语,而"孰"是这个主谓词组的主语,介宾词组"与徐公"是谓语"美"的状语。全句意为:"我和徐公**相比**哪个漂亮呢?"这种句式,带有比较的作用,但其基本性质还是选择问,可以叫做**比较性的选择问句**。请再看以下的例子:

[邹忌]谓其妻曰:"我孰与城北徐公美?"其妻曰:"君美甚,徐公何能及君也!"(战国策·齐一)

这个例子很富启发性。答话中"君美甚",表示**选择**作答;"徐公何能及君也”,表示**比较**作答。不过这种句子,选择作答通常省去,而让它从比较作答中体现出来。如:“忌不自信,而复问其妾曰:‘吾孰与徐公美?’妾曰:‘徐公何能及君也!’”这里,“徐公何能及君也”既体现了选择,又表示了比较,把比较和选择结合起来了。

甲式和丙式不同。甲式“A+孰·与B·X”这种句式有两个显著的特点是丙式所不具备的。这就是:

其一,甲式全句的主语有时可以省略,而丙式则不能。例如:

> 沛公曰:“[　]孰与君少长?”良曰:“[　]长于臣。”(史记·项羽本纪)

在这句话中,主语“项伯”在对话中省略了。如要明白说出,则是“‘[项伯]孰与君少长?’良曰:‘[项伯]长于臣。’”但用连词“与”连接的两项则不能省去一项,否则就不成其为选择问句了。[注]

其二,甲式介词“与”之后可以介进代词“之”表示比较选择的对象,而丙式连词“与”之后不能用代词“之”,因为连词“与”不能连接代词“之”。例如:

> 司空马说赵王曰:“……赵孰与秦大?”曰:“不如。”“民孰与之众?”曰:“不如。”“金钱粟孰与之富?”曰:“弗如。”“国孰与之治?”曰:“不如。”“相孰与之贤?”曰:“不如。”“将孰与之武?”曰:“不如。”“律令孰与之明?”曰:“不如。”(战国策·秦

[注]《孟子·公孙丑下》:“王自以为[　]与周公孰仁且智?”这仍是一个比较性的选择问句,宾语中的主语“王”在对话中省略。如果不省略,这自然是个选择问句。这种例子上古也极少见,也许是由选择问句演变为比较性选择问句过程中的一种过渡形式,故也可以视为独立的一类。正因为这种句式易与丙式相混,故早就被淘汰不用了。在这句里,“与”是介词,引进比较选择的对象“周公”,在句中作状语。

五）

以上是司空马与赵王的对话，二人一问一答。第一句“与”之后引进比较选择的对象名词“秦”，以下各句“与”之后即用代词“之”来代替“秦”，由此完全可以证明这“与”是介词而不是连词。由此可见甲式“A＋孰·与B·X”和丙式“A与B＋孰·X”的句式是不同的，虽然它们在一定条件下有时可以互相变换其形式。

甲式“A＋孰·与B·X”这种句式，其句子的基本结构是“主(A)——谓(孰·与B·X)。”谓语是个主谓词组，其基本结构是：“主(孰)——状(与B)——谓(X)。”但甲式的句子也可以有变化，这表现在：

第一，甲式句子的主语不但可以省略（见前），有时还可以在“孰·与B·X”前用介宾词组来指出比较选择的范围。例如：

大王自度[　]A于皇帝孰与太上皇之与高帝及皇帝与临江王B亲X?（汉书·窦田灌韩传）颜师古注：“孰与，犹言何如也。”“之”，是表示舒缓语气的语气助词。

这句话的宾语是个主谓词组：主语“大王”承前省略，“于皇帝”作状语，指出比较选择的范围，修饰后面的谓语；而在谓语中，“孰”是主语，“亲”是谓语，“与太上皇之与高帝及皇帝与临江王”是介宾词组作状语。全句意为：“您自己考虑一下，[您]跟皇帝的关系，跟太上皇和高帝的关系以及皇帝和临江王的关系相比，哪个更亲呢?”

第二，有时，甲式在表示比较内容“X”之前还可加一“之”字。例如：

今之如耳、魏齐A孰与孟尝、芒卯B之贤X?（战国策·秦四）

在这里，“之”是表示舒缓语气的语气助词[4]，句子用了“之”，意思跟不用“之”的句式同,结构关系也一样:“如耳、魏齐”是主语,“孰与孟尝、芒卯之贤”是谓语。在谓语中,“孰”是主语,“贤”是谓语,“与孟尝、芒卯”是介宾词组作状语。全句意为:“现在的如耳、魏齐跟孟尝、芒卯相比哪个贤明?”这种用法的“之”也可不用。如《史记·陆贾列传》:“我孰与萧何、曹参、韩信贤?”

A　B　X

这个句子在“贤”之前就不用语气助词“之”。

此外,甲式还有两个问题值得注意:

第一,甲式的句子从询问的对象看,大体可分为问人、问物、问事三类。其中问事的句子比较复杂。因为比较选择主体和客体都可以是一件事,故这种句子的主语和介词“与”的宾语往往用一个动词词组或主谓词组来充当。例如:

早救之　孰与晚救之便?(战国策·齐一)之,代韩氏。

A　X　B　X

不识坐而待伐,孰与伐人之利?(战国策·韩二)之,语

A　B　X

气助词。

例(1)“早救之”是主语,“孰与晚救之便”是谓语。在谓语中,“孰”是主语,“便”是谓语,“与晚救之”是介宾词组作状语。全句意为:“早去救它跟晚去救它相比,哪一种对我国有利?”例(2)分析同。只是例(2)在“利”之前用了表示舒缓语气的语气助词“之”。但用了语气助词“之”,并不影响句子原来的结构关系和原有的意思,其意为:“坐着等待别人来进攻跟主动进攻别人相比,哪一种对我国有利?”

第二,甲式有时可以不用“孰与”,而用“何如”。这二者词性、意义相同。全句的意思和句法结构也和用“孰与”的一样。例如:

汝意谓长安何如日远?(世说新语·夙惠)

A　B　X

这个句子的宾语“长安何如日远”是个主谓词组。其中“长

安”是主语,“何如日远”是谓语。在谓语中,“何”是主语[注],“远”是谓语,“如”是介词,与“日”组成的介宾词组作“远”的状语。全句意为:“你认为长安跟太阳相比哪个离我们远?”这个句子也可说成“汝意谓长安孰与日远?”同样地,“吾孰与徐公美?”也可说成“吾何如徐公美?”二者句意相同,结构关系也一样。只是在这种句式里,先秦多用“孰与”少用“何如”,中古多用“何如”,少用或不用“孰与”,二者的区别仅此而已[5]。王引之《经传释词》卷九说:“书传中言‘孰与’者,皆谓‘何如’也。《广雅》曰:‘与,如也’”他举例说:“《秦策》曰:‘今日韩魏孰与始强?’对曰:‘弗如也。’……是‘孰与’即‘何如’也。”王引之的话是正确的。

三

乙式:“A+孰·与·B”。这是一种比较问句,一种用来询问人物高下或事情得失的习惯句式。意思是:“A跟B相比怎么样?”例如:

(A)类:然则君料臣(A)孰与舜(B)?(战国策·楚四)

(B)类:救赵(A)孰与勿救(B)?(战国策·齐一)

(A)类问句是比较人物的高下;(B)类问句是比较事情的得失。这种句式与上述表示比较选择询问的甲式相比,是“孰与”后不出现比较的内容(表示高下、得失的形容词性词语)而直接让主语和宾语所代表的人或事物进行比较,从而体现出人物的高下或事情的得失来。在这种句式里,“孰与”的性质作用和甲式不同,但也相当于“何如”。王引之所说的“书传中言‘孰与’者,皆谓‘何如’

[注]“何”在上古汉语里可作句子的主语。例如《左传·昭公七年》:“封略之内,何非君土?食土之毛,谁非君臣?”

也”,也是对乙式而言。故此可知上述“臣孰与舜”即等于说“臣何如舜”;“救赵孰与勿救”即等于说“救赵何如勿救”。此用“孰与”或用“何如”,仅仅是时代的差异而已。《三国志·蜀书·诸葛亮传》:“樊建何如宗预?”也等于说“樊建孰与宗预”。司马相如《子虚赋》:“楚王之猎,孰与寡人?”李善《文选》注引郭璞云:“与,犹言如也。”可见上述句式中“与”相当于“如”是自古以来人们的共同认识。不过,古人由于语法观念不如现代人明确,他们无法清楚地说明此“孰与”与彼“孰与”在语法上的区别。在乙式里,“孰”是问情状的疑问代词,在句中作状语;“与”是表示比较意义的动词,其义为“比”,在句中作述语。词的意义和词性是受句法结构制约的。在不同句式里,同一个词,由于它在句中地位和作用不同,其意义和词性自然也会相应地发生变化,这是毫不奇怪的。乙式“A+孰·与·B”这种句子的基本结构是:“主—状—述—宾。”例一“臣孰与舜”,“臣”是主语,“孰”是状语,“与”是述语,“舜”是宾语。全句意为:“那么您估量一下,臣下跟舜相比怎么样?”(意即谁高谁下。)例二“救赵孰与勿救”,“救赵”是主语,“孰”是状语,“与”是述语,“勿救”是宾语。全句意为:“救赵跟不救赵相比怎么样?”(意为孰得孰失。)

关于这“与”是动词而不是介词,我们还可从古书中相对为文的用例来考察。例如:

苏代为田需说魏王曰:“臣请问,文之为魏,孰与其为齐也?”王曰:“不如其为齐也。”“衍之为魏,孰与其为韩也?”王曰:“不如其为韩也。”(战国策·魏二)

以上“与”、“如”相对为文,其后都带主谓词组“其为齐”、“其为韩”作它的宾语,“如”是动词,与它相对为文的“与”自然也是动词无疑。

乙式问人物高下的(A)类和问事情得失的(B)类,虽然其共

同的句式都是"A＋孰·与·B",但仔细分析,这两类句子仍有细微的区别。这表现在:

第一,(A)类通常还要在句子前头的某个位置上指出比较的内容(用"X"表示,下同);(B)类则否。例如:

陛下精兵孰与楚?(史记·陈丞相世家)
A X B

在这里,A与B分别提出比较的双方,X则指出比较的内容。全句意为:"您的精兵跟楚相比怎么样?"人物的差异是多方面的,如面貌、才能、事功等各个方面都会有所不同,故简单地拿一个人跟另一个人相比,总嫌笼统含糊,所以有必要指出比较的范围,这是(A)类所以常要在句子前头指出比较内容的原因所在。而(B)类则不然。(B)类由于是直接拿两件清楚而明白的事情来作比,所以不需要再指出比较的内容(例见上)。

第二,(A)类句子结构变化较多,(B)类较少。这是和上述两类句子的不同特点相联系着的。

(A)类由于通常还要指出比较的内容,所以比较主体和比较的内容在句中的位置经常发生变化。如用来比较的主体在句中或作主语,或作定语,或出现,或省略,而用来比较的内容在句中或作主语,或作状语,或移置句外去作一个独立的分句,如此等等,情况比较复杂。现列举如下:

(1)"A＋X＋孰·与·B"。例如:

卿之功孰与武安君?(战国策·秦五)
A X B

例句中"卿"是比较的主体,作定语;"功"是比较的内容,作主语;"孰"作状语;"与"作述语;"武安君"是比较的客体,作宾语。全句意为:"您的功业跟武安君相比怎么样?"

(2)"A＋X·孰·与·B"。例如:

王上者孰与周文王?(战国策·齐六)
A X B

此例“王”是比较的主体，作主语；“上”是表示比较的方向，作状语；“孰”作状语；“与”作述语；“周文王”是比较的客体，作宾语。全句意为：“王上面与周文王相比怎么样？”

在这种句式里，比较的主体主语有时也可以省略。例如：

貂勃曰：“然，臣固知王不若也。[__]下者孰与齐桓公？”
A X B

（同上）这里主语“王”承前省略。

（3）“X，‘A＋孰·与·B’”。例如：

起曰：“将三军，使士卒乐死，敌国不敢谋，子孰与起？”文
X A B

曰：“不如子。”（史记·孙子吴起列传）

在这里，“将三军，使士卒乐死，敌国不敢谋”是一个并列的分句，表示比较的内容，而“子孰与起”则是一个表示比较询问的分句。这种句子把比较内容移置句外，让它充当复句的一个分句，然后再用表示比较的句式来询问，这就避免了句子冗长、内容庞杂的弊病，从而收到了句短意明的效果。

（4）“A·X＋孰·与·B”。例如：

不审君之圣孰与尧也？（战国策·楚四）“之”，表示舒缓
A X B

语气的语气助词。

“君之圣”是主谓词组作主语，“孰”作状语，“与”作述语，“尧”是比较的客体，作宾语。在“君之圣”中，主语“君”是比较的主体，谓语“圣”是比较的内容，“之”是用在主谓之间表示舒缓语气的语气助词，与无“之”字的结构关系同，如下文“是君圣于尧而臣贤于舜也”，“君圣”之间就不用“之”字。全句意为：“您在圣明方面跟尧相比怎么样？”也可译为：“您的圣明与尧相比怎么样？”

这里顺便讨论一下这种在句前用形容词指出比较内容的句子的演变由来问题：乙式“君之圣孰与尧”，可以说是由甲式“君孰与尧圣”（或“君孰与尧之圣”）变化而来的。而甲式，前面已经说过，

则是由丙式变化而来，即“君孰与尧圣”是由“君与尧孰圣”这种句式变化而来。丙式变成甲式，把“孰”窜前，已突出了比较选择的主体，现乙式又把比较的内容从句尾提到句前，从句子的表达作用和效果说，就既突出了比较的主体，又强调了比较的内容，句子节奏明快，信息清晰，对比强烈，能给人以深刻的印象。

在这种句式里，比较的主体有时也可以省略。例如：

大王自料，[__]勇悍仁彊孰与项王？（史记·淮阴侯列传）
A　X　B

陛下自察，[__]圣武孰与高帝？（史记·曹相国世家）
A　X　B

例(1)“[大王]勇悍仁彊”是主谓词组作主语：其中主语“大王”承前省略，是比较的主体；谓语“勇悍仁彊”是比较的内容。全句意为：“大王估计一下，[大王]在勇悍仁厚强大方面跟项王相比怎么样？”例(2)分析同。

(B)类由于通常是拿两件事情来直接作比，所以语法结构变化较少。但如果作比的两项都是复杂的事件，则句子的主语和宾语也常是复杂的词组。例如：

妾赖天而有男，则是君之子为王也，楚国封尽可得，孰与其临不测之罪乎？（战国策·楚四）
A　B

在这里，“妾赖天而有男，则是君之子为王也，楚国封尽可得”是一个假设关系的复句结构，在句中作主语，“孰”作状语，“与”作述语，“其临不测之罪”作宾语。

有时主语太长，也可用“此”字来复指，从而把单句化为复句。例如：

将军何不还兵与诸侯为从，约共攻秦，分王其地，南面称孤，此孰与身伏鈇质，妻子为戮乎？（史记·项羽本纪）
A　A　B

这是一个解说关系的复句。前一分句"将军何不还兵与诸侯为从,约共攻秦,分王其地,南面称孤"提出比较的内容,后一分句加以总括,并比较其得失。在后一分句中,"此"是主语,"孰"是状语,"与"是述语,"身伏鈇质,妻子为戮"是宾语。

第三,(A)类和(B)类问话的态度不尽相同。

用(A)类这种句式来询问人物的高下时,说话人对谁高谁下一般心中有数,倾向于认为前者不如后者,故回答一般总是说前者"不(弗)如"、"不(弗)若"、"不及",从而肯定后者。例如:

> 貂勃避席稽首曰:"王恶得出此亡国之言乎?王上者孰与周文王?"王曰:"吾不若也。"貂勃曰:"然,臣固知王不若也。下者孰与齐桓公?"王曰:"吾不若也。"(战国策·齐六)

> 高曰:"君侯自料:能孰与蒙恬?功高孰与蒙恬?谋远不失孰与蒙恬?无怨于天下,孰与蒙恬?长子旧而信之孰与蒙恬?"斯曰:"此五者皆不及蒙恬,而君责之何深也?"(史记·李斯列传)

而询问事情的得失的(B)类则不然,可根据个人认为何者为得来回答。例如:

> 邯郸之难,赵求救于齐。田侯召大臣而谋曰:"救赵孰与勿救?"邹子曰:"不如勿救。"段干纶曰:"弗救,则我不利。"田侯曰:"何哉?""夫魏氏兼邯郸,其于齐何利哉!"田侯曰:"善。"乃起兵。(战国策·齐一)

邹忌肯定后者"勿救",而段干纶和齐宣王则肯定前者"救赵"("乃起兵"即是肯定"救赵")。

关于乙式句子的翻译,当前语法学界存在着一些分歧。(A)类句子,如《史记·廉颇蔺相如列传》:"公之视廉将军孰与秦王?"宾语"廉将军孰与秦王"是个询问人物高下的句子。可是有人却说"'廉将军孰与秦王'是'廉将军孰威与秦王'的省略形式,这个

'威'因蒙后'夫以秦王之威'而省略"[6],或说"'孰与秦王',下面省略了像'威'这类的字(下文有'夫秦王之威')"[7],把它看成是甲式的省略形式。这都是不确切的。(A)类中凡不指出比较内容的都不能视为省略,解者不能随意补出省略的词语从而使它和甲式混同起来;再说古代汉语也根本没有"廉将军孰威与秦王"这样的句式。上面这句话的意思是:"你们看廉将军跟秦王相比怎么样?"这种译法比较准确地表达了原来的句意,并且也显示出古今汉语表达方式上的差异。译为"廉将军与秦王相比谁强谁弱?"[8]或"廉将军跟秦王(比),哪个(更)威武呢?"[9]"你们看廉将军比秦王谁(厉害)?"[10]"各位看廉将军与秦国国王比起来谁可怕?"[11]都有点添词作解之弊和把乙式视同甲式之嫌。(B)类句子,如《战国策·赵一》:"救赵孰与勿救?"意思是"救赵跟不救赵相比怎么样?"这种问句,有比较事情得失的作用,但也不必译为"救赵与勿救赵孰得孰失。"[12]总之,甲式是比较性的选择问句,乙式是比较问句,乙式的翻译要同甲式区别开来。

## 四

综上所述,以上三种句式,丙式是选择问句,甲式是比较性选择问句,乙式则是比较问句,它们之间有内在的演变关系。在这三种句式中,"孰"、"与"的词性、作用以及它们在句中所充当的句子成分并不完全相同。现在简要比较如下:

丙式:吾与徐公(主)‖孰美(谓)?("与"是连词。"孰"是疑问代词,相当于"哪一个",作主谓词组的主语。)

甲式:吾(主)‖孰与徐公美(谓)?("与"是介词,"与"所组成的介宾词组作状语。"孰"是疑问代词,相当于"哪一个",作主谓词组的主语。)

乙式:(A)类:子‖[孰]与起?(“与”是动词,同“如”,后带宾
　　　　　　主　　状　述宾

语。“孰”是疑问代词,同“何”,问情状,作状语。)

(B)类:救赵‖[孰]与勿救?(“与”、“孰”分析同上。)
　　　　主　　状　述　宾

以上三种句式是春秋末期或战国初期的新兴句式,具有鲜明的时代特色。它们之间的演变关系是:甲式是丙式的变化形式,乙式是甲式的变化形式,但乙式不是甲式的省略形式。

掌握了以上这些基本句式,特别是掌握了“……孰与……”的两种基本句式,我们就比较容易地辨别各种复杂变化的比较性的选择问句和比较问句了,也比较容易地辨别其他一些连用形式(如“何如”、“孰若”、“何与”、“奚与”、“奚若”、“曷若”等)的比较问句了。

**参考文献:**

[1][8][12]王力主编.《古代汉语》(修订本)第一册,中华书局1982年第1版,第272－273页。

[2][6][9]黄岳洲.《文言难句例解》,福建人民教育出版社1980年第1版,第153－155页。

[3]朱星主编.《古代汉语》(下册),天津人民出版社1980年第1版,第202页。

[4]廖振佑.《古代汉语特殊语法》,内蒙古人民出版社1979年第1版,第198－200页。

[5]王海芬.《古代汉语的比较句》,原载《语言教学与研究》1982年第2期,第133－144页。

[7][10]《古代散文选》(上册),人民教育出版社1962年第1版,第213页。

[11]《古代散文的普通话翻译》(续编),上海教育出版社1979年第1版,第112页。

(原载《福建师范大学学报》(社科版)1988年第1期)

# 谈上古人称代词“其”的句法功能

## ——人称代词“其”字研究之一

一

上古第三人称代词“其”字的句法功能如何,这是一个有待解决的问题。有一种比较通行的看法是,上古人称代词“其”只能用作定语,不能用作主语(包括用作主谓词组的主语),[1]“其”字用作主语是南北朝以后[2](一说魏晋以后[3])才出现的,“其”字用作宾语出现于晋代以后的史料中,[4]而中古以后有人把“其”字用作主语,那是违反上古的语法规律的。[5]而另一种看法是,上古人称代词“其”通常只作定语,战国和秦以后可以用作主语,但不用作宾语,中古前期,“其”可用作宾语。[6]对于“其”字看法的这些分歧,最主要的还是上古汉语人称代词“其”到底能否用作主语的问题。本文拟就这个问题进行一些初步的探讨。不对之处,还请专家和读者批评指正。

二

第三人称代词“其”在上古到底能否用作主语(包括用作主谓词组的主语)呢?我国第一部语法著作《马氏文通》对此曾经作了肯定的回答。它说:“‘其’字指名有两用焉,一为读之起词而居主次,二以附名而居偏次。”书中即列举了上古第三人称代词“其”用作主语的例子,可以说问题已经解决了。同时马建忠又指出:

"'其'字用于偏次者,最为习见。"[7]马建忠的看法是正确的。

但是后来我国语法学界的前辈们推翻了马建忠的看法,认为第三人称代词"其"在上古只能用作定语,不能用作主语。这是为什么呢?原因可能是多方面的,但其中最主要的一点是:因为上古第三人称代词"其"居主次用作主语的情况少见,而居偏次作定语的用法比比皆是,而且由于上古第三人称代词"之"、"其"、"彼"在句中的用法有基本的分工,特别是"之"、"其"的分工十分显著,这就促使人们重新思考原来的结论了。请看以下的例子:

(1)彼陷溺其民,王往而征之,夫谁与王敌?(孟子·梁惠王上)

(2)公子成再拜曰:"……今王命之,臣固敢竭其愚忠。……"(战国策·赵二)

例(1)人称代词"彼"、"其"、"之"都代替"秦楚",但它们所充当的句子成分是不同的:"彼"作主语,"其"作定语,"之"作宾语。这三者之中,"之"、"其"的用法尤其值得注意:定语的位置用"其",宾语的位置用"之",二者不能互换。这句话不能改成"彼陷溺之民,王往而征其。"例(2)"之"、"其"活用,都作为公子成的自称,它们也都是各依自己的规律来运用的,一点不乱。这种情况说明,上古汉语"之"、"其"、"彼"虽然同属第三人称代词,但它们的句法功能不尽相同,在句中所充当的句子成分一般有分工:"之"用作宾语,"其"用作定语,"彼"则既可用作主语,也可用作宾语和定语。这种情况,容易使人产生一种感觉:正如"之"只能用作宾语一样,[注]"其"也只能用作定语,不能用作主语。吕叔湘先生在

[注]"之"用作主谓词组的主语经籍中仅一、二见。《礼记·檀弓下》:"有臣柳庄也者,非寡人之臣,社稷之臣也,闻之死,请往。"此"之"通"其"。"闻之死",犹"闻其死"。

其《中国文法要略》中说："'其'字专作表领属的加语用"，[8]就是这种看法的反映。后来他又在《文言虚字》一书中进一步提出支持这种看法的根据，说"'其'字等于一个名词加一个'之'字。"[9]王力先生同意吕先生的看法，在他主编的《古代汉语》中强调指出：

"在上古汉语里，'其'字不能用作主语。在许多地方'其'字很像主语，其实不是的；这是因为'其'字所代替的不是简单的一个名词，而是名词加'之'字。"。他举《左传·僖公三十二年》"孟子，吾见师之出而不见其人也"为例说，"'不见其人'等于说'不见师之人'。"他认为这"师"是定语，而"其"字也是定语。他说："从语法结构上看，正如这些地方的名词必须认为是定语一样，'其'字也必须认为是定语，不能认为是主语。"[10]

上古人称代词"其"字在句中所代替的果真是"名词加之字"吗？这值得怀疑：

第一，这一说法与人称代词是代替名词这一性质不符。人称代词是"代替人或事物的名称的代词"[11]，是"代替名词的词"[12]，这差不多为目前的语法学界所公认。而根据前词语（一称"先行词"）来确定第三人称代词所代替的具体对象，历来也为大多数从事汉语语法研究的人所遵循，马建忠是最早提出这种看法和作出示范的人。他在《马氏文通》卷一里说："凡实事以名一切事物者，曰名字，省曰名。""凡实事用以指名者，曰代字。"他解释说："事物有在当前者，不必名也，以'尔'、'我'、'彼'、'此'诸字指之。其不在当前而其名已称之于前者，以后可以'其'、'之'、'是'、'此'诸字指之，以免重复。"他并举例说："《孟·梁上》：'王见之'。'之'指前文之牛。又《公·上》：'管仲以其君霸，晏子以其君显。'两'其'字即指管、晏。"他认为代词"用与名同"。他在卷二分析"其"字的用法时又说："《史·大宛列传》：'大禄怒其不得代太子也，乃收其诸昆弟。'两'其'字，一主次，一偏次，皆指大禄。"[13]此后的一些著名的语法学者如陈承泽、杨树达诸人也都是持这种看法。如陈承泽在其《国文法草创》里说:“代名字,字之可代名字之用者。”并说:“代名字之用法,与名字大略相同,可沿用名字之说明。”[14]杨树达还认为,“其”字不论用作主语还是定语,其作用都跟“彼”字相同。他在《词诠》“其”字条下说:“其,代名词,彼也。兼人称、指示二种。用于主位与领位。”[15]高名凯在《汉语语法论》里也说:“一般人所谓的代词则是专指代替名词地位的所谓代词而言。”[16]刘景农在《汉语文言语法》一书中更明确地指出:“代词,是代替名词、动词、形容词或数词的。……代替人和事物名称的,是‘人称代词’。”[17]以上这些说法,从所代替的对象方面,正确地揭示了古代汉语人称代词的性质,是符合古代汉语的语言实际的,因而是正确的。由此可知,把助词“之”(有人称为介词或连词)也看作是“其”字所代替的一部分,这在理论上是无法站得住脚的。我们认为,出现在人称代词“其”字之前而为它所代替的名词(包括名词性词组,下同)不管其后是否用了助词“之”,“其”字所代替的都仅仅是名词而不是名词加“之”,这是我们对第三人称代词的代替作用的根本认识。现举几个例子来进一步说明:

(1)保君父之命而享其生禄,于是乎得人。(左传·僖公二十三年)

(2)吾有卿之名,而无其实。(国语·晋语八)

(3)桀纣之失天下,失其民也。(孟子·离娄上)

(4)若从,则民心皆可畜,畜其心而知其欲恶,人孰偷生?(国语·晋语八)

例(1)(2)“君父”、“卿”之后用了结构助词“之”,例(3)“桀纣”之后用了语气助词“之”,例(4)“民”之后不用结构助词“之”,而“其”字所代替的都仅仅是其前词语“君父”、“卿”、“桀纣”、“民”,而不是什么“君父之”、“卿之”和“桀纣之”、“民之”;“民之”

在上述语言环境里并不存在。上述句子里“君父”、“卿”、“桀纣”之后尽管用了助词“之”，但“其”字代替名词这一性质不变，而前词语充当什么句子成分，并不能决定“其”字也充当什么成分。

第二，退一步说，即使我们把上古人称代词“其”所代替的名词加“之”这种说法是否正确姑且不论，即依原来这种说法来衡量，也会发现它并不尽合上古汉语语言的事实。下分几点来谈：

首先，有些为“其”字所代替的名词之后并不加“之”，自然谈不上作定语的“其”字所代替的是名词加“之”。例如：

甲组：

(1)将行，谋于桑下，蚕妾在其上。(左传·僖公二十三年)

(2)窬东家墙而搂其处子，则得妻。(孟子·告子下)

(3)求也为季氏宰，无能改于其德，而赋粟倍他日。(孟子·离娄上)

乙组：

(1)鲁先大夫臧文仲，其身殁矣，其言立于后世，此之谓死而不朽。(国语·晋语八)

(2)先圣后圣，其揆一也。(孟子·离娄下)

(3)齐崔杼其妻美，而庄公通之。(韩非子·奸劫弑臣)

(4)君子之于小人，其性一也。(荀子·性恶)

丙组：

(1)若以相，夫子必反其国。(左传·僖公二十三年)

(2)父勉其子，兄勉其弟，妇勉其夫。(国语·越语上)

(3)三子者不同道，其趋一也。(孟子·告子下)

丁组：

(1)得其民有道，得其心，斯得民矣。(孟子·离娄上)

(2)王以和为诳，而刖其左足。(韩非子·和氏)王，指厉王。

(3)天将降大任于是人也，必先苦其心志，劳其筋骨，饿其体

肤……(孟子·告子下)

以上甲组前词语在句中作定语,乙组“其”复指前词语,在句中作定语;丙组前词语在句中作主语;丁组前词语在句中作宾语。这些为第三人称代词“其”所代替的前词语之后都不加“之”,有的甚至无法加“之”,怎么能够说这些作定语的“其”字所代替的是名词加“之”呢?

其次,有些为“其”字所代替的前词语之后并不加“之”,当然也谈不上代表动作行为的主体或性状描写的主体代词“其”字所代替的是名词加“之”。例如:

甲组:

(1)蹇叔送师于门外而哭曰:“师乎,见其出而不见其入也。”(吕氏春秋·悔过)

乙组:

(1)于是昭公十九年(岁)矣,犹有童心。君子是以知其不能终也。(左传·襄公三十一年)

(2)其美者自美,吾不知其美。(庄子·山木)

(3)以求容于我者,吾恐其以我求容于人也。(韩非子·说林下)

(4)荆柱国庄伯,令其父视曰:“日在天,视其奚如?”曰:“正圆。”(吕氏春秋·淫辞)

(5)鸟,吾知其能飞;鱼,吾知其能游;兽,吾知其能走。(史记·老庄申韩列传)

(6)问曰:“子云神灭,何以知其灭邪?”(范缜:神灭论)

丙组:

(1)祭仲杀雍纠,尸诸周氏之河(池也)。公载之出,曰:“谋及妇人,宜其死也!”(左传·昭公十五年)“宜其死也”是“其死也宜”的倒装。

(2)子谓颜渊曰:"惜乎！吾见其进也,未见其止也。"(论语·子罕)

(3)恶(厌恶)莠,恐其乱苗也。(孟子·尽心下)

(4)故明主不穷乌获,以其不能自举;不困离朱,以其不能自见。(韩非子·观行)

丁组:

(1)无忌自在大梁时,常闻此二人贤,至赵,恐不得见。以无忌从之游,尚恐其不我欲也。(史记·信陵君列传)

以上甲组前词语"师"是独语句,乙组前词语在句中作主语,丙组前词语在句中作宾语,丁组前词语在句中作主谓词组的主语。而这些为"其"字所代替的前词语之后都不加"之",有的甚至无法加"之",怎么能够说这些表示动作行为的主动者或者性状描写的主体代词"其"字所代替的也是名词加"之"呢?而"其"字为什么不是作主谓词组的主语而是作定语呢?

说到这里,可能有人要这样提出问题:如你以上所说的固然不错,不过,如《孟子·梁惠王上》"王若隐其无罪而就死地,则牛羊何择焉?"一语,如果不用人称代词"其"而用名词,古人总是用名词加"之"来表达,说成"王若隐牛之无罪而就死地",这难道不是事实吗?这难道还不足以证明人称代词"其"字在这里所代替的不是简单的一个名词而是名词加"之"吗?我们说,如果是讲古文作法,你的这种说法也许是对的(古书中这种表达方式很常见),但这不是语法研究。语法研究不能无视人称代词的代替作用而企图用简便的方法在"其"字的位置上用一个并不正确的"名词加'之'字"的简单公式来代人。其实,从前词语看,这个例子里的"其"字所代替的只能是上文"吾何爱一牛"中的"牛"字,而不是什么"牛之";因为"牛之"在上述语言环境里并不存在,而古代汉语也根本没有"吾何爱一牛之"的说法,怎么能够说"其"在这里是等于“牛之”呢？对此，可能有人还会说，是的，我们早就发现“其”字代替的是名词加“之”字的说法不妥，但要是说，这个“其”字代替一个名词，并隐含一个“之”字的作用，[18]这就对了。我们说，也不对。因为这种说法仍然没有摆脱古文作法的羁绊。事实上，古人在与上述类似的句式里，名词之后也有不少是不加“之”字的。例如：

(1)吴师奔，登山以望，见楚师不继，复逐之。(左传·襄公二十五年)

(2)南史氏闻太史尽死，执简以往。(同上)

(3)秦欲攻安邑，恐齐救之。(战国策·燕一)

例(1)“见楚师不继”，“楚师”之后并不加“之”。其余各例分析同。由此可见，即使单从古文作法的角度看，名词加“之”的说法也并非处处皆通。而上述“王若隐其无罪”句在“其”的位置上如果改用名词，也并非一定得用“牛之”不可。

上古第三人称代词“其”字的语法作用是代替名词(包括名词性词组)的，当“其”字用作句子成分时，其后不能加“之”，但译为现代汉语时，人称代词之后有时要加“的”有时可以不加“的”，有时则不能加“的”。这种情况，主要是受古今汉语第三人称代词自身规律的制约，而跟“其”所代替的前词语之后是否加“之”完全无关。这也正好说明上古第三人称代词“其”所代替的是名词加“之”这种说法的不足信。下分两个方面来说明：

甲组：

(1)陈恒弑其君。(论语·宪问)

(2)费人有与曾子同名族而杀人。人告曾子母曰：“曾参杀人！”曾参之母曰：“吾子不杀人。”织自若。有顷焉，人又曰：“曾参杀人！”其母尚织自若也。(战国策·秦二)

(3)万物各得其和以生。(荀子·天论)

例(1)“其”字要译为“他”+“的”。例(2)“其”字可译为“他”+“的”,也可只译为“他”。例(3)“其”字要译为“它们”+“的”。以上句中“其”字的译法,与前词语加不加“之”完全无关(前词语后加“之”的,翻译时代词后可以不加“的”;前词语后不加“之”的,翻译时代词后却要加“的”),但都受现代汉语人称代词规律的制约(现代汉语人称代词作定语,其后一般要加“的”,但表示亲属的也可以不加“的”)。

乙组:

(1)孟子,吾见师之出而不见其入也。(左传·僖公三十二年)

(2)且夫水之积也不厚,则其负大舟也无力。(庄子·逍遥游)

对于这些句子的翻译,王力先生有个很好的说明。他说:“这些地方的‘之’字不能译为现代汉语‘的’。同理,这些地方的‘其’字也不能译为‘他的’、‘她的’、‘它的’,只能译为‘他’、‘她’、‘它’。”这段话单从翻译的角度来看自然没有错,然而语法上谈翻译能够不受语法规律的制约吗?我们认为,古代汉语名词主语之后往往加“之”,但这“之”字并不是结构助词,不是用作定语的标志,而是用来表示舒缓语气的语气词,[19]其性质与现代汉语的结构助词“的”字不同,所以不能译为“的”。而“其”字为什么又只能译为“他”、“她”、“它”而不能译为“他的”、“她的”、“它的”呢?这是因为“其”字本来就不代替“之”字,“其”的译法与前词语之后是否加“之”完全无关。所以把这种用法的“其”字译为“他”、“她”、“它”,正是上古第三人称代词“其”的固有规律的反映,而不是什么在翻译时临时改变过来服从现代汉语的表达习惯的问题。

以上“其”字的两种译法,实际上反映了上古人称代词“其”的两种不同的句法功能:要求加“的”或可以加“的”来对译的是定语，不能加“的”来对译的是主语。上古人称代词“其”的这两种不同用法本来是泾渭分明的，现在都用一个加“之”说来“比而同之”，把它们统统说成是定语（有人把乙组中的“其”字叫做“主语性定语”），这怎能不使人觉得窒碍难通呢？

再次，有时“其”字活用为第一人称，也不能说这“其”字所代替的是名词加“之”。例如：

(1)子曰：“不患人之不己知，患其不能也。”（论语·宪问）

(2)［世子］谓然友曰：“吾他日未尝学问，好驰马试剑。今也父兄百官不我足也，恐其不能尽于大事，子为我问孟子！”（孟子·滕文公上）

例(1)“其”活用为第一人称，指自己，例(2)“其”活用为滕世子自称，也不能说它代替的是名词加“之”。这种活用的“其”字是没有前词语的。

第三，这说法与对同类的语言现象的解释不合。上古人称代词“彼”用作定语时，它所代替的是否也是名词加“之”呢？例如：

(1)田忌信然之，与王及诸公子逐射千金。及临质，孙子曰：“今以君之下驷与彼上驷，取君上驷与彼中驷，取君中驷与彼下驷。”（史记·孙子吴起列传）

上述例子里第三人称代词“彼”作定语，代“王及诸公子”，相当于“他们”，译为现代汉语时，后边要加“的”。但这并不等于说人称代词“彼”代替的是“王及诸公子”加“之”。事实上，对“彼”字并没有人持这种看法。对此，人们不禁要问：为什么对同类的语言现象，却作出如此不同的解释呢？又如：

(2)曰：“王无异于百姓之以王为爱也。以小易大，彼恶知之？……”（孟子·梁惠王上）

(3)王如施仁政于民……可使制梃以挞秦楚之坚甲利兵矣。彼夺其民时，使不得耕耨以养其父母。（同上）

上述句子里的人称代词“彼”在句中作主语。这点并没有人否定过。但如依那种对“其”字的看法例之,这两例的前词语之后都用了“之”,那岂不是也应说这人称代词“彼”字所代替的也不是简单的一个名词而是名词加“之”了吗?“彼”在这两个句子里也都是用作定语而不是用作主语了?但事实上,对上述这两个句子并没有人这么分析过,对“彼”字的用法也没有人这么主张过。在这里我们不禁要问:为什么对在同一条件下的第三人称代词“其”、“彼”却作出如此截然不同的解释呢?这难道不会使人觉得二者在逻辑上是自相矛盾的吗?

其实,如果从代词所代替的前词语来看,持上述看法在人称代词“之”字前何尝不会遇到类似的困难,只是因为“之”在句中主要用作宾语,给人的感觉不如“彼”字那么强烈罢了。请看:

(1)国之将兴,明神降之,监其德也。(左传·庄公三十二年)

(2)鹿之上山,獐不能跂也;及其下,牧竖能追之。(淮南子·主术训)

如果说例(1)人称代词“其”字所代替的是“国之”,那么人称代词“之”所代替的不也应该是“国之”吗?如果说例(2)“其”字所代替的是“鹿之”,那么“之”字所代替的不也应该是“鹿之”吗?但一般人却认为这“之”字是代替名词的。例(1)“之”代替“国”,例(2)“之”代替“鹿”。这难道不又是一个矛盾吗?我们认为,上古人称代词“之”、“其”、“彼”的句法功能尽管不尽相同,但它们在句中的代替作用则是一样的,不能因为它们在句中的不同用法而强行区分它们的代替作用。如果一定要这样做,那岂不是说“彼”在句中作定语时它所代替的是名词加“之”,而当它用作宾语时它代替的仅仅是一个名词吗?然而这种说法不会被人们所接受,因为它不但在理论上站不住,而且在实践上也行不通,势必给句法分析带来极大的困难。“彼”字如此,“其”字何尝不如此呢?

第四,这种说法无法解释人称代词“其”字在上古不能用作主语而在南北朝以后(一说在魏晋以后)却可以用作主语,甚至可以用作宾语的问题。难道到了中古以后,人称代词“其”的代替作用突忽然改变了吗?突然变成了只代替名词而不代替名词加“之”了吗?而这种改变的条件究竟是什么呢?下面列举几个被认为是用作主语的南北朝时代的用例:

(1)其若见问,当作依违答之。(宋书·刘邵传)

(2)公所道臧荣绪者,吾甚志之,其有史翰。(南齐书·臧荣绪传)

(3)其恒自拟韩、白,今真其人也。(南齐书·垣崇祖传)

(4)乞白服相见,其永不肯。(同上·鱼复侯子响传)

以上例子里的“其”字,吕叔湘、王力二先生都认为是主语[20]。但是人称代词“其”字的这种用法在上古就已经出现了。例如:

(1)吾由子事公孟,子假吾名焉,故不吾远也。虽其不善,吾亦知之,抑以利故,不能去。(左传·昭公二十年)

(2)我觏之子,维其有章矣。维其有章矣,是以有庆矣。(诗经·小雅·裳裳者华)

(3)右之右之,君子有之。维其有之,是以似之。(同上)

(4)温温恭人,维德之基。其维哲人,告之话言,顺德之行。其维愚人,覆谓我僭。(诗经·大雅·抑)

(5)赵、魏、韩皆亡矣,其皆故国矣。(吕氏春秋·安死)

(6)初,伍员与申包胥友,其亡也,谓申包胥曰:“我必复楚国!”(左传·定公四年)

(7)荆轲虽游于酒人乎……其之燕,燕之处士田光先生亦善待之。(史记·刺客列传)

例(1)“其”称代“公孟”,作复句第一分句的主语。例(2)“其”称代“之子”,分别用在动词“有”之前作主语。例(3)“其”称代“君子”,用在动词“有”之前作主语。例(4)“其”称代“温温恭人”,位于判断句的句首,作主语。按,以上三例引自吴辛丑先生的文章,吴先生也认为其中的“其”字是人称代词,在句中都是作主语。[21] 例(5)“其”称代“赵、魏、韩”,也位于判断句的句首作主语。例(6)“其”称代“伍员”,用在动词“亡”之前作主语。例(7)“其”称代“荆轲”,用在谓语动词“之”字之前作主语。这些“其”字都是人称代词,和吕、王二先生所举的“其”字的用法相同,都是实有所代的,并不是什么表示语气的虚词,在句中都是作主语的。由此可见,第三人称代词“其”用作主语是上古即已有之的,并不是到了南北朝以后(一说魏晋以后)才突然出现的。

三

综上各点所述,说上古第三人称代词“其”在句中只能作定语不能作主语的说法是不能成立的。这是因为这种说法不但缺乏理论根据,而且也与语言事实不符,它无法解释同类的语法现象,也无法回答在同一条件下为什么上古人称代词“其”不能用作主语而中古却可以用作主语,甚至用作宾语的问题。我们认为,按照人称代词的语法作用来认识“其”字,我们就能看清“其”字的本来面貌,就能对上古人称代词“其”字的句法功能有个比较全面而正确的认识。第三人称代词“其”在上古可以用作主语,这是无可否认的事实。不过全面地认识第三人称代词“其”的句法功能,仍然是一个有待继续解决的问题。

**参考文献:**

[1][5][10][16]王力主编.《古代汉语》(修订本)第一册,中华书局 1981 年 4 月第 2 版,第 353 页

[2][4]王力.《汉语史稿》(中册),科学出版社,1958 年 4 月第 1 版,第 269 页。

[3]郭锡良等合编.《古代汉语》(上册),北京出版社1981年9月第1版,第314－315页。

[6]潘允中.《汉语语法史概要》,中州书画社1982年8月第1版,第83页。

[7]马建忠.《马氏文通》,商务印书馆1983年9月新1版,第49页。

[8]吕叔湘.《中国文法要略》(修订本),商务印书馆1956年8月合订本第1版,第157页。

[9]吕叔湘.《文言虚字》,中国青年出版社1954年12月第3版,第8页。

[11]《汉语知识》,人民教育出版社1979年7月第2版,第98页。

[12]同上,第99页;又全日制初中课本《语文》第六册,人民教育出版社1980年6月第2版,第191页。

[13]马建忠.《马氏文通》,商务印书馆1983年9月新1版,第20页、46页。

[14]陈承泽.《国文法草创》,商务印书馆1957年6月初版,第33－35页。

[15]杨树达.《高等国文法》,商务印书馆1928年第1版,第65页;又《词诠》,中华书局1954年11月第1版,第212页

[16]高名凯.《汉语语法论》(修订本),科学出版社1957年11月第1版,第123页。

[17]刘景农.《汉语文言语法》,中华书局1958年8月第1版,第41页。

[18]南开大学中文系《古代汉语读本》(修订本),天津人民出版社1981年4月新1版,第112页

[19]廖振佑.《古代汉语特殊语法》,内蒙古人民出版社1979年7月第1版,第198页

[20]吕叔湘.《汉语语法论文集·语法札记·非领格的"其"》,中国科学出版社1955年4月第1版,第181－182页。

[21]吴辛丑.《人称代词"其"的两种罕见用法》,见《中国语文》1975年第4期,第288页。

1984年5月初稿,7月26日修改、印发在福建省语言学会第二次年会上交流。

1985年8月25日第二次修改

1988年9月20日第三次修改

(原载《集美师专学报》1988年第3期)

# 再谈上古人称代词“其”的句法功能

## ——人称代词“其”字研究之二

一

去年在《谈上古第三人称代词“其”的句法功能》一文中，[1]我们已对上古人称代词“其”的句法功能作了一些初步的探讨，认为“其”在句中不但可以作定语，而且也可以作主语。本文拟就上古人称代词“其”的句法功能再作进一步的考察和研究。根据人称代词是代替人或事物的名称的词，它是代替名词或名词语而不是代替名词加“之”字的这一基本认识，我们认为，上古人称代词“其”在句中不但可以作定语、主语，而且可以作近宾语、介词宾语和兼语，几乎后代人称代词“其”的各种句法功能在上古都已经出现了。为了说明以上的观点，本文在谈上古人称代词“其”的句法功能时，亦注意举后代的用例，且所举例证，亦以前词语后不加“之”者为主。

二

上古人称代词“其”的句法功能是多方面的，它在句中既可作定语，也可作主语、近宾语、介词宾语和兼语。关于“其”作定语，当前我国语法学界看法比较一致（只是范围大小看法不同），本文不再讨论。本文只谈人称代词“其”用作主语、宾语和兼语的问题。

**（一）“其”字用作主语**

上古人称代词“其”能否用作主语，这是当前争论较多的问题。根据我们的考察,上古人称代词"其"不但可以作主谓词组的主语,而且可以用作单句和分句的主语。"其"用作**单句主语**上古少见,但先秦典籍《周易》、《左传》、《战国策》、《孟子》等都有用例。请看:

(1)坤为地,为母,为布。……其于地也为黑。(周易·说卦传)其,代坤。

(2)震为雷,为龙,为玄黄。……其于马也为善鸣。……其于稼也为反生。(同上)

(3)巽为木。……其于人也为寡髪。(同上)

(4)坎为水,为沟渎。……其于人也为加忧。……其于马也为美脊。……其于舆也为多眚。……其于木也为坚多心。(同上)

(5)离为火,为日,为电。……其于人也为大腹。……其于木也为科上槁。(同上)科,指木中空。

(6)艮为山,为径路。……其于木也为坚多节。(同上)

(7)兑为泽。……其于地也为刚卤。(同上)

(8)[晋]将虢是灭,何爱于虞?且能亲于桓庄乎?其爱之也?(左传·僖公五年)王力《古代汉语》(修订本)第一册注:"其,指晋。"

(9)王谓郑袖曰:"夫新人见寡人,则掩其鼻,何也?"……郑袖曰:"其似恶闻君王之臭也。"(战国策·楚四)其,代新人。

(10)其自任以天下之重也。(孟子·万章下)其,代伊尹。

(11)管子得于鲁,鲁束缚而槛之,使役人载而送之齐。其讴歌而引。(吕氏春秋·顺说)高诱注:"役人皆讴歌而挽其车以送之也。"

(12)蝗螟,农夫得而杀之,奚故?为其害稼也。(同上·不屈)其,代蝗螟。

(13)然则禹汤文武,其得赏何以也?……然则桀纣幽厉,其得罪何以也?(墨子·节用上)前"其"复指禹汤文武,后"其"复指桀纣幽厉。

例(1)"其"代替"坤",是人称代词在句中作主语。这"其"如不认为是主语,那么这句的主语是什么呢?本句如不用"其",则主语残缺,句意不明,可见这"其"是人称代词。其余各例分析同。例(13)"其"复指前面的名词语,在句中作主语,也应认为是人称代词。下举两汉的用例:

(1)齐晋秦楚,其在成周微甚。(史记·十二诸侯年表)其,复指齐晋秦楚。

(2)当时石陨砼然。何以其从天坠也?(论衡·说日篇)其,代石。

"其"用作**分句的主语**,先秦典籍如《诗经》、《尚书》、《左传》、《国语》、《战国策》、《老子》、《墨子》、《孟子》、《庄子》、《荀子》、《韩非子》、《吕氏春秋》等都有用例,两汉的《淮南子》、《史记》、《汉书》、《论衡》则用得更多。现分组略举如下:

甲组:"其"用作**并列复句**中分句的主语。例如:

(1)宾之初筵,温温其恭。其未醉止,威仪反反;曰既醉止,威仪幡幡。(诗经·小雅·宾之初筵)其,代宾。按,本诗第四、五章有"宾既醉止"、"彼醉不臧"之句,亦可为证。

(2)左史倚相趋过。王曰:"是良史也。……"对曰:"……臣问其诗而不知也;若问远焉,其焉能知之?"(左传·昭公十二年)其,代左史倚相。

(3)大夫之许,寡人之愿也;若其不许,亦将见也。(左传·成公二年)其,代大夫。你。

(4)王曰:"止!其自为谋也则过矣,其为吾先君谋也则忠。"(同上)其,代楚巫臣。

(5)使死者无知,则已矣;若其有知,吾何面目以见员也?(国语·吴语)其,代死者。

(6)今夫亡箴(针)者,终日求之而不得;其得之,非目益明,眸("睛",指低头看)而见之也。(荀子·大略)其,代亡箴者。

(7)君因兼罪典衣,杀典冠。其罪典衣,以为失其事也;其罪典冠,以为越其职也。(韩非子·二柄)其,代君。

(8)郑平于秦王臣也,其于应侯交也。(吕氏春秋·无义)其,代郑平。

(9)衣人,以其寒也;食人,以其饥也。(同上,爱士)其,代人。

(10)汤系夏台,文王囚羑里,晋重耳奔翟,齐小白奔莒,其卒王霸。(史记·越王勾践世家)其,代汤、文王、晋重耳、齐小白。

(11)且天地相与,夫妇也,其即民父母也。(论衡,雷虚)其,代天地。

乙组:"其"作用**转折复句**中分句的主语。例如:

(1)于其无好德,汝虽锡之福,其作汝用咎。(尚书·洪范)其,代"无好德"者。咎,过。

(2)吾由子事公孟……。虽其不善,吾亦知之,抑以利故,不能去。(左传·昭公二十年)其,代公孟。

(3)臧与谷二人相与牧羊,而俱亡其羊。……二人者事业不同,其于亡羊均也。(庄子·骈拇)其,代二人。

(4)故桀纣虽不肖,其亡,遇汤武也。(吕氏春秋·长攻)其,代桀纣。

(5)今夫救火者,汲水而趋之,或以瓮瓴,或以盆盂,其方员锐椭不同,盛水各异,其于灭火钧也。(淮南子·脩务训)其,代瓮瓴、盆盂。

丙组:"其"用作**假设复句**中分句的主语。例如:

(1)[宋穆公]曰:"若以大夫之灵,得保首领以没,先君若问与夷，其将何辞以对？”（左传·隐公三年）其，活用为第一人称。

(2)若越既改，吾又何求？若其不改，反行，吾振旅焉。（国语·吴语）其，代越。

(3)有人于此，其待我以横逆，则君子必自反也。（孟子·离娄下）其，代人。

(4)皇天迁怒，使荧惑本景公身有恶而守心，则虽听子韦言，犹无益也。使其不为景公，则虽不听子韦之言，亦无损也。（论衡·变虚篇）其，代荧惑。

(5)杞梁之妻向城而哭，城为之崩。……使至诚之声能动城土，则其对林木哭，能折草破木乎？（同上，感虚篇）其，代杞梁之妻。

J组：“其”用作**因果复句**中分句的主语。例如：

(1)为其嫌于无阳也，故称“龙”焉。（周易·坤）其，代坤阴。

(2)以其不争，故天下莫与之争。（老子·六十六章）其，表泛指。

(3)晋侯秦伯围郑，以其无礼于晋，且贰于楚也。（左传·僖公三十年）其，代郑。

(4)太公望封于齐，邵公奭封于燕，为其远王室矣。（战国策·楚四）其，代齐、燕。

(5)上胡不法先王之法？非不贤也，为其不可得而法。（吕氏春秋·察今）其，代先王之法。

(6)人之谓尧贤者，以其让天下于许由。（史记·燕世家）其，代尧。

(7)是以黥劓之罪不及大夫，以其离主上不远也。（汉书·贾谊传）其，代大夫。

(8)虫莫智于龙，以其不生得也，谓之智，信乎？（论衡·龙虚篇）其，代龙。

上面我们列举了一些例证，说明人称代词“其”用作主语是上古即已存在的事实，并非是在南北朝（一说魏晋）以后才出现的。不过，由于“其”是一个一形多词的字，它除了用作人称代词外，还可用作指示代词、副词（有人叫语气词）、连词、助词等，要鉴别句中的“其”字是不是人称代词和它是否用作主语，并不那么容易，有些问题（如“岂其”、“如其”、“其将”等连用形式中的“其”字是不是人称代词）可能一时不大容易取得一致的意见。但我们认为，根据“其”在句中的地位和语法作用，还是能够把用作主语的人称代词“其”和其他用法的“其”字区别开来的。一般来说，要鉴别这“其”在句中是不是人称代词和是否用作主语，有两点值得注意：首先，要看它有无代替人或事物的名称的作用，即在上文有无为它所代替的前词语（表泛指和活用的除外）；在用“其”的地方如改用前词语来代人而句意不变，则这“其”字是人称代词。其次，要看它在句中是否居于主语的地位，是不是谓语陈述的对象；如果去掉“其”字而句意不明，或主语残缺，则这“其”字是人称代词作主语。（按，古代汉语由于主语经常可以承前省略，故有些句子虽然用了“其”字作主语，实亦可省，但不能认为这“其”就不是人称代词。）“其”字用作人称代词和用作连词、助词的较易区分，而用作人称代词和用作副词的则较难辨别。一般说来，叙述句、描写句的谓语前用了“其”字而有表时间（将）或表测度（大概、恐怕）、反诘（难道）、劝勉（还是、可）等语气的作用的，则这“其”字是副词而不是人称代词。

以下谈人称代词“其”用作**主谓词组**的主语问题。

人称代词“其”用作主谓词组的主语在上古较常见。这种用“其”作主语的主谓词组在句中通常作宾语和主语。用作**宾语**的，如：

（1）晋灵公不君。……从台上弹人，而观其辟丸也。（左传·

宣公二年)其,代人。

(2)齐桓公亲举管敬子,其贼也。公曰:"子何以知其贤也?"(国语·晋语五)其,代管敬子。

(3)魏田父有耕于野者,得宝玉径尺,弗知其玉也,以告邻人。(尹文子·大道上)其,代宝玉。

(4)见象牙,乃知其大于牛;见虎尾,乃知其大于狸。(淮南子·说林训)两"其"字分别代象、虎。

(5)商君亡至关下,欲舍客舍,客人不知其是商君也。(史记·商君列传)其,代商君。

(6)天之星陨而至地,人不知其为星也。(论衡·说日篇)其,代天之星。

"其"用作主语的,如:

(1)禹汤罪己,其兴也浡焉;桀纣罪人,其亡也忽焉。(左传·庄公十一年)前"其"代禹汤,后"其"代桀纣。

(2)胡与越人,……同舟而凌波至,其相救助如一也。(战国策·燕二)其,代胡与越人。

(3)其生也荣,其死也哀。(论语·子张)其,代夫子,即孔子。

(4)秦人其生民也狭隘,其使民也酷烈。(荀子·议兵)二"其"字,代秦人。

(5)楚昭王通大道矣。其不失国,宜哉!(史记·楚世家)其,代楚昭王。

(6)夫天不能故生人,则其生万物,亦不能故也。(论衡·物势篇)其,代天。

此外,上古用人称代词"其"作主语的主谓词组还经常用在介词"及"、"为"、"方"、"与"、"于"等之后组成介宾词组,充当句子的状语、定语和补语。这里不再举例。

(二)"其"字用作宾语

上古人称代词“其”不能直接用在动词后作宾语，但却可以作近宾语和介词宾语。“其”的这两种用法在先秦的典籍中就已存在，并非在晋以后的史料中才出现的。[2]

甲、“其”字用作**近宾语**

上古汉语的双宾语句常用人称代词“其”作为指人的近宾语（或称间接宾语）。大抵有几种情况：

第一，“其”用在**“给与”义**的动词后作近宾语。例如：

(1)曰：“有老母。”孟尝君使人给其食用。（战国策·齐四）其，代老母。

(2)每变皆习，乃授其兵，是谓将事。（吴子·治兵）其，代学战之人。

(3)黄帝游乎赤水之北，登乎昆仑之丘，而南望还归，遗其玄珠。（庄子·天地）其，代王德之人。

(4)赐予其宫室。（荀子·大略）其，泛指大臣。

(5)戎王处僻匿，未闻中国之声。君试遗其女乐，以夺其志。（史记·秦本纪）其，代戎王。

(6)文王梦与武王九龄，武王梦帝予其九龄。（论衡·感类篇）其，代武王。

例(1)“其”是指人的近宾语，“食用”是指物的远宾语。其余各例分析同。

第二，“其”用在**“归还”义**的动词后作近宾语。例如：

(1)丰卷奔晋。子产请其田里。三年而复之，反其田里及其人焉。（左传·襄公三十年）其，代丰卷。

(2)桓公曰：“吾欲南伐，何主？”管子对曰：“以鲁为主，反其侵地棠、潜。”（国语·齐语）其，代鲁。

(3)楚人有卖其珠于郑者。……郑人买其椟而还其珠。（韩非子·外诸说左上）其，代卖其珠于郑者。

例(1)“其”是代人的近宾语,“田里及其人”是指物的远宾语。其余各例分析同。

第三,“其”用在**“教导”义**的动词后作近宾语。例如:

(1)公不留宾,而亦无废事。……教其不知,而恤其不足。(左传·襄公三十一年)其,代宾。以上“其”是指人的近宾语,“不知”是指事的远宾语。

第四,“其”用在**“询问”义**的动词后作近宾语。例如:

(1)臣问其诗而不知。(左传·昭公十三年)“其”,代左史倚相。

(2)子公笑曰:“果然!”灵公问其笑故。(史记·郑世家)其,代子公。

例(1)“其”是指人的近宾语,“诗”是指物的远宾语。例(2)分析同。

上古汉语能带双宾语的动词并不限于以上四种,一般的及物动词如“受”、“侵”、“夺”等也可以用“其”作近宾语。例如:

(1)士有当年(壮年)而不耕者,则天下或受其饥矣;女有当年而不绩者,则天下或受其寒矣。(吕氏春秋·爱类)二“其”字,分别代士、女。

(2)故粤王亡诸世奉粤祀,秦侵夺其地。(汉书·高帝纪下)

以上两例,表面看来,“其饥”、“其寒”、“其地”是名词性偏正词组。其实不然。只要比较句意相同而代词用“之”的句子就清楚了。如贾谊《论积贮疏》:“古之人曰:一夫不耕,或受之饥;一女不织,或受之寒。”句中两个“之”字都是指人的近宾语,“饥”、“寒”是指事的远宾语。(按,人民教育出版社《古代散文选》上册注:“‘受之’的‘之’,是助词,没有实在意义。”这说法值得商榷。)例(1)句中“其”字的用法与此句“之”字的用法相同。“受之饥”、“受之寒”是双宾语结构,则知例(1)“受其饥”、“受其寒”也是双宾语结构。例(2)与同篇上文“项羽侵夺之地，谓之番君”相比较,可知其中的“其”相当于“之”,这句也是双宾语句。按,古代“夺”与“与”相对,亦可知这“夺”带双宾语。如《论衡·感类篇》:“文王梦与武王九龄,武王梦帝与其九龄。”同上:“九龄之梦,天夺文王年以益武王。”

双宾语句用“其”作近宾语,是春秋末期或战国初期的新兴用法。“其”的这种用法,当是从经常用作近宾语的“之”字类化而来的,也可能是古人写作讲究错举成文的结果。请看:

甲组:

(1)庶其窃邑於邾以来,子以姬氏妻之,而与之邑。其从者皆有赐焉。若大盗礼焉,以君之姑姊,与其大邑。(左传·襄公二十一年)其,代邾庶其。

(2)齐人归其玉而予之枲。(国语·鲁语上)其,代臧文仲。

(3)为兄后,则曷为谓之仲婴齐?为人后者为之子也。为人后者为其子, 则其称仲何?孙以王父字为氏也。(公羊传·成公十五年)

乙组:

(1)故群臣陈其言,君以其言授其事。(韩非子·主道)其,代群臣。

(2)为人臣陈其言,君以其言授之事。(韩非子·二柄)之,代人臣。

以上甲组是篇内、句内的“之”、“其”错举成文,乙组是同一书中“之”、“其”互用。在这些双宾语句中,“之”、“其”的意义和用法相同。[清]王引之《经传释词》卷五“其”字条有个很好的说明:“‘其’犹‘之’也。《成十五年·公羊传》曰:‘为人后者为之子。’又曰:‘为人后者为其子。’……‘其’与‘之’同义,故‘其’可训为‘之’,‘之’亦可训为‘其’。互见‘之’字下。”一般及物动词用

“其”作近宾语毕竟不如用“之”语法关系明确。这或许就是贾谊改“其”为“之”的道理所在。

“其”作近宾语,历代使用不衰,现略举数例如下:

(1)会厚待维等,皆权还其印号节盖。(晋·陈寿:三国志·姜维传)其,代维。

(2)乃语其相见之术。(晋·干宝:搜神记卷二)其,代同郡人。

(3)故人儒生时有候之者,言谈之次,问其不合上意之由。(南朝宋·范烨:后汉书·李法传)其,代李法。

(4)从子将婚,戎遗其一单衣。(唐·房玄龄等:晋书·王戎传)其,代从子。

(5)传言魏之诸将出兵千里,公每坐计胜败,授其成算。(宋·欧阳修·孙子后序)其,代魏之诸将。

(6)诘其何以得活,曰:“打牲为粮耳。”(清·纪昀:阅微草堂笔记卷23)其,代玛哈沁。

乙、“其”字用作**介词宾语**

人称代词“其”用作介词宾语,萌芽于春秋末期或战国初期,两汉偶见,晋代以后逐渐增多。先看先秦两汉的用例:

(1)曹人凶惧。为其所得者,棺而出之。(左传·僖公二十八年)其,代曹人。

(2)将顺单于之欲,诱而致之边。吾选枭骑壮士,阴伏而处,以为之备;审遮险阻,以为其戒。(汉书·韩安国传)其,代单于。

先秦两汉“其”用作介词宾语极少见,而晋代以后情况就不同了。例如:

(1)今日风急,贼必来烧军,宜为其备。(东晋·陈寿:三国志·满宠传)其,代贼。

(2)有异人过之,为其掌火。(东晋·干宝:搜神记卷一)其,代黄帝时陶正宁封子。

(3)其兄病,有乌衣人令杀之,向其请乞,终不下手。(同上,卷十五)其,代乌衣人。

(4)夏侯私自云见鬼,与其言语。(同上,卷二)其,代鬼。

(5)太守即遣人随其往。(陶潜:桃花源记)其,代武陵人。

(6)融从其游学,博通经籍。(范烨:后汉书·马融传)其,代挚恂。

(7)士有被其容接者,名为登龙门。(同上,李膺传)其,代李膺。

(8)文昌右丞卢献等五人,并为其罗告。(唐·太平广记卷二六七)其,代来俊臣。

(9)吾悲与其俱出而不得与其俱返。(唐·李亢:独异志卷上)其,代履。

(10)关即衙前将校之子也,及第归乡,都押已下,为其张筵。(宋·张光宪:北梦琐言卷四)其,代关图。

(11)始知为其所卖,故悔而悲也。(清·纪昀:阅微草堂笔记卷十四)其,代吾师。

(三)“其”字用作兼语

上古第三人称代词作兼语一般用“之”。但在战国末期,人称代词“其”逐渐扩大了用途,也用在具有使令等意义的动词后作兼语[注]。王力先生说“其”用作兼语是在“中古时期”[3],事实并非如此。“其”用作兼语,见于先秦的《战国策》、《庄子》、《晏子春

[注]潘允中先生在《汉语语法史概要》一书中把“秦王恐其破璧”和“父在观其志”中的“其”字看作兼语(见该书第83页),何乐士等人在《文言虚词浅释》一书中把“及其未济也”、“以其望梅止渴也”中的“其”字看作兼语(见该书195页),和我们这里所说的兼语是两码事。

秋》、《荀子》、《韩非子》、《吕氏春秋》等典籍。现分几组来谈：

第一，“其”用在**“使令”**义动词后作兼语。例如：

（1）燕赵果俱辅中山，而使其王，事遂定。（战国策·中山）其，代中山。王，称王。

（2）赵之上计，莫如令秦魏复战。……今君禁之，而秦未与魏讲也，而全赵令其止，必不敢不听。（同上·西周）其，代秦。

（3）夫吹万不同，而使其自已也。（庄子·齐物论）其，代吹。毕沅注：“言风所吹万有不同，而使之鸣者仍使其自止也。”

（4）且人所急，无如其身，不能自使其无死，安能使王长生哉？（韩非子·外储说左上）其，代身，下与“王”相对。

（5）得庆封，负之斧质以徇于诸侯军，因令其呼之曰：“毋或如齐庆封弑其君而弱其孤……”（吕氏春秋·慎行论）其，代庆封。

第二，“其”用在**“欲求”**义动词后作兼语。例如：

（1）既欲其生，又欲其死，是惑也。（论语·颜渊）欲，要。其，泛指。

（2）穿池沼，则欲其深以广也；为台榭，则欲其高且大也。（晏子春秋·外篇）其，分别代替池沼、台榭。

（3）有亲不能报，有子而求其孝，非恕也。（荀子·法行）其，代子。

第三，“其”用在**“禁止”**义动词后作兼语。例如：

（1）今君营处为游观，既夺人有，又禁其葬，非仁也。（晏子春秋·外篇）其，代人。

（2）齐人有淳于髡者……辞而行。有以横说魏王，魏王乃止其行。（吕氏春秋·离谓）其，代淳于髡。

两汉的重要典籍如《淮南子》、《史记》、《扬子法言》、《论衡》等也有不少“其”作兼语的用例。请看：

（1）今夫地黄主属骨。……以其属骨，责其生肉。（淮南子·

览冥训)其,代地黄。

(2)是犹两绊骐骥,而求其致千里也。(同上·俶真训)其,代骐骥。

(3)楚遂拔成皋,欲西。汉使兵距之巩,令其不得西。(史记·项羽本纪)其,代楚。

(4)地泻卤,人民寡。于是太公劝其女红。(史记·货殖列传)其,代人民。女红,名词用如动词。

(5)天之肇降生民,使其目见耳闻。(扬子法言·问道)其,代生民。

(6)夫人君之失政,犹二子失道也。天不告以政道,令其觉悟。(论衡·谴告篇)其,代人君。

(7)夫妇人之父能知魏颗之德,能鬼见形以助其战。(同上·死伪篇)其,代魏颗。

晋代以后,用"其"作兼语的就更多了。请看:

(1)鼠本欲杀君而不能,当为使其反死。(晋·干宝:搜神记卷3)其,代鼠。

(2)儿生便走,非能自走,直宋无忌之娇(指火精)将其入灶。(同上)将,送。其,代儿。

(3)岂非所在贪虐使其然乎?(南朝宋·范烨:后汉书·陈蕃传)其,代赤子。

(4)太后即不与之,令其空出,时人笑焉。(北魏·杨衒之:洛阳伽蓝记·王子坊)其,代王融、李崇。

(5)老人食多哽咽,故置人于前后祝之,令其不哽咽也。(《后汉书·明帝纪》"祝哽在前,祝噎在后"条唐李贤注文)其,代老人。

(6)招集亡赖,令其告事。(后晋·刘昫等:旧唐书·来俊臣传)其,代亡赖。

(7)奈何使其老不得志,而为穷者之诗?(宋·欧阳修:梅圣俞诗集序)其,代梅圣俞。

(8)每落一子,俾其退立于西北牖下……。(宋·孙光宪:北梦琐言卷一)其,代邓生。

(9)道人勉其入蜀。(同上,卷四)其,代张濬。

(10)仁荣又捃摭前科官杨节等诟诋语以伤世贞心,令其不安于仕也。(明·耿定向:与北台谏)其,代王世贞。

(11)缘期限已迫,恐世人昧昧,疑有是善事,反促其生。(清·纪昀:阅微草堂笔记卷十五)其,刘横用以自称。

古书中,**兼语"其"、"之"在上下句里常错举成文**。例如:

(1)如天故生万物,当令其相亲爱,不当令之相贼害也。(论衡·物势篇)

(2)今欲使之去位而治丧,故欲使其致丧之实,而无以身执事也。(王安石:对疑)其,代小吏去位而治丧者。

古代人称代词"之"、"其"都可用作兼语,这是无可争辩的事实。但当前我国语法学界对"其"作兼语还研究得很不够,因此在谈兼语第三人称代词省略时就只说"之"省略而不及"其"。有的甚至认为兼语用"其"是错了的。下面请看[唐]颜师古《汉书注》的两条注文:

(1)《汉书·贾谊传》:"孔子曰:'听讼,吾犹人也。使毋讼乎!'"颜师古注:"言使吾听讼,与众人齐等,然能先以德义化之,使其无讼。"

(2)《汉书·酷吏传》:"故曰:听讼,吾犹人也。必也,使无讼乎!"颜师古注:"言使我听狱讼犹凡人耳,然而立政施德,则能使其绝于争讼。"

这两条注文很富启发性。颜师古在两个省略兼语的"使"字后都补出"其"而不补出"之",这和今人喜欢用"其"作兼语的情况是一致的。这现象是否表明了在中古人的观念中已经觉得用

“其”作兼语较之用“之”似乎具有更强的主体性呢？这问题值得探讨。

三

上面我们对上古人称代词“其”的句法功能及其在历史上的运用情况进行了一些初步的考察和研究，它使我们认识到以下几点：

（一）上古人称代词“其”在句中的主要功能是作定语，但也可用作主语、近宾语、介词宾语和兼语，它的句法功能是多方面的，并不局限在作定语一点上。那种认为在“正统的文言”里“其”字只能用在领格，只能作定语而不能用作主语的说法是不符合语言的事实的。粗略地说，“其”大体相当于“他”，但“其”不能单独用在动词后作宾语，这是“其”不同于“他”的地方。这正是“其”的句法功能“发育不全”的一个突出的表现。

（二）人称代词“其”的句法功能是逐步发展的。远古的人称代词“其”可能只用作定语，但到了上古前期，因受其他人称代词类似用法的影响，“其”字的句法功能开始发生了变化。其情况大致是：西周时期“其”产生出主语的用法，春秋末期或战国初期产生出近宾语和介词宾语的用法，战国末期又产生出兼语的用法。几乎后代人称代词“其”的各种句法功能在上古都已经出现了。

（三）人称代词“其”在现代汉语的书面语里，仍然是一个活跃的文言虚词，其使用频率在某些文体里（如政论文、公文）还相当高。它除通常用作定语外，还经常用作兼语（如“要劝其退党”、“立即令其还俗”）和介词宾语（如“为其提供情报”、“向其勒索财物”、“老妇睡着跌地，四犬将其饱餐”），偶尔也用作主谓词组的主语（如“当其失败危急的时候”）。但后面这三种用法，因为它“用在不是领格的处所”，往往被视为病句，说是把“其”字当“他”字用,是完全用错了,[4]或者说是“习非成是”。[5]我们认为,“其”在古代的用法尽管有主有次,但都是客观存在,对于上述那三种用法,只要和所用语体是相适应的,还是应该承认它是符合汉语的语法规范的,而不应该加以排斥。当然指出在现代文中如何正确使用文言虚词,反对文白夹杂的文风(如“我也没有法子断定其为什么音”),也是十分必要的,这对于促进现代汉语的健康发展将会有积极的作用。

**参考文献:**

[1]见《集美师专学报》1988年第3期,第67-74页。

[2]吕叔湘.《汉语语法论文集·非领格的其》,科学出版社1955年4月第1版,第182页;王力《汉语史稿》中册,科学出版社1958年4月第1版,第269页。

[3]王力.《汉语史稿》中册,第439页。王先生仅举唐杜甫诗的两个用例为证。

[4]吕叔湘、朱德熙.《语法修辞讲话》第三讲《虚字·文言虚字》,开明书店1951年11月第3版,第167页。

[5]吕叔湘.《汉语语法论文集·非领格的其》,第181页。

1984年7月26日初稿,1989年5月1日修改

(原载《集美师专学报》1989年第2期)

# “有以”、“无以”用法新探

## 一

“有以”、“无以”连用，在古书上很常见，情况相当复杂。从其使用情况看，大致可区分为以下几种类型：

第一种：(A)人各有以事君，非佐之所能也。(左传·襄公二十八年)

(B)王祭不共，无以缩酒。(左传·僖公四年)

第二种：(A)不敢有以私取与也。(荀子·臣道)

(B)无以小害大。(孟子·告子上)

第三种：(A)后世必有以酒亡其国者。(战国策·魏二)

(B)后山东之士，无以利事君者矣。(同上，魏三)

第四种：无以尔万方。(尚书·汤诰)

第五种：无以为也。(论语·子张)

第六种：古人秉烛夜游，良有以也。(李白：春夜宴从弟桃李园序)

第七种：无以，则王乎！(孟子·梁惠王上)

以上七种句式中都用了“有以”、“无以”，但其句子结构关系的差别相当远，这就是所谓“同形异构”。如何正确区分这些同形异构的句式并给以科学的说明，是文言语法研究的重要课题之一。特别是第一种句式，是一种常见的**习惯说法**，其中的“有以”、“无以”究竟是什么词，至今还是一个没有完全解开的谜。目前我国有些著名的古代汉语教科书和语法专著[1]，虽然也谈了“有以”、“无以”的第一种用法，但一般只限于翻译，根本不触及这些词的词性、意义、用法以及整个句子的句法分析问题。因此，人们看了仍然不免产生疑惑。近几年来,有几篇专论"有以"、"无以"第一种用法的文章,新说竞出,但由于没有抓住这种句式的根本特点,故说法虽新,并未击中要害,且大有治丝益棼之势。"'有以'深深处,中有千千结。"可以说,"有以"、"无以"的用法,是当前文言语法研究中的最大难点之一。本文试图就第一种用法的"有以"、"无以"进行一些初步的探讨,寻究其说法的由来,辨识"有以"、"无以"的词性、意义和用法,进而解决"有以……"、"无以……"这种习惯句式的句法分析问题。我们认为,这个问题解决了,其余几种连用形式也就比较容易解决了。

二

"有以"、"无以"连用的第一种类型"人各有以事君"、"无以缩酒",到底是一种什么样的句式呢?它是怎样形成的呢?马建忠在《马氏文通》卷四里说:**"'有'、'无'两字后习用'以'字介词,以系动字于后,而止词则隐而不书。"**又说:"'有'、'无'两字后,必有止词隐而未书者,而后以'以'字为介。"[2]我们认为,马建忠的说法基本上是正确的,只是语焉不详,"有以"、"无以"确是"有"、"无"之后隐去宾语"x"不说而形成的。它是"有 x 以"、"无 x 以"的省说形式。这可从以下三个方面来考察和证明:

第一,从古书的注释来考察。例如:

(1)甲若有以前之,则执以将命。(礼记·少仪)郑玄注:"有以前之,谓他挚币也。"

(2)国有以存,人有以生。(淮南子·主术训)高诱注:"国有人存,若鱼得水也。"

(3)叟,不远千里而来,亦将有以利吾国乎?(孟子·梁惠王上)赵岐注:"亦有为寡人兴利除害者乎?"

(4)圣人有以见天下之赜……圣人有以见天下之动。(周易·系辞上)孔颖达疏:"圣人有其神妙以能见天下深赜之至理也……圣人有其微妙以见天下万物之动也。"按,《马氏文通》曾引此注以证明其论点。

(5)诸侯皆有以填抚王室。(汉书·五行志中)颜师古注:"填抚王室,谓献器物也。"

(6)吾未有以言之也。(战国策·魏一)鲍彪注:"未得其说以说。"

(7)今王无以取之。(国语·吴语)韦昭注:"言无德政。"

(8)凡语治而待去欲者,无以道欲。(荀子·正名)杨倞注:"无道欲之术。"章诗同注:"无法引导欲望走向正路。"

(9)羿请不死之药于西王母,嫦娥窃以奔月,怅然有失,无以续之。(淮南子·览冥训)高诱注:"言羿……不能复得不死之药以续之。"

以上各例注释表明,郑玄、高诱、赵岐、韦昭、孔颖达、颜师古、杨倞、鲍彪等人都认为"有"、"无"之后隐去了一个宾语,故在注释中着重予以指出。这几条注释十分重要,它架起了"有以"、"无以"通向"有 x 以"、"无 x 以"的桥梁,使我们看清了"有以"、"无以"这种习惯说法的由来,同时它也证明了《马氏文通》的说法是大体正确的。

第二,从古书的异文来考察。例如:

(1)故用兵之法,无恃其不来,恃吾有以待也。(孙子·九变篇)孙星衍《孙子十家注》校云:"《通典》、《御览》作'恃吾有能以待之也。'"

这个例子更可看出"有以"、"无以"和"有 x 以"、"无 x 以"两种句式的渊源关系。

以上两种情况表明,"有以"、"无以"和"有 x 以"、"无 x 以"是相通的。从句式的渊源关系来说,我们不妨可以这样认为:"有 x

以”、“无x以”是“有以”、“无以”的详式（或称原式）；“有以”、“无以”是“有x以”、“无x以”的略式。这两种句式在古代并行不悖，人们可以根据具体的语言环境和表达的需要自由选用。古书上有不少“有x以”、“无x以”的用例。过去人们没有从这方面深入地去进行探寻，自然无法发现上述两种句式的共同点，因而只孤立地研究“有以”、“无以”，所以始终无法看清“有以”、“无以”的真面目，取得突破性的进展。这大概就是问题的症结所在了。

第三，从古书的实际用例来考察。古书上“有x以”、“无x以”的句子是大量存在的，这种句子在一定条件下隐去“有”、“无”后的宾语不说，就成为“有以”、“无以”的省说形式了。以下分别举例。

（一）“有x以”。例如：

（1）有律以如己也，故曰律否臧。（左传·宣公十二年）

（2）［文子］有孝德以出在公族，有恭德以升在位，有武德以羞为正卿，有温德以成其名誉。（国语·晋语九）

（3）抱关击柝者，皆有常职以食于上。（孟子·万章下）

（4）夫唯有羽翼以通其意于天下乎？（管子·戒）

（5）名以检其差，故亦有名以检形。（尹文子·大道上）

（6）而使人臣有缘以侵其主，则群臣为子之、田常不难矣。（韩非子·二柄）

（7）天有四时以制十二月，人亦有四肢以使十二节，天有十二月以制三百六十日，人亦有十二肢以使三百六十节。（淮南子·天文训）

（8）今有美酒佳肴以相饗。（淮南子·诠言训）

（9）是故先王有大事，必有礼以哀之；有大福，必有礼以乐之。（史记·乐书）

例（1）“有律以如己”是详式，如不明说有何物以如己，“有”后的宾语“律”可以隐去,就成为“有以如己也”的句式。其余各例必要时亦均可变成略式。

（二）“无x以”。此类例子较“有x以”为多。例如：

（1）无德以及远方,莫如惠恤其民而善用之。（左传·成公二年）

（2）嘉生不降,无物以享。（国语·楚语下）

（3）王必无辞以止公。（战国策·魏一）

（4）无君人之位以济乎人之死。（庄子·德充符）

（5）无衣裘以御冬兮。（楚辞·九辩）

（6）无君以制臣,无上以制下,天下害生纵欲。（荀子·富国）

（7）此二士者,无爵位以显人,无赏禄以利人。（吕氏春秋·当染）

（8）布衣相与交,无富厚以相利,无威势以相惧也。（韩非子·五蠹）

（9）吾无面目以见子胥也。（史记·越勾践世家）

（10）吾不忍梦得之穷,无辞以白其大人。（韩愈:柳子厚墓志铭）

（11）而匮乏者无资以自给,则势不能久也。（杨时:上提举书）

（12）无学问以济之,无明师益友以导之,无贤妻子以辅之,遂不能恶始美终。（纪昀:阅微草堂笔记卷二十）

例（1）“无德以及远方”是详式,如不明说无何事物,“无”后的宾语“德”也可以隐去,这就成为略式“无以及远方”的句式了。其余各例必要时亦均可变成略式。

从以上所举的例子可以看出,“有x以”、“无x以”所组成的语言单位实际上是一种连谓词组,它们在句中通常作谓语（例见上）,偶尔也可用作定语和宾语。例如：

(1)今身不至劳苦,而辇以上者,有术以致人之故也。(韩非子·外储说右下)

(2)侨闻为国非不能事大字小之难,无礼以定其社稷之患。(左传·昭公六年)

这种由“有 x 以”、“无 x 以”所组成的连谓词组究竟有些什么特点呢?

1. 从组成看,这种连谓词组由前后两项组成。其用词和词序是固定的:前项谓语由表示存在的动词“有”、“无”充当,后带宾语;后项谓语由表示动作行为的动词或动词性词组充当,中间用“以”连接,“以”后动词性词组所表示的动作行为一般是未然的。这“以”不能改为“而”。“而”字所连接的动词性词组是表示已然的。如《韩非子·外储说左上》:“故有术而御之,身坐于庙堂之上,有处女子之色,无害于治;无术而御之,身虽瘁臞,犹未有益。”在这种句式里,“有”、“无”后的宾语不能隐去不说。

2. 从结构关系看,“有”、“无”及其宾语,说明后面的动作行为具有某种赖以进行的条件(如人、物、办法、手段等),或不具有某种赖以进行的条件,后面的动词或动词性词组则对前面的“有”、“无”及其宾语能有所行动加以申说,二者互相配合,成为一种表示有条件做什么或没有条件做什么的句式。这种句式的前后两个动词谓语之间只有互相说明的作用,没有修饰与被修饰的关系。但有一些同形的句子,其前后两项却有修饰与被修饰的关系,应注意区别。例如:

(1)象有齿以焚其身,贿也。(左传·襄公二十四年)

(2)云无心以出岫,鸟倦飞而知还。(陶潜:归去来辞)

以上是些形同实异的句子。这类句子的最大特点是后一动词是表示已然的动作行为,其中的“以”都可改用“而”,且“有”、“无”后的宾语不能省说,这“有 ×”、“无 ×”是状语,对后面的动词起修饰的作用。如例(1)可改为“有齿而焚其身”(“有齿”表原因),但不能省说为“有以焚其身”,因意义不同。例(2)可说成“无心而出岫”,但不能省说为“无以出岫”,“无心”是“出”的状语。这类句子与上述引例完全不同。上述引例前后两个动词都有同样重要的价值。

3. 动词“有”、“无”的宾语在一定条件下可以隐去不说,这就成为“有以”、“无以”的习惯说法了。(详见后)现代汉语书面语从古代吸收的成语“无以复加”、“有以教我”,就是这种语法格式的残留。

## 三

上面我们探讨了“有以”、“无以”这种习惯说法的由来。在这一节里,我们将着重探讨“有以”、“无以”的使用条件、特点以及如何辨识“有”、“无”之后所隐的宾语和“有以……”、“无以……”这种习惯句式的结构形式等问题。下面分别讨论:

(一)“有以”、“无以”的使用条件

语言中既有详式的“有 x 以”、“无 x 以”,为何又要有略式的“有以”、“无以”呢?这两种语言形式都有存在的理由。那么在什么条件下用详式,在什么条件下用略式呢?大致说来,**需要强调说明某种动作行为有某种人或事物作为凭借条件以让听者准确无误地接受语言信息时用详式,不需要强调说明而又不致引起误解时则可用略式**。如《韩非子·难一》:“今留无术以规上,使其主去两用一。”这里强调的“术”,是一种规劝君主的手段。如果隐去,说成“今留无以规上”,则人们也许会以为是一般的“言”,这就不能达到说话的目的。但如说话者不强调用什么来“规上”,说“无以规上”也是完全可以的。可见**用详式还是用略式,是由说话者要给听者以多大透明度来决定的**。我们可以用这观点来审察本文所引的详式、略式的各类句子。

那么,略式“有”、“无”后宾语隐去不说,究竟有何特点呢?首先,这宾语必须是**共喻性**的,即听话者都能听懂的或经过思考后都能领会的。它不管是不言而喻而不需说出的,还是不愿直接说出或不便直接说出的,都要使人听了能够晓然于心,不致发生误解或不解。如《吕氏春秋·审览篇》:“王无以应。”“无”后的宾语无需说出,听者自知“无”后是隐去“言”或“辞”。《韩非子·外储说右下》:“臣有子三人,家贫,无以妻之。”“无”后的宾语不愿直接说出,听者自能领会“无”后隐含着“财”之类的词语。《战国策·齐四》:“长铗归来乎,无以为家。”“无”后的宾语不便直接说出,但听者自能领会“无”后隐含着“财力”之类的话没有说出来。故孟尝君能正确采取行动,使人“给其(指其母)食用”,收到良好的效果。其次,这宾语必须是**泛指性**的。如纪昀《阅微草堂笔记》卷十二:“四喜归,越数载,病死,无棺以敛。”同书卷十二:“妪暴卒,无以敛,叔乃议嫁其嫂。”前一例明说“无棺”,“无”否定的范围限于“棺”,“棺”是特指性的;后一例说“无以敛”,用“无以”表泛指,“无”否定的范围宽泛得多,包括钱、财、物在内,如没有棺、没有衣物、没有钱财等,实际上应理解为“无力以敛”,理解为“无棺以敛”就不恰当了。泛指性的事物隐去不说,这是“有以”、“无以”用法的一大特色。明白了这一特色,有助于正确辨识“有”、“无”之后隐去的宾语是属于何种性质的词语。

(二)如何辨识“有”、“无”之后所隐去的宾语

“有以”、“无以”中,动词“有”“无”之后隐去宾语不说,这隐去的宾语**可以从上下文体会出来。但这隐去的宾语并不能坐实为承上文或蒙下文而省去了何词何语,且不能在“有”、“无”之后直接补出代词宾语“之”来**。这是它和句子成分省略的规律不尽相同的地方。例如:

(1)尔贡包茅不入,无以缩酒。(左传·僖公四年)

(2)非小人,无以养君子。(桓宽:盐铁论·相刺)

(3)富者有粟以徼上急,至于请爵;贫者无以自活,至于卖子。(汉书·食货志上)

(4)曰:“何为不祀?”曰:“无以供牺牲也。”汤使遗之牛羊。(孟子·滕文公下)

例(1)“无以缩酒”,从上文看,“无”后似隐去“尔贡包茅”,实际上是隐去除“尔贡包茅”之外的其他东西,意即“无物以缩酒”(没有东西缩酒)。例(2)“无以养君子”,从上文看,“无”后似隐去“小人”,实际上是隐去除“小人”之外的其他人,意即“无人以养君子”(没有人供养君子)。例(3)“无以自活”,从上文看,“无”后似隐去“粟”,实际上是隐去办法之类的词语,意即“无计以自活”。例(4)“无以供牺牲”,从下文看,“无”后似隐去“牛羊”之类的词语,实际上也是隐去“物”。

由此可知,在“有以”、“无以”的习惯说法中,“有”、“无”后究竟隐去什么宾语,要根据上下文来体察、判断,随文作出合乎实际的解释,而不能执于一偏。以下分别举例说明:

甲“有以”:“有”后隐去什么词语,应根据具体句子来判断。例如:

(1)公曰:“吾不忘也,抑未有以致罪焉。”(国语·晋语二)意即“未有隙以致罪焉”。

(2)故国家治则刑法正,……外有以怀天下之贤人。(墨子·尚贤中)意即“外有德以怀天下之贤人”。

(3)暴未有以对也。(孟子·梁惠王上)意即“未有言以对也”。

(4)天之与人,有以相通,故国危亡而天文变;万物有以相连,精祲有以相荡也。(淮南子·泰族训)“有”后分别隐去“道”、

“情”、“气”。

(5)社稷靡安,必将有以扶其危,黔首几绝,必将有以继其绪。(刘琨:劝进表)“有”后分别隐去“谋”、“人”。

从以上的例子可以看出,这“有”后隐去的宾语一般是名词语。究竟隐去何种词语,可以从两方面来考察:一是根据上下文。如《吕氏春秋·贵当》:“富则有以求良狗。”上文“富”、下文“求”即透露了“无”后隐去的当是“财”之类的词语。二是根据哲学思想体系。如《吕氏春秋·适音》:“心必乐,然后耳目鼻口有以欲之。”古人认为“耳目鼻口心”这五官中,心是主、是君,故知“有”后隐去的当是“主”或“君”,如果直接补出“心”来,未必符合原意。

乙、“无以”:“无”后隐去什么词语,也应根据具体句子来判断。例如:

(1)敝邑有亡,无以加焉。(左传·文公十七年)意即“无祸以加焉”。

(2)公曰:“微子(子,指魏绛),寡人无以待戎,无以济河。”(国语·晋语七)“无”后分别隐去“计”。

(3)宣子曰:“吾有卿之名,而无其实(指财),无以从二三子,吾是以忧。”(国语·晋语八)意即“无贽礼以从二三子”。

(4)而卒惶急,无以击轲。(战国策·燕三)意即“无物以击轲”。

(5)不学诗,无以言。(论语·季氏)意即“无文以言”。古人认为“言之无文,行而不远”。

(6)瞽者无以与乎文章之观,聋者无以与乎钟鼓之声。(庄子·逍遥游)“无”后分别隐去“目”、“耳”。

(7)不富无以养民情,不教无以理民性。(荀子·大略)“无”后分别隐去“财”、“礼”。

(8)目失镜则无以正须眉。(韩非子·观行)意即“无物以正须眉”。

(9)军中无以为乐。(史记·项羽本纪)意即“无丝竹以为乐”。

(10)其母死,家贫,无以葬。(史记·淮阴侯列传)意即“无力以葬”。力指财力。

(11)魏亡西河之外,而无以取者,兵弱也。(史记·樗里子甘茂列传)意即“无力以取”。力指兵力。

(12)虑无以对母妻,遂不返其家,夜入林自缢。(纪昀:阅微草堂笔记卷十一)意即“无颜以对母妻”。

(13)儒者父子君臣兵刑礼乐,舍之则无以治天下。(同上卷十四)意即“无术以治天下”。

“无”古书上或写作“亡”、“罔”、“蔑”、“毋”、“莫”等。例如:

(1)河曲智叟亡以应。(列子·汤问)意即“无言以应”。

(2)后非民,罔以辟四方。(尚书·太甲中)意即“无力以辟四方”。

(3)虽我小国,则蔑以过之矣。(左传·文公十七年)意即“无国(或人)以过我矣”。

(4)诸侯初破,燕齐荆地远,不为置王,毋以填之。(史记·秦始皇本纪)意即“无人以填(镇)之”。

(5)势弱则受制于巨力,质微则莫以自保。(殷仲文:解尚书表)意即“无计以自保”。

以上例子说明,对“有以”、“无以”的释义应随文而定,只要认真体察,隐去的词语是不难补出来的。但也有一些句子,“有”、“无”(毋)后隐去的是抽象的概念,比较不易辨认,这多见于“不……,无以……”、“无……,无以……”、“非……无以……”的假设复句中。例如:

(1)不学礼,无以立。(论语·季氏)

(2)故不积跬步,无以至千里。(荀子·劝学)

(3)臣无祖母,无以至今日;祖母无臣,无以终天年。(李密:陈情表)

(4)非号令毋以使下,非斧钺毋以威众,非禄赏毋以劝民。(管子·重令)

(5)非诛偃无以塞天下之望。(史记·齐悼惠王世家)

例(1)"无以立"意即"无由以立";例(2)"无以至今日"即"无由以至今日";例(3)"无以使下"亦即"无计(或术)以使下"。其余各例分析同。这类句子"有"、"无"后隐去的宾语大致是"由"、"从"、"术"、"计"之类的词,大致可用"有办法"、"没有办法"来对译。这类句子占有相当大的比重。而从"有"、"无"后隐去宾语的多数情况看,**"有以"、"无以"习惯说法的产生,与其说是语法上的需要,毋宁说是修辞上的要求。运用这种句式说话,有点含而不露,可以把话说得含蓄婉转,给人留下思索的余地,**所以古人很喜欢使用它。

(三)"有以……"、"无以……"的结构形式

上面说过"有以……"、"无以……"是"有 x 以……""无 x 以……"的省说形式。这也是一种连谓词组。这连谓词组也由前后两项组成:前项是"有"、"无",后项是动词或动词性词组,中间用"以"连接。这连谓词组除偶尔作宾语、定语外(例见上引),主要用作谓语。有两种基本格式:

A.[有(无)+宾]+以/+[动+宾](或[动+宾]+[介宾])。例如:

(1)子其有以/语吾来。(庄子·人间世)

(2)吾必有以/重报母。(史记·淮阴侯列传)

(3)吾终当有以/活汝。(马中锡:中山狼传)

(4)臣有以/知陛下之不能也。(汉书·贾谊传)

(5)臣有以/知天下之不能为从以逆秦也。(战国策·赵二)

(6)上无以承事于公。(韩愈:上张仆射书)

B.[有(无)+宾]+以+[动](或[动]+[介宾])。例如:

(1)行人未有以/说也。(韩非子·难二)

(2)乘轩戴冕,其与无足无以/异。(荀子·正名)

(3)吾茫然无以/应也。(纪昀:阅微草堂笔记卷七)

(4)道无以兴乎世。(庄子·缮性)

以上句中的"有"、"无"和"以"后的动词都是谓语的中心词,"以"后的动词带或不带宾语,都只有一个,这是最常见的形式。但有时候"以"后也有连用两个动词的;在一定条件下,"以"后的动词及其宾语也可以省略。例如:

(1)内有以/食饥息劳。(墨子·尚贤中)

(2)今绝天下之酒,则无以/行礼相养。(汉书·食货志下)

(3)欲得良狗,则家贫无以。(吕氏春秋·贵当)

例(1)(2)"食饥息劳"、"行礼相养"是联合词组作谓语,它是和"有"、"无"相对待的一个语言单位,故仍算单项而非多项。例(3)高诱注:"无以买狗。""买狗"承前省略,这个句子也是由前后两项组成,只是后项省去罢了。

在"有以……"、"无以……"这种连谓词组中,"有"、"无"前可受副词(如"必、"未"等)、语气词(如"其")、能愿动词(如"得"、"当"等)、方位词(如"上"、"内"、"外"等)、介词词组(如"与无足")等的修饰,显然是动词。"有"、"无"既是动词,则其后自有带宾语的能力。我们说"有以"、"无以"是"有 x 以"、"无 x 以"的省说形式,也是根据它的语法功能来判断的。由此可知,"有以……"、"无以……"的句式和"有 x 以……"、"无 x 以……"的句式从根本上说并没有什么不同,都由前后两项构成,这两项在句中都占有同等重要的地位。由此看来,由省说宾语而连用的"有以"、"无以"就不会是一个可以独立运用的语言单位、一个"固定结构"了[3],这应该是没有疑问的了。而"有以……"、"无以……"和"有所以……"、"无所以……"也应该是两种不同的语言形式[4]。但目前我国语法学界在这些问题上的看法却有很大的分歧。

## 四

在这一节里,我们将着重讨论以下两个看法分歧的问题:

第一,"有"、"无"的词性问题。有人说,"有以"、"无以"连用,其中"有""无"是无定代词,意思是"有什么"、"没有什么"[5]。但从上一节的分析可以看出,这说法无法成立,因为无定代词不受副词等的修饰,其后也不能带宾语(见上述)。

另外,还有人说,"无以"用在动词谓语之前,"无"是直接否定谓语的副词,而"以"是垫在状语和谓语之间的助词。如《左传·昭公二年》:"宣子曰:'起不堪也,无以及召公。'"意思是"我受不了你的夸奖,你别提召公和我相比了"。《韩非子·内储说上》:"立有间,无以诏之。"是说"等了一会儿,并没有诏见他"。[6]其实"无以及召公"、"无以诏之"是"无德以及召公"、"无言以诏之"的省说形式,其中"无"是动词,它又怎能越过连词"以"去直接否定后面的动词谓语呢?

第二,"以"的词性问题。对于"以"的词性各家看法分歧最大,大抵有介词[7]、动词[8]、助词[9]、特别指示代词或联系代词[10]等几种说法。我们认为,这"以"是连词,它放在表示存在的动词"有"、"无"和表示动作行为的动词或动词性词组之间起联系作用,表顺接,一般不译,或译为"来"。这"以"不是介词(其后不能带宾语,也不能补出代词"之"),不是动词("以"后的词语都是动词或动词性词组,在句中作谓语,不受"以"的支配),这都是显而易见的。下面着重讨论两个问题：

1.“以”是助词吗？刘瑞明在《“有以”、“无以”是多义的同形异构体》一文中指出，有三种“有以”、“无以”，它们都是固定结构，其中的“以”都是助词；而有两种“有以”、“无以”，其中的“以”字可以略去，另有一种“有以”也可以略去。[11]现在我们姑且不谈这种说法有何矛盾，就谈这“以”是不是助词以及它是否可略的问题。我们认为，在“有以”、“无以”连用的习惯说法中，这“以”是表示结构关系的连词。这是因为：(1)用不用“以”，结构关系和句式都有很大的不同。如《谷梁传·成公二年》“齐有以取之也”，是说“齐有故以取之也”。《战国策·齐三》“赵无以食，请粟于齐”，是说“赵无谷以食”。如略去“以”字，说成“齐有取之也”、“赵无食”，则结构关系不同，句式亦异。有时略去“以”字，则句子不通。如《史记·孟尝君列传》：“所以求息者，为无以奉客”，是说“为无财以奉客”，如略去“以”字，说成“为无奉客”，简直不知所云。(2)用“以”连接的详式连谓词组可变成略式(例见前引)，而不用“以”的连谓词组则不能。如《吕氏春秋·慎小》：“上无道知下，下无道知上。上下不相知，则上非下，下怨上矣。”前两句不能改为“上无知下，下无知上”。由此可见，在“有以……”、“无以……”连用的习惯句式中，“以”是一个表示结构关系的连词，而不是助词，这“以”是不能随便略去的。那种认为“以”可以略去的看法是难以成立的。可是刘却说，《孟子·梁惠王上》：“‘杀人以梃与刃，有以异乎？’曰：‘无以异也。’”其中“有”、“无”是谓语，“异”是宾语，“以”是垫在动词之后的助词，可以略去。[12]这是把“有以异”、“无以异”和“有异”、“无异”等同看待。其实二者不但结构关系不同，“异”的词性亦异。“有以异”、“无以异”是连谓词组，其中“有”、“无”是动词，其后隐含着一个“由”、“术”之类的词语，“以”是连词，“异”是动词，有区别之意。古书上“异”用作动词的不乏其例。

如《战国策·韩一》:“公何以异之?”这“异”就是动词,带有宾语“之”。“有以异”、“无以异”中的“异”也是动词,其后可带宾语。如《韩非子·二柄》:“群臣之情不效,则人主无以异其臣矣。”有时“异”还与“别”连用,说成“别异”。如杨时《曾文昭公行述》:“且于课试之际,无以别异于众人。”而“有异”、“无异”是动宾词组,其中的“异”是形容词,作宾语,其后不能再带宾语。由此可知,把“有以异”、“无以异”中的“以”字说成是可以略去的助词,也是错误的。

刘又说,有一种“有以……”的习惯句式,其中的“有以”是“整体全无意义”的“复合助词”,也可以略去。如《战国策·燕三》:“臣乃得有以报太子”,“例中已有表示能够意的‘得’字,后面的‘有以’就不宜再是同义词。从译述说,‘我才能(有可能)报答太子’,这‘有以’讲成‘有可能’显然是赘词”,“可以略去”。[13]刘因主观上认定“有以”“表示可能”,要讲成“有可能”,但却与前面的“得”字意思重复,故有此议。其实,这里“有以”连用,“有”后隐含了一个“成”字之类的词语,意为“臣乃得有成以报太子”,句中用了“有以”,话说得比较委婉,但语言的深处却透露出一股坚强的自信,怎么会是赘词呢?又如何可以略呢?如果依所说把刘文所引的例句中的“有以”全都略去,试看其表达效果会是一样吗?如《宋史·苏轼传》:“主司欧阳修思有以救之。”如略去“有以”,基本意思未变,但语言丰富的内蕴不见了。可见古人选择这个语言形式,是有他的苦心孤诣的。

2.“以”是特殊指示代词吗?白伏喜在《“有以”、“无以”探异》一文中提出“以”是特殊指示代词的看法。他说“有以”、“无以”大体相当于“有所”、“无所”的用法[14]。“有以”、“无以”的“有”、“无”是动词,其中的“以”字相当于“所”字,是特殊指示代词(或说带有指示性的助词)。[14]他举《庄子·天下篇》“皆有以养”和《礼记·礼运》“皆有所养”等例为证。其实二者意思相近，但结构关系不同：“皆有以养”是连谓词组，是“皆有衣食以养”之隐；“皆有所养”是动宾词组，是“皆有所养之具”之意。“有以……”、“无以……”和“有所……”、“无所……”表达的意思有时并不相近。如《史记·淮阴侯列传》：“诸将亡者以十数，公无所追。”“无所追”直译为“无所追之人”，其意实是“没有追谁”；如改为“公无以追”，则是“无计以追”，指没有办法追，意思不同。同篇：“大王之入武关，秋毫无所害。”“无所害”也不能改为“无以害”。由此可见，不能把“有以”、“无以”中的“以”字说成是用法同“所”的特殊指示代词。白文又说还可把这“以(所)”看成是联系代词，同样也是不能成立的。此不赘述。

对于“有以……”、“无以……”这种习惯句式，争论的问题尚多。本文限于篇幅，只谈这些。错误之处，还请专家、读者指正。

**参考文献：**

[1]王力主编.《古代汉语》(修订本)，中华书局1981年第1版，第452页；郭锡良等编.《古代汉语》，北京出版社1981年第1版，第333页；《古代汉语十讲》编写组.《古代汉语十讲》，上海教育出版社1980年第1版，第117页。

[2][11]马建忠.《马氏文通》商务印书馆1983年新1版，第177页。

[3]洪成玉.《关于“有以”、“无以”的用法》，原载《语言教学与研究》1981年第3期，第82-89页。

[3][6][9][11][12][13]刘瑞明.《“有以”、“无以”是多义的同形异构体》，原载《语言教学与研究》1984年第1期，第147-154页。

[4][7]吕叔湘.《文言虚字》，中国青年出版社1954年第3版，第67-68页。

[5][8]南开大学中文系.《古代汉语读本》(修订本)，天津人民出版社1981年第1版，第324页。

[10][14]白伏喜.《“有以”、“无以”探异》，原载《牡丹江师院学报》(社科版)1986年第4期，第70-73页，转第90页。

(原载《福建师范大学学报》(社科版)1990年第3期)

# 论用在主谓之间的“之”字*

在古代汉语里,用在主谓之间的“之”字有两种不同的性质和作用。这是一个亟待分清的问题。长期以来,我国语法学界在主谓之间用“之”这个问题上所以众说纷纭,莫衷一是,与对这个问题的辨认不真有关。本文试就这个问题进行一些初步的探讨。

## 一

古代“之”用在主谓之间,有两种不同的情况。请看:

甲组:

(1)民之归仁也,犹水之就下,兽之走圹也。(孟子·离娄下)

(2)天之弃商久矣。(左传·僖公二十二年)

(3)欲勿予,即患秦兵之来。(史记·廉颇蔺相如列传)

(4)君子之爱人也以德。(礼记·檀弓上)

(5)大道之行也,天下为公。(礼记·礼运)

(6)虢射曰:“皮之不存,毛将安傅?”(左传·僖公十四年)

(7)父母之爱子,则为之计深远。(战国策·赵四)

以上各例分别引自我国语法学界的语法专著或古代汉语教科书,各家都说这“之”是用在主谓之间。例(1)至(3)“之”用在充当句子的主语或宾语的主谓词组之间,例(4)“之”用在单句的主谓之间,例(5)至(7)“之”用在复句上一分句的主谓之间。但这用在主谓之间的“之”字究竟是什么词,其语法作用如何,各家的看

* 本文在写作过程中,郭大英教授提过许多宝贵的修改意见。谨此表示感谢。

法存在着严重的分歧。以词性而言,就有介词(马建忠、王力[1])、连词(杨树达、吕叔湘、刘景农、郭锡良等[2])、助词(何乐士、周秉钧、南开大学《古代汉语读本》(修订本)[3])、结构助词(林乐腾、丁贞蕖[4])、语气助词(廖振佑[5])、语间词(蒋礼鸿、任铭善[6])、小品词(杨伯峻[7])、关系词(张世禄[8])等等说法;以语法作用而言,至少有化句子形式为主谓短语(按指偏正词组)说或取消句子的独立性说、标志句子不再具有独立性说和缓气说等三种,而在这三种说法中,它们又往往彼此互有交叉。可见这确实是古代汉语语法研究中的一大难题。以下把各家说法略作介绍,并作简要的评述:

(一)化句子形式为主谓短语说,以吕叔湘为代表,王力继之。吕在《文言虚字》里说:连词"'之'安在主语和谓语的中间,……这里的'之'字的作用可说是化句子形式为主谓短语。句子形式是主语和谓语的配合,现在使主语变成加词,谓语变成端词,就成了短语的形式了。但是这种短语和一般的短语有些不同,所以特称为'主谓短语'。句子形式有主语有谓语,本来具备句子的资格,包含在别的句子里面时,暂时失去这个资格,加一个'之'字就是在形式上确定它的地位。……这是就形式而论,我们还可以从心理上加以说明。'大道行',可以断句。虽然接着说'则天下为公',我们就知道'大道行'并不独立,不如加一'之'字,让我们从头就知道句子未完,就期待下文。这样,句子更觉紧凑。"[9]所谓"就形式而论"和"从心理上加以说明",实际上是把"之"的语法作用分为彼此互不搭界的两种。

王力在其主编的《古代汉语》(修订本)里说:介词"'之'字还有一种用法最值得注意,那就是把它用在主语谓语之间,取消句子的独立性。……有两种情况:第一,在一个分句的主语谓语之间用'之'字,表示语意未完,让听者或读者等待下文。第二,这种'之'

字又常常用在充当主语或宾语的主谓结构之间。"[10]王把"之"的语法作用概括为取消句子的独立性,但在具体论述"之"用法的"两种情况"时却又回到吕的老路上去。这说明取消句子独立性的说法是行不通的。其"所谓取消句子的独立性,就是使句子在形式上词组化,意思上不完整,如果不依赖一定的上下文,就不能独立存在"的观点与吕的看法实质上是相同的。

(二)标志句子不再具有独立性说,以南开大学《古代汉语读本》(修订本)为代表。《读本》说:"句子的主语和谓语之间加上一个'之'字,这个'之'字是助词,它的作用是标志这个句子不再具有独立性,或者作为复句的第一个分句而出现,或者作为主谓词组充当句子的主语或宾语。""在复句第一分句的主语和谓语之间常加助词'之'标志它没有独立性,表示话还没有说完,让读者或听者等待下文。"[11]此说与吕王接近,但它认为"之"用在主谓之间并不化主谓词组为偏正词组,则又显示它与吕王有别。

(三)缓气说,以马建忠为代表,廖振佑等继之。《马氏文通》说:"介词'之',以介名字动字之间者,又别三式:……其二,凡读于起词(按即主语)坐动(按即谓语)之间,间以'之'字,一若缓其辞气者然。"[12]廖振佑在《古代汉语特殊语法》里说:"语气助词'之'字用在句子的主语和谓语之间,表示某种语气,具有加重、强调或舒缓语气等作用。"但却又说:"'之'字用在复合句的前一分句里,表示语意未完,使听者或读者等待下文。"对"我之取天下可以百全"则说:"'之'字用在'我取天下'的主语和谓语中间,使它充当整个大句的主语,并具有表示语意未完和舒缓语气的作用。"[13]周秉钧说"这个'之'只是舒缓语气"。蒋礼鸿、任铭善也说"以上的几个'之'字,并不是化主谓结构为偏正结构,而是延长一个音节。"

从以上各家所举的例子及他们对这"之"字的语法作用的说

明看，还是马建忠和廖振佑等人的说法比较符合语言事实，虽然马建忠以怀疑的口气出之，周秉钧、蒋礼鸿、任铭善的说法比较简单，廖振佑没有把正确的观点坚持到底，而且以上诸人谁都没有对自己的观点进行过必要的论证，而没有经过论证检验的观点充其量只是一种假设而已，缺乏说服的力量，因而他们的说法仍有很大的缺陷。笔者认为，以上各家所举的那些用在主谓之间的“之”字都是语气助词，具有舒缓语气、调谐音节节奏的作用，现代汉语没有相当的词可以对译。这“之”也完全可以不用（详见后），它完全没有如吕王二先生所说的具有“化句子形式为主谓短语”的作用和“取消句子的独立性”的作用，也没有“表示语意未完，让听者或读者等待下文”的作用，自然也没有如《读本》所说的具有标志句子不再具有独立性的作用。

至于古代汉语用在主谓之间的“之”字是否还有结构助词的用法呢？回答是肯定的。“之”用在主谓之间，把主谓词组变成名词性的偏正词组，即把原来的谓语变成中心语，而原来的主语变成领属性的定语，这“之”是结构助词，可以译为“的”。这种用在主谓之间把主谓词组变为名词性偏正词组的语法现象，通常见于叙述句的主语、判断句的谓语和某些不带主谓词组作宾语的动词、介词之后的宾语，有时它与别的成分组成联合词组然后充当句子成分。其分布范围比较狭窄。请看：

乙组：

（1）今王之地有尽，而秦之求无穷。（战国策·魏三）“秦之求”与“王之地”相对为文，“求”动词名物化用法。

（2）官爵之迁与斩首之功相称也。（韩非子·定法）“官爵之迁”与“斩首之功”相对为文，“迁”动词名物化用法。

（3）泽，水之鍾也。（国语·周语下）韦昭注：“鍾，聚也。”“鍾”，动词名物化用法，指聚集的地方。

(4)宋破,晋国危,安邑,王之有也。(战国策·秦一)“有”,动词名物化用法,指所有(或据有)的地方。

(5)此文王之勇也。(孟子·梁惠王上)“勇”,形容词名物化用法,指勇敢。

(6)今以君命奔齐之急,而受室以归,是以师昏也。(左传·桓公六年)“急”,形容词名物化用法,意为“急难”。下类推,不再赘述。

(7)王必听之,是王欺魏王,而臣受公仲侈之怨也。(史记·樗里子甘茂列传)

(8)安有说人主,不能出其金玉锦绣,取卿相之尊者乎?(同上)

(9)大王之国,……南有巫山黔中之限,东有肴函之固。(同上)

(10)君子不蔽人之美,不言人之恶。(韩非子·内储说左上)

(11)是故决贤不肖之策,在赏罚之轻重。(同上·六反)

(12)以秦卒之勇,车骑之多,以当诸侯,譬若驰韩卢而逐蹇兔也。(战国策·秦三)以,凭。

类似以上各例“之”的结构助词用法,至今无人列举过和论证过,甚至连主张“之”用在主谓之间是化句子形式为主谓短语和取消句子的独立性,使句子在形式上词组化的吕王二先生也不例外。以上结构助词“之”用在主谓之间,变主谓词组为偏正词组,充当句子成分:例(1)偏正词组充当句子的主语,例(2)偏正词组作为联合词组的一个构成部分然后充当句子的主语。例(3)至(5)偏正词组充当判断句的谓语。例(6)至(11)偏正词组用在不具有带主谓词组作宾语能力的动词“奔、受、取、有、蔽、言、在”之后作宾语,例(12)偏正词组用在不具有带主谓词组作宾语能力的表凭借义的介词“以”之后作宾语。

从以上甲、乙两组用例来看,“之”用在主谓之间,有两种不同的性质和作用,这是很清楚的,毋庸置疑。甲组“之”是语气助词,乙组“之”是结构助词。前者分布范围广,后者分布范围较窄,它们能否作某种句子成分,显然都要受到动词、介词句法功能/作用差异的制约和句式的限制。关于二者的区别,除了看它充当句子成分的差异外,还有两点值得注意:(1)要看“之”用或不用对句子的结构关系和意思有没有发生影响:“之”不用,其结构关系和意思都没有改变的,这“之”是语气助词;不用,其结构关系和意思都发生变化的,这“之”是结构助词。(2)要看这“之”能不能译为“的”:不能译为“的”的,这“之”是语气助词;可以译为“的”的,这“之”是结构助词。“之”能不能译为“的”,是其词性、作用的本然反映,不由个人主观决定,也不受现代汉语结构助词“的”的用法的影响。

古代汉语用在主谓之间的“之”字有语气助词和结构助词两种用法,这是客观存在的语言事实。分清用在主谓之间的“之”字的这两种不同用法,使之各得其所,是十分必要的。这个问题的解决,不但对正确认识古代汉语的语法特点有重要意义,就是对古代汉语的语法研究、古文教学、古籍校勘、古书今注和古文今译等也都有重要的作用。本文首在揭橥用在主谓之间的“之”字的两种用法的差异,而重点还在于对用在主谓之间的语气助词“之”的词性和语法作用进行考察和论证,因为这个问题比较不易被人们所理解和接受。以下就谈这一问题。

## 二

如上所述,甲组“之”用在主谓之间,是语气助词,具有舒缓语气、调谐音节节奏的作用。这“之”是语气助词,而不是结构助词,这可以从以下几点来说明:

**第一，这"之"常与句中或句尾的语气助词"也"前后呼应着用，构成"之……也"的格式。**这与判断句用语气助词"……者，……也"前后呼应着用的情况有些类似。例如：

(1)民之于仁也，甚于水火。(论语·卫灵公)

(2)久矣哉，由之行诈也！(论语·子罕)

(3)风之积也不厚，则其负大舟也无力。(庄子·逍遥游)

(4)赤之适齐也，乘肥马，衣轻裘。(论语·雍也)

有时"之"用在复句上一分句的主谓之间，与语气助词"者"前后呼应着用，构成"之……者"的格式。例如：

(5)吾妻之美我者，私我也。(战国策·齐一)

以上"之……也"、"之……者"前后呼应，是从语气上去加强语意，并不是从结构上去改变它的关系。

**第二，这"之"用在以名词为谓语句的判断句的主谓之间或具有判断关系的主谓词组之间，**表示舒缓语气、调谐音节节奏，而不是去改变它的结构关系。例如：

(1)惠王以梁与鲁阳文子，文子辞。……王曰："子之仁人，不忘子孙，施及楚国，敢不从子？"(国语·楚语下)

(2)《春秋》之信史也，其序则齐桓晋文。(公羊传·昭公十二年)

(3)晋申生之孝子兮，父信谗而不好。(楚辞·九章·惜诵)

(4)吾见子之君子也，是以告情于子也。(公羊传·宣公十五年)

(5)羊质而虎皮，见草而说，见豺而战，忘其皮之虎也。(扬雄：法言·吾子)

(6)麋麑稍大，忘己之麋也，以为犬良我友。(柳宗元：临江之麋)

(7)已二岁余，竟不知娥之女人也。(李公佐：谢小娥传)

以上例(1)至(3)“之”用在判断句的主谓之间，例(4)至(7)“之”用在充当宾语的具有判断关系的主谓词组之间。这“之”是语气助词，表示舒缓语气，调谐音节节奏。不明乎此，误认“之”为结构助词，就会看错结构关系，误解句意。

第三，这“之”用在主谓之间，**位于作状语的名词或名词性词组之前**。它是语气助词，用来舒缓语气、调谐音节节奏的。例如：

(1)诸侯之义死社稷，大王委国而去，何也？(说苑·至公)

(2)今而后知君之犬马畜伋。(孟子·万章下)

(3)天下之西鄉而驰秦，入朝为臣之日不久矣。(战国策·魏三)鄉，音 xiàng，通“向”。

以上各句的“之”是用在主谓之间的语气助词。不明乎此，就会把“诸侯之义”、“君之犬马”、“天下之西”看成名词性的偏正词组。其实，“义”、“犬马”分别作“死社稷”、“畜伋”的状语，“西”则作介词“鄉”的宾语，“诸侯”、“天下”、“君”分别是句子的主语和主谓词组中的主语，而非定语。这种用法的“之”一不小心，极易看错结构关系，造成误解。古代训诂家有鉴于此，有时特意予以指出。如例(2)[汉]赵岐即注：“今而后知君以犬马畜伋。”[宋]孙奭疏亦云：“至今而后乃知鲁君以犬马畜养其伋也。”皆不用“之”。又如：

(4)帝之妻舜而不告，何也？(孟子·万章上)

(5)舜之相尧，禹之相舜也，历年多，施泽于民久。(孟子·万章上)“相”，扶助，动词。

(6)五帝之圣而死，三王之仁而死，五伯之贤而死，乌获之力焉而死，贲育之勇焉而死，死者，人之所必不免也。(战国策·秦三)

例(4)“妻”名词用如动词，音 qì，意为以女嫁人。如果误以“之”为结构助词，则“妻”的词类活用就无法获得正确的认识，这个句子的句法成分也将无法分析，而句意也无从索解。例(5)两个“相”字都是扶助的意思(这里特指扶助帝王)，是动词，如果误以“之”为结构助词，势必把“相”看作名词，指扶助帝王的人，然而这是错的。“舜之相尧、禹之相舜”的意思是，舜扶助尧、禹扶助舜，这两个“之”都是语气助词。例(6)“五帝之圣而死”是个具有转折关系的紧缩句，意思是“五帝虽然那样神圣也要死”，为了加强“圣”的语意，使之醒人耳目，引起注意，便在其前加一“之”字来舒缓语气，调谐音节节奏。不明乎此，就会误认“五帝”是“圣”的定语，从而误解句意。

第四，语气助词“之”用在主谓之间，有时也可不用；不用，只是句子的语气较为急促一点而已，而用了“之”，句子的结构关系并没有变化，句子的意思也没有改变。主谓之间用不用“之”十分灵活，这是语气助词“之”的最大特点。请看：

(1)客曰：“徐公不若君之美也！”……于是入朝见威王，曰：“臣诚知不如徐公○美。……”(战国策·齐一)

(2)国之将兴，其君齐明、衷正、精洁、惠和。(国语·周语上)

国○将兴，其君斋明、中正、精洁、惠和。(说苑·辨物)

(3)秦之攻王也，王知其故乎？(战国策·秦四)国学基本丛书校者曰：“‘秦之’，曾无‘之’字。”按，“曾”指宋人曾巩的版本。

以上各例主谓之间一用“之”一不用“之”：例(1)见于同一古籍本篇的上下文，例(2)见于不同古籍而内容相近的篇章，例(3)见于同一古籍的不同版本。这些句子不管用不用“之”，其结构关系和句意都相同，只是语气缓促稍异而已。又如：

(4)南宫縚之妻之姑之丧，夫子诲之髽。(礼记·檀弓上)

[唐]孔颖达疏：“南宫縚之妻之姑之丧者，‘之’并是语辞也。**南宫縚妻姑丧**，谓夫之母也。以是夫子兄之女，故夫子诲之作髽法。”髽(zhuā)，古代妇人丧服的露髻，用麻束发。

本例见于古书注解。孔疏把“**南宫縚之妻之姑之丧**”省说为“**南宫縚妻姑丧**”，把三个“之”字省去不说，功劳巨大，它显山露水，把原来的句法关系和两种不同性质的“之”字显示得清清楚楚，帮助我们看清“姑之丧”的句法关系和“之”字用法的庐山真面目：

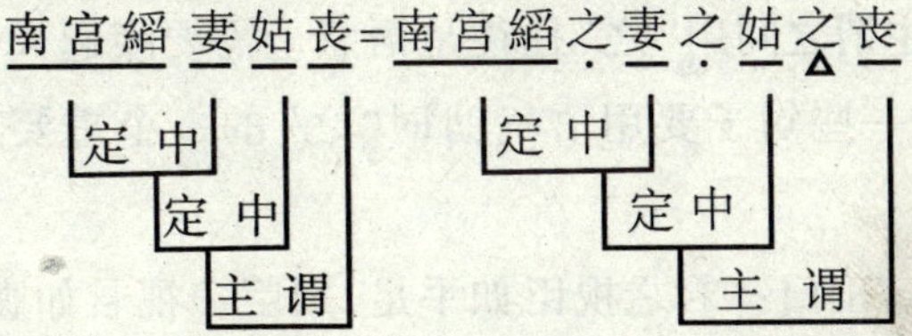


这里“南宫縚之妻之姑”是个多层次的定中结构，其前两个“之”字是结构助词，可译为“的”；而“南宫縚之妻之姑之丧”是主谓结构，这后一“之”字是语气助词，表示舒缓语气，现代汉语没有相当的词可以对译。这个例子清楚地表明，主谓之间用了语气助词“之”，其结构关系和意思都没有改变，只是语气缓促有别。再如：

(5)如有周公之才之美，使骄且吝，其餘不足观也已。（论语·泰伯）［宋］朱熹集注：“才美，谓智能技艺之美。”

这里朱熹也是把两个词性和语法作用不同的“之”字省去不说，“才之美”即等于“才美”，二者其结构关系和句意都没有什么不同。吕叔湘先生在《文言虚字》里列举“孤之有孔明，犹鱼之有水也”、“大道之行也，天下为公”、“君子之爱人也以德”等用例之后说：“**这些‘之’字是不必要的。**”又说，“**去掉‘之’字意义并无改变。**”廖振佑在《古代汉语特殊语法》里也说：“这种语气助词如果不用，也是完全可以的。不用既不影响句子的完整性和独立性，也不影响句子原来的意思。”这说法是符合语言事实的。

## 三

有的句子主谓之间用语气助词“之”，有的不用。一般说来，主谓之间用语气助词“之”，不但具有舒缓语气、调谐音节节奏的作用，有时还可以使其下要说的话（指谓语）能够醒人耳目，唤起注意。这就是说，主谓之间用“之”往往是语意上需要唤起人们注意的地方。这就是一些句子要用语气助词“之”的一个重要原因之所在。请看：

（1）孟子告齐宣王曰：“君之视臣如手足，则臣○视君如腹心；君之视臣如犬马，则臣○视君如国人；君之视臣如土芥，则臣○视君如寇雠。”（孟子·离娄下）视，对待。

（2）人之憎我也，不可不知也；吾○憎人也，不可得而知也。人之有德于我也，不可忘也；吾○有德于人也，不可不忘也。（战国策·魏四）

例（1）是孟子对齐宣王进谏的话，语意重点在国君应如何正确对待臣子，故在几个假设分句的主谓之间都用“之”字来舒缓语气，从而使“视臣如手足”、“视臣如犬马”、“视臣如土芥”的语意能让对方听得真切、入耳，唤起注意。同时这“之”也有调整音节的作用。例（2）是唐且对信陵君的进言，要旨在于说明别人憎恨自己和别人有德于己时所应采取的态度。为了唤起注意，就在主谓之间用“之”来舒缓语气。如果不想借语气助词这种语法手段来加强语意以唤起注意，同一句话，主谓之间不用“之”也是完全可以的。如上述唐且劝说信陵“人之有德于我也，不可忘也”一语，在《史记·信陵君列传》即说成：

（3）客有说公子曰：“夫人○有德于公子也，公子不可忘也；公子○有德于人，愿公子忘之也。”

下面再举几个例子：

(1)王曰:“寡人○忧国爱民,固愿得士以治之。”王斗曰:“王之忧国爱民,不若王爱尺縠也。”(战国策·齐四)

(2)有子问于曾子曰:“问丧(指丢官)于夫子乎?”曰:“闻之矣,‘丧○欲速贫,死○欲速朽’。”有子曰:“是非君子之言也。”……曾子以斯言告于子游。子游曰:“……死之欲速朽,为桓司马言之也;……丧之欲速贫,为敬叔言之也。”(礼记·檀弓上)

(3)人之言曰:“为君○难,为臣不易。”如知为君之难,不几乎一言而兴邦乎?(论语·子张)

以上例(1)为动词谓语句,例(2)(3)为形容词谓语句。例(1)“寡人忧国爱民”是齐王的自述,主谓之间不用“之”,下句是王斗针对齐王所说的话题的真实性进行评述,先引其原话而在主谓之间用“之”来舒缓语气,使“忧国爱民”的话题醒人耳目,唤起注意,这“之”同时也调整了音节。例(2)“丧欲速贫,死欲速朽”这两句话的主谓之间一不用“之”一用“之”,用“之”来舒缓语气,是要使其下的谓语“欲速贫”、“欲速朽”醒人耳目,唤起注意。例(3)“为君难”与“为臣不易”相并提出,而着重在“为君难”的主谓之间用“之”来舒缓语气,是要使知“难”可以兴邦之意突显出来。

有些句子在主谓之间用“之”来舒缓语气,加强谓语的语意,而调整音节的作用也十分明显。例如:

(1)天之/降网,惟其优矣。(诗经·大雅·瞻仰)郑笺:“优,宽也。”

(2)是故吕尚聘,而天下知/商将亡/而/周之王/也。(说苑·尊贤)王(wàng),称王,统一天下。

例(1)见于以四字句为主的《诗经》,其主谓之间加“之”,既舒缓了语气,使其后的谓语“降网”醒人耳目,又调整了音节。例(2)“周王”中用了“之”,与“商将亡”相对,都成了三个音节的语言单位,这“之”既舒缓了语气,强化了“王”的语意,又调整了音节。

主谓之间用语气助词“之”只见于完全句。主语承前省略的句子，谓语前一般不能加“之”。例如：

(1)桀纣之失天下也，失其民也。(孟子·离娄上)

(2)君子之于物也，爱之而弗仁；于民也，仁之而弗亲。(孟子·尽心上)

但偶尔也可看到宾语是并列的复句结构，其后几个分句主语承前省略，其动词谓语前仍然可以用语气助词“之”来舒缓语气，调谐音节。例如：

(1)愚尝评孺人之在室，好逑之淑女也；(　)之事先，采蘋季女也；(　)之事姑，崔山南之祖母也；(　)之相夫教子持家，公父文伯孟轲之母也。(【明】林希元《敕封袁太孺人墓表》，见《林次崖先生文集》卷十)

以上各分句“(　)之事先”，“(　)之事姑”，“(　)之相夫教子持家”，动词谓语前分别承前省略了主语“孺人”，而动词谓语前照样加“之”。此例清楚地说明用在主谓之间的“之”字并没有化句子形式为主谓短语(指偏正词组)的作用，它纯粹是一个语气助词。

在完全句中，单音形容词谓语为并列成分，其前可分别加上语气助词“之”，但单音动词谓语句则需要重复一下那个动词，而动词前分别加上语气助词“之”。例如：

(1)梅之欹、之疏、之曲，又非蠢蠢求钱之民能以其智力为也。([清]龚自珍：病梅馆记)

(2)审其所以从之之谓孝、之谓贞也。(荀子·子道篇)

以上是笔者对用在主谓之间甲组“之”字的词性和语法作用以及其句子特点的认识和说明。关于主谓之间加语气助词“之”的主谓词组在句中的分布情况以及弄清语气助词“之”的用法的重要意义等问题，由于受本文篇幅的限制，准备放在《再论用在主谓之间的“之”字》等文中来论述。

**参考文献：**

[1][12]马建忠.《马氏文通》卷七，商务印书馆1983年第1版，第248－250页；[1][10]王力主编.《古代汉语》(修订本)第二册，中华书局1981年第1版，第458－459页。

[2]杨树达.《词诠》卷五，中华书局1957年第1版，第247－248页； [2][9]吕叔湘《文言虚字》，中国青年出版社1954年第1版，第5－7页；刘景农.《汉语文言语法》，中华书局1958年第1版，第222－223页；郭锡良等编.《古代汉语》上册，北京出版社1981年第1版，第342－343页。

[3]何乐士等编.《文言虚词浅释》，北京出版社1979年第1版，第421－423页；周秉钧《古汉语纲要》，湖南人民出版社1981年第1版，第409－411页； [3][11]南开大学《古代汉语读本》(修订本)，天津人民出版社1981年第1版，第110页。

[4]林乐腾、丁贞蕖.《古代汉语要略》，山东教育出版社1986年第1版，第246－248页。

[5][13]廖振佑.《古代汉语特殊语法》，内蒙古人民出版社1979年第1版，第198－200页。

[6]蒋礼鸿、任铭善.《古汉语通论》，浙江教育出版社1984年第1版，第149页。

[7]杨伯峻.《文言语法》，北京出版社1956年第1版，第163－166页。

[8]张世禄.《古代汉语》，上海教育出版社1978年第1版，第175－176页。

1999年1月第1稿

1999年11月22日第七稿

(原载《福州师专学报》(社科版)2000年第2期)

# 再论用在主谓之间的“之”字

在《论用在主谓之间的“之”字》(见《福州师专学报》2000 年第 2 期)一文里,笔者提出甲组“之”字是语气助词,它具有舒缓语气、调谐音节节奏的作用,用了它,有时可使其下要说的话(指谓语)醒人耳目,唤起注意。这“之”用或不用,有相当大的灵活性,这是语气助词“之”用法的最大特点。主谓之间用了“之”,句子的语气比较舒缓,音节显得谐和,但句子的结构关系和句意都不受到影响,都没有发生变化。

古书中的不少典籍,由于相互引用或仿写、承袭,文字往往有同有异;同一古籍,由于要适应不同情境的需要,文字往往有变化;有的古籍经过多次抄刻,不同版本之间,文字往往互异;而在古书注解中,有时要对原句加以串讲、转述,文字也会有所差别。古书中的这种文字差异现象,给我们提供了大量宝贵的资料。本人在阅读古籍中,发现了许多用在主谓之间的“之”字也可以不用的例子,受到了启发。可以说,“之”字的可用可不用,是帮助我们考察其词性和语法作用的重要的手段和依据。本文拟以甲组“之”字在句中的分布为纲,列举同一或不同古籍中与本例句句式相同或相近而不用“之”的句子作为参照,进一步论述甲组用在主谓之间的“之”字的词性及其语法作用,以为前文的补充。以下分三个部分来叙述。

## 一

主谓结构之间用不用“之”见于句子的诸种成分。这“之”具

**有舒缓语气、调谐音节节奏的作用。**主谓结构之间用了语气助词“之”,其原来的结构关系和意思都没有发生变化。这“之”也可以不用。以下分别举例说明。(用“之”的列前,不用“之”的列后,用“○”标示。)

甲、**见于主语**。例如:

(1)夫星之队,木之鸣,是天地之变,阴阳之化,物之罕至者也。(荀子·天论)

星○队木○鸣,国人皆恐。(同上)

(2)然则先生之为寡人计之,何如?(战国策·魏三)

子○为寡人谋,奈何?(同上)

以上作主语的主谓结构之间用不用“之”见于同一古籍的上下文。又如:

(1)故曰,人君之为善易也。(说苑·辨物)

故曰,人君○为善易矣。(晏子春秋·内篇杂下)

(2)仲尼曰:“隼之来也远矣,此肃慎氏之矢也。”(国语·鲁语下)

孔子曰:“隼○来远矣,此肃慎之矢也。”(史记·孔子世家)

(3)灌以晋水,城之未沈者三板。(韩非子·难三)

决晋水以灌晋阳,城○不沈者三板耳。(战国策·秦四)

(4)坎井之无鼋鼍,隘也;园中之无修林,小也。(淮南子·主术训)按,本句用判断句的形式解释原因。

埳井○无鼋鼍,隘也,园中○无修木,小也。(说苑·谈丛)

以上用作主语的主谓结构之间用不用“之”见于不同古籍。《战国策·赵一》:“前事之不忘,后事之师”,后世成语“前事○不忘,后事之师”,即不用“之”。又如:

(1)道之不行,已知之矣。(论语·微子)[东汉]包咸曰:“孔子道○不见用,自已知之。”

(2)宜乎百姓之谓我爱也。(孟子·梁惠王上)[宋]孙奭疏:“宜乎百姓○不知我之意而谓我爱财也。”

以上见古书及古书注解,正文作主语的主谓结构之间用“之”,疏文不用“之”。

乙、**见于谓语、定语**。例如:

(1)夜闻汉军四面皆楚歌,项王乃大惊曰:“汉已得楚乎?是何楚人之多也?”(史记·项羽本纪)

羽夜闻汉军四面皆楚歌,乃惊曰:“是何楚人○多也?”(汉书·陈胜项籍传)

(2)此乃子之报怨时也。(说苑·至公)

是子○报仇之时也。(韩非子·外储说左下)

例(1)作谓语的主谓结构之间一用“之”一不用“之”;例(2)“时”为中心语,其作定语的主谓结构之间一用“之”一不用“之”。

丙、**见于宾语**。首先谈见于动词宾语。其情况较为复杂,下分几组来说明:

第一,宾语在**“闻”、“见”、“言”**类的动词后。例如:

(1)唐且曰:“大王尝闻布衣之怒乎?”(战国策·魏四)

唐且曰:“大王亦尝见夫布衣韦带之士○怒乎?”(说苑·奉使)

(2)吾欲言死之有知,则恐孝子顺孙妨生以送死。(孔子家语·致思)死,指代死者。

吾欲言死者○有知也,恐孝子顺孙妨生以送死也。(说苑·辨物)

第二,宾语在**“知”、“谓”**类动词后。例如:

(1)故不登高山,不知天之高也;不临深谿,不知地之厚也。

(荀子·天论)

谓天○盖高,不敢不苟;谓地○盖厚,不敢不蹐。(诗经·小雅·正月)蹐,音 jí,轻步,小步行走。

后世成语"天高地厚",不用"之"。

(2)永歌之不足,不知手之舞之,足之蹈之。(毛诗序)

后世成语"手舞足蹈",不用"之"。

第三,宾语在**"愿"**、**"望"**、**"恐"**、**"患"**、**"图"**、**"疾"**、**"苦"**等表示心理活动的动词后。例如:

(1)是故愿大王之熟计之也。(战国策·燕一)

是故愿大王○熟计之也。(战国策·楚一)

(2)王如知此,则无望民之多于邻国也。(孟子·梁惠王上)[宋]孙奭疏:"言惠王能知此,则王无更望其国○加多于邻国也。"

(3)臣恐王○为臣之投杼也。(战国策·秦二)国学基本丛书校者曰:"一本'为'上有'之'字。"

(4)子曰:"不患人之不己知,患其不能也。"(论语·宪问)[唐]孔颖达疏:"言不患人○不己知,患己之无能也。"

(5)不图为乐之至于斯也。(论语·述而)"为乐"作主谓结构的主语。

不图为乐○至于此。(说苑·修文)

(6)孔子疾夫言之过其行者。(王符:潜夫论·交际)

君子疾其言而过其行。(论语·宪问)[清]阮元《十三经注疏·校勘记》云:"皇本、高丽本'而'作'之','行'下有'也'字。"

(7)悲虚言之无实兮,苦众口之铄金。(楚辞·七谏·自悲)"苦",形容词用如动词。

故谚曰:"众心成城,众口○铄金。"(国语·周语下)

后世成语"众口铄金",亦不用"之"。

第四，宾语在**“如”**、**“若”**等表示比喻的动词后。例如：

（1）优游委从，如响之与景。（淮南子·原道训）

柔委纵，如影○与响。（说苑·指武）

（2）豫若冬涉川，犹若畏四邻，俨若容，涣若冰○将释。（魏源：《老子本义》第十三章）魏源云：“王弼‘冰’下有‘之’字。”

第五，宾语在**“不如”**、**“不若”**、**“孰与”**等表示比较的动词性词语后。例如：

（1）客曰：“徐公不若君之美也。”（战国策·齐二）

臣诚知［臣］不如徐公○美。（同上）

（2）今之如耳、魏齐孰与孟尝、芒卯之贤？（战国策·秦四）

我孰与萧何、曹参、韩信○贤？（史记·陆贾列传）

其次，主谓结构之间用“之”**见于介词宾语**。常见的介词有**“为”**、**“自”**、**“及”**、**“迨”**、**“于”**、**“以”**等。这种与介词组成的介宾词组在句中通常用作状语或补语。这“之”也可以不用。例如：

（1）天不为人之恶寒也辍冬，地不为人之恶辽远也辍广，君子不为小人○匈匈也辍行。（荀子·天论）［清］王先谦《荀子集解》云：“‘小人’下，《群书治要》有‘之’字……《文选·答客难》用此文，亦有‘之’字。”

（2）孔子往过孔蔑曰：“自子之仕者，何得何亡？”孔蔑曰：“自吾○仕者，未有所得而有所亡者三。”（说苑·政理）

（3）及智氏之亡也，唯辅果在。（国语·晋语九）

及子产○卒，仲尼闻之，出涕曰：“古之遗爱也。”（左传·昭公二十年）

（4）《诗》云：“迨天之未阴雨，彻彼桑土，绸缪牖户。”（孟子·公孙丑上引）［汉］赵岐注：“天○未阴雨，而取桑皮之根，缠绵牖户。”

（5）王无异于百姓之以王为爱也。（孟子·梁惠王上）赵岐

注:“王无怪百姓〇谓王爱财也。”

介词“以”所构成的介宾词组可以在“者”字词组中作状语。较少见。例如:

(6)夫以百亩之不易为己忧者,农夫也。(孟子·滕文公上)赵岐注:“农夫以百亩〇不易治为己忧。”

以上情况说明,**用“之”并不是主谓词组充当句子成分的必要条件**,主谓之间不用“之”的主谓词组照样可以充当句子的主语或宾语等诸种成分。这**用在主谓词组的主谓之间的“之”字是一个用来舒缓语气、调谐音节节奏的语气助词,它根本没有化句子形式为主谓短语的作用,没有取消句子独立性的作用,也没有标志句子不再具有独立性的作用。**

## 二

主谓之间用“之”,常见于复句的上一分句,也见于下一分句,有时还同时见于上下两个分句。这“之”也有舒缓语气、调谐音节节奏的作用。复句的某一分句的主谓之间用了语气助词“之”,其原来的结构关系和意思也没有改变。这“之”也可以不用。以下分别举例说明:

甲、“之”用在**并列复句**的两个分句的主谓之间或用在并列复句的上一分句的主谓之间。这“之”也可以不用。例如:

(1)鹑之奔奔,鹊之彊彊。人之无良,我以为兄。(诗经·鄘风·鹑之奔奔)[汉]毛传:“鹑则奔奔,鹊则彊彊。”

(2)丹朱之不肖,舜之子〇亦不肖。(孟子·万章上)[宋]孙奭疏:“以其尧子丹朱〇不肖,舜子商均〇亦不肖。”

(3)世之溷浊而我独清,众人〇皆醉而我独醒。(说苑·谈丛)上一分句用“之”,显有调整音节的作用。

屈原曰:“举世〇皆浊我独清,众人〇皆醉我独醒。”(楚

辞·渔父）

乙、"之"用在复句**时间分句**的主谓之间。这"之"也可以不用。例如：

（1）夫专诸之刺王僚也，彗星袭月；聂政之刺韩傀也，白虹贯日；要离之刺庆忌也，苍鹰击于殿上。（战国策·魏四）

夫专诸○刺王僚，彗星袭月，奔星昼出；要离○刺王子庆忌，苍隼击于台上；聂政○刺韩王之季父，白虹贯日。（说苑·奉使）

（2）昔周成王之卜居成周，其命龟曰：……周公○卜居曲阜，其命龟曰：……（说苑·至公）

以上复句上一分句的表时作用，是由句中的语词来体现的，与用"之"无关。又如：

（3）齐懿公之为公子也，与邴歜之父争田，弗胜。（左传·文公十八年）

初，懿公○为公子时，与丙戌之父猎，争获不胜。（史记·齐世家）

（4）赵简子之未得志也，与之同闻见。（说苑·权谋）

赵简子○未得志之时，须此两人而后从政。（孔子家语·困誓）

以上（3）（4）两个不用"之"的参照句，其上一分句的主谓之间不用"之"，而在述语后用"时"或"之时"，由这样构成的偏正词组便成为时间状语了。

丙、"之"用在**转折复句**的上一分句的主谓之间。这"之"也可以不用。例如：

（1）今秦之强，不能过智伯；韩魏虽弱，尚贤在晋阳之下也。（战国策·秦四）虽，虽然。

今秦兵虽强，不能过知氏；韩魏虽弱，尚贤其在晋阳之下

也。(史记·魏世家)

(2)河水之深,其壤在山。(淮南子·说林训)

河水○深,其壤在山。(文子·上德)

(3)天之高也,星辰之远也,苟求其故,千岁之日至,可坐而致也。(孟子·离娄下)赵歧注:“天虽高,星辰虽远,诚能推算其故常,千岁日至之日,可坐而致也。”

丁、“之”用在**假设复句**上一分句的主谓之间。这“之”也可以不用。例如:

(1)虽鞭之长,不及马腹。(左传·宣公十五年)虽,即使。

后世成语“鞭长莫及”,不用“之”。

(2)丘之不济此,命也夫!(史记·孔子世家)

使丘○不济此水者,命也夫!(三国志·魏志·刘翼传引新序,按今本新序不见)

(3)将军之攻翟,必不能下矣。(说苑·指武)

将军○攻狄,不能下也。(战国策·齐六)

有时,“之”用在假设复句下一分句的主谓之间,或用在上下两个分句的主谓之间,这“之”也可以不用。例如:

(1)君能有终,则社稷之固也。(左传·宣公二年)《左传句解》云:“君能改过,是有终也,则晋国之社稷○赖之以安固。”

(2)《诗》曰:“辞之辑矣,民之协矣;辞之绎矣,民之莫矣。”(左传·襄公三十一年引)[晋]杜预注:“《诗·大雅》言:辞○辑睦,则民○协同;辞○悦绎,则民○安定。莫,犹定也。”

(3)令之不行,政之不立。(国语·周语上)[三国]韦昭注:“令○不行,即政○不立也。”

戊、“之”用在**因果复句**上一分句的主谓之间,这“之”也可以不用。例如:

(1)以民之劳烦苦也,人与之一箪食、一壶浆。(孔子家语·

致思）

为民〇烦苦，故人与一箪食、一壶浆。（说苑·臣术）

(2)古者言之不出，耻躬之不逮也。（论语·里仁）［东汉］包咸注：“古人之言〇不妄出，为身行之将不及。”

例(1)是由因及果的因果句，例(2)是由果溯因的因果句。

以上情况说明，**用在复句上一分句主谓之间的“之”字，是用来舒缓语气、调谐音节节奏的，它并没有表示语意未完，让听者或读者期待下文的作用，而用在复句下一分句主谓之间的“之”字更是如此。**

三

**单句**的主谓之间用“之”，可以独立成句。这是一种有主有谓的完全句。这“之”也是用来舒缓语气、调谐音节节奏的。主谓之间用了语气助词“之”的单句，其原来的结构关系和意思都没有改变。这“之”也可以不用。有多种情形：

甲、见于**感叹句**。例如：

(1)乐郊乐郊，谁之永号！（诗经·魏风·硕鼠）王引之《经传释词》卷九云：“之，其也。《笺》训‘之’为往，失之。”

(2)宰予出。子曰：“予之不仁也！……”（论语·阳货）［宋］邢昺疏：“夫宰予〇不仁于父母也。”

乙、见于**疑问句**。“之”常和“何”前后呼应着用，构成“何……之……”的习惯句式。这“之”也可以不用。例如：

(1)宗卫曰：“何士大夫之易得而难用也?”［田］饶对曰：“非士大夫之难用也，是君不能用也。”（说苑·尊贤）

宋燕曰：“悲乎哉！何士大夫〇易得而难用也。”陈饶对曰：“非士大夫〇易得而难用也，君弗能用也。……”（韩诗外传卷七之一）

“何……之……”式不但见于单句，还见于复句，以上两例的“饶对曰”、“陈饶对曰”即是。又如：

(2)守者曰：“此非吾君也，何其声之似我君也？”(孟子·尽心上)孙奭疏：“何其呼声○似我君也？”

“何……之……”式还可改用“何其”式而不用“之”。例如：

(3)管燕连然流涕曰：“悲夫！士何其易得而难用也？”(战国策·齐四)

其他形式的疑问句其主谓之间用“之”的。例如：

(4)蔺相如固止之，曰：“公之视廉将军孰与秦王？”曰：“不若也。”(史记·廉颇蔺相如列传)这“之”其实也可以不用。同篇：“相如○视秦王无意偿赵城”，即不用“之”。

丙、见于**陈述句**。常见的有“之谓……”、“之于……”两种格式。**“之谓……”式**中的“之谓”是一种训诂术语，通常用来以具体释抽象。例如：

(1)一阴一阳之谓道。(周易·系辞上)

(2)无为为之之谓天。(庄子·天地)

(3)汝则从，龟从，筮从，卿士从，庶民从，是之谓大同。(尚书·洪范)

(4)富贵不能淫，贫贱不能移，威武不能屈，此之谓大丈夫。(孟子·滕文公下)

以上“之谓……”式都是用来表示以具体释抽象，其特点是释词在前被释词在后。例(3)(4)主语原是个复句形式的复杂结构，今用代词“是”、“此”复指，其“主(之)述(谓)－宾”关系就变得简单而明确了。“之谓……”式也有被释词在前释词在后的。但较少见。例如：

(5)廉之谓公正。(晏子春秋·内篇杂下)

“之谓……”式有时不是用来表示解释而是用来表示一种按

断。例如：

(1)孔子之谓集大成。(孟子·万章下)

(2)我之谓风波之民。(庄子·天地)

(3)一之谓甚，其可再乎？(左传·僖公五年)本句意为：[ ]一假道于虞以伐虢之谓甚，[ ]其可再假道于虞以伐虢乎？

**“之谓……”式中的“之”字是语气助词**，也可以不用。如上述《尚书·洪范》“是之谓大同”，与《礼记·礼运》“是○谓大同”，虽然“大同”的涵义各不相同，但作为一种语言构造，二者的结构关系则是相同的，都是“主(之)述(谓)——宾”[1]，只是用不用“之”在语气的缓促上有别而已。上述《孟子·万章下》“孔子之谓集大成”，[宋]邢昺疏云：“故谓之孔子○为集大成”，不用“之”。又如：

(1)其行曲治，其养曲适，其生不伤，夫是之谓知天。(荀子·天论)[唐]杨倞注：“其所自修行之政，曲尽其治，其所养人之术，曲尽其适，其生长万物，无所伤害，是○谓知天也。”

(2)此之谓失其本心。(孟子·告子上)孙奭疏：“是○谓失其本心者矣。”

(3)故执德之谓纪。(庄子·天地)[清]王先谦《庄子集解》曰：“能持以前之德行者○可谓群物之纲纪。”

以上都是古书正文用“之”，而串讲句意的注疏不用“之”。

**“之于……”式**。“之”用在主谓之间而位于作状语的“于”字介宾词组前。这“之”是用来舒缓语气、调谐音节节奏、唤起对作状语的“于”字介宾词组所表达的语意的注意。[2]这“之”也可不用。例如：

(1)道之于今难行也。(说苑·反质)

道○于今难行也。(孔子家语·观周)

(2)寡人之于国也，尽心焉耳矣。(孟子·梁惠王上)赵岐注：“言寡人○于治国之政，尽心欲利百姓。”

(3)仁人之于弟也,不藏怒,不宿怨焉。(孟子·万章上)孙奭疏:"仁者之人〇于其弟也,不藏怒心,不隔宿怨。"

例(1)主谓之间用不用"之"见于不同古籍,例(2)(3)见于古书正文和古书注疏。

"之于……"也可用于疑问句、感叹句中。这"之"也可以不用。例如:

(1)公曰:"然夫子之于寡人,何为者也?"(晏子春秋·内篇杂上)

公曰:"然夫子〇于寡人,奚为者也?"(说苑·臣术)

(2)孔子曰:"延陵季子之于礼也,其合矣乎!"(礼记·檀弓下)

孔子曰:"延陵季子〇于礼也,其合矣!"(说苑·修文)

此外,语气助词"之"还可用在单句或分句的兼语与其述语之间。例如:

(1)而夫子使赐止之,何也?夫子止由之行仁也?(说苑·臣术)由,即仲由,字子路。

(2)愿王之阴重赵,而无使秦之见王之重赵也。(战国策·赵四)

综上所述,甲组"之"字不论是用在句子的各种成分的主谓之间,还是用在复句上下分句的主谓之间,或用在单句的主谓之间,它都是语气助词,现代汉语没有相当的词可以对译。这"之"用或不用,句子的结构和意思都没有改变,其基本格局都是"主——谓"。

语言有它的继承性。甲组用在主谓之间的"之"字在现代汉语的名词谓语句中已经不见了,但在形容词谓语句中这"之"仍有很强的生命力,在动词谓语句中也还可见其踪迹,这是古代汉语语

气助词“之”在现代汉语中的遗留。请看:

(1)本届博览会植物品种之多,物种之丰富,是历届世界园艺博览会罕见的。(李斌、黄豁文,原载1999年5月3日《海峡都市报》第5版)

(2)老人(指白居易)之不耐孤独、岑寂亦可知矣。(碎石:《从白居易诗中探视老年心态及其他》,见《中华诗词》试刊号第24页)

古代汉语甲组用在主谓之间的“之”字,是语气助词“之”的诸多用法中最为活跃的一种,它与乙组的结构助词“之”的区别何在,往往不易辨识。这个问题解决了,就为正确认识语气助词“之”的其他用法开辟了道路,扫清了障碍。

**注释:**

[1]古代“之谓”连用,还有“宾〈之〉述(谓)”一种格式。如《孟子·梁惠王上》:“《诗》曰:‘他人有心,予忖度之’,夫子之谓也。”必须注意区别。而“谓之……”式跟它也不同。如《礼记·中庸》:“自诚明谓之性。”这是双宾语句式。

[2]语气助词“之”用在“于”字介宾词组前,有舒缓语气、调谐音节节奏、唤起对这个介宾词组所表达的语意的注意的作用,但没有把主语变为修饰语的作用。这从用“之”的两种不同的句式变化中可以看得出来。例如:

(1)若是乎,则贤者之无益于国也。(孟子·告子下)

(2)若犬马之与我不同类也,则天下何耆皆从易牙之于味也?(孟子·告子上)

例(1)本可说“则贤者之于国也无益”,现把“之”留在原处,而把“于国”移置句尾,使二者各得其所,语意各得加强。例(2)本可说“则天下何耆之于味也皆从伯牙”?现把“之”和“于味”同时移置句尾,既舒缓了语气,又强化了补语的语意。本例可以看出“之”与“于味”的关系密切,但看不出它对主谓有什么语法作用。

1999年8月初稿　2000年11月修改

(原载《福州师专学报》(社科版)2002年第1期)

# 论疑问句尾的"为"字

[摘　要]本文论述了疑问句尾"为"字的词性、语法功能及其句法关系，提出这"为"是施事动词，其含义广泛，具有带前置宾语的语法功能，其受事宾语总是要求紧靠在"为"之前；而不同意把这"为"看作语气词，也不同意把"何"看作是动词"为"的宾语。此外，本文还论述了"何以……为"("何以为")、"何……为"句式的产生和作用，认为这种表示询问或反问的习惯说法是应交际需要而产生的一种特殊句式，其表达作用主要是为了强调宾语。

[关键词]疑问句尾　"为"　施事动词　前置宾语　特殊句式　强调宾语

疑问句尾的"为"字通常见于"何以……为"(包括"何以为")、"何……为"这一种习惯说法的句式里。请看：

(1)君长有齐，何以薛为？(韩非子·说林下)

(2)宝鼎事已决矣，尚何以为？(史记·封禅书)

(3)如今人为刀俎，我为鱼肉，何辞为？(史记·项羽本纪)

这"为"是什么词，用法如何，其句法关系怎样，我国语法学界历来存在着严重的意见分歧。总的来说，可以分为语气词、动词、介词三大派，而前两派之中在句法问题上又各分为两小派。可见问题的复杂性，确有进一步深入探讨的必要。本文拟讨论以下几个问题：

## 一、"为"的词性

疑问句尾"为"的词性是什么呢？王引之[1]、杨树达[2]、吕叔湘[3]、王力[4]、解惠全[5]、郭锡良[6]等认为是语气词,或称为“语助”、“语末助词”、“疑问语助词”等。为什么是语气词呢？因为它用在疑问句尾,其后又常与语气助词“乎”、“哉”、“邪”等连用。“为”的语法作用,杨树达说是“表疑问”[7],洪成玉、廖祖桂说是“表示强调”[8]。至于为何拿动词“为”作语气词,王力说是“虚化”[9],廖振佑则说是“假借”[10]。主张这句尾“为”是动词的有马建忠[11]、于富章[12]、朱运申[13]和王力[14]等。马建忠在“询问代字”中说:“愚案,‘以为’二字拆用,其例详后。‘何以文为’者,即言‘以文为何’也。而‘何’仍为表词,故可先焉。”[15]这是说,这“为”是“断词”[16],即今一般所说的“系词”。1979 年朱运申作《关于疑问句尾的“为”》,说这“为”是动词。他说:“‘何’是疑问代词,‘为’是动词,‘何’作‘为’的宾语。在古代汉语中,疑问代词作动词的宾语,总要用在动词的前边,有的甚至要远远离开这个动词。”[17]王力主编《古代汉语》初版本(1962 年出版)说这“为”是语气词,1981 年出版的修订本则改说这“为”是动词,并说:“这种句子,实际上是动词‘为’的疑问代词宾语‘何’放在作状语的介词结构前面了,‘何以……为’意思是‘用……做什么’。”[18]看法与马建忠和朱运申同。主张疑问句尾的“为”是介词的也是马建忠。他在“介字”的“‘为’字之用”中说:“《史记·张陈列传》:‘今怨高祖辱我王,故欲杀之,何乃汚王为乎?’言‘乃何为汚王乎’也,‘为何’二字,先后拆置。……然‘为’字……至解作断词,则见询问代字节。今皆解作介字,亦通。”[19]1980 年陈梦韶作《谈文言文“何……为”三种句式》亦主此说。他说“何疑为”和“何恐侏儒为”中的“为”是介词作“为了”讲[20]。但此说应者寥寥,其误与马的断词说略同,本文不拟详加评述。以上三说的一个共同特点是,离开语境,无视词义,孤立地在语言形式上兜圈子,并没有解决实际问题。

1978年于富章发表《试谈句尾的"为"字》一文，首次明确提出这用在疑问句尾的"为"字是动词，并且对"为"的语法功能作了与马建忠完全不同的阐释。他说："人们把'为'字误解为语气助词的一个原因是对动词'为'字认识不足。动词'为'字，可以有名词、代词做它的宾语，也可以有动词或动词性词组做它的宾语，它的词义比较灵活，经常要结合前后文文义理解。"[21] 此外他还对这种习惯说法的三种句式进行全面的句法分析，说"何以兵为"是"何以+前置宾语+为"，"将何以○为"是"何以+［前置宾语］+为"，"何哭为"是"何+前置宾语+为"。于文涉及的面很广，破了用在句尾的"为"字的谜团，可惜他的观点并未引起我国语法学界应有的注意。但于文也有不足，首先是对"为"的语法功能的认识还不够深刻全面，其次是对"为"的词性的论证也显得简单无力。如未从句子本身进行正面的直接的论证，而是从侧面进行间接的论证，举用在句中的"为"（"荆国之为政"、"唯圣人为不求知天"）来论证句尾"为"是同一词性，理由不足，又以"为"后可以有语气词"乎"、"哉"、"也"等来证明"为"是动词而不是语气词，话虽不错，但缺乏说服力。本文拟**从古注、古书异文和上下文词语的不同语序的比较入手，兼顾句意和结构，同时观照语境，对用在疑问句尾的"为"字的词性、语法功能及其句法关系等进行一番新的探讨**，进一步阐述我们的观点，以为于文的补充。

笔者认为，用在疑问句尾的**"为"字读** wéi，**是施事动词，其基本意义是"作"，但具体含义十分广泛，具有带前置宾语的语法功能，其受事宾语总是要求紧靠在"为"之前，构成一种前置宾语的特殊句式**。以下用在疑问句尾的"为"都是动词，都带有受事前置宾语（下用"﹏"标示）。请看：

（1）今既无事矣，而非（恨也）和，于是加宠，将何治为？（国语·晋语八）三国韦昭注："晋加宠于子，将何为治乎？"为，作，进行。将怎样进行治理？

(2)夫颛臾，昔者先王以为东蒙主，且在邦域之中矣，是社稷之臣也，何以伐为？(论语·季氏)阮元《十三经注疏·校勘记》云："'何以伐为'，皇本、高丽本作'何以为伐'也。"皇本指南朝梁皇侃的《论语义疏》。为，作，进行。为什么要进行攻打？

(3)君子质而已矣，何以文为？(论语·颜渊)阮元《十三经注疏·校勘记》云："'何以文为'，高丽本作'为文'"。为，作，崇尚。为什么要崇尚文彩？

(4)伟哉造物，又将奚以汝为？将奚以汝适？以汝为鼠肝乎？以汝为虫臂乎？(庄子·大宗师)为，变化。伟大呀造物者，又将根据什么来变化你？将用什么办法来使你顺适？是把你变成鼠肝呢，还是把你变成虫臂呢？

(5)陈嚣问孙卿子曰："先生议兵，常以仁义为本。……然则又何以兵为？凡所为有兵者，为争夺也。"(荀子·议兵)为，作，治，指整饬、整备。为什么要整饬军备？

(6)汉王亦悟，因复骂曰："大丈夫定诸侯，即为真王耳，何以假为？"(史记·淮阴侯列传)为，作，做。"假"与"真"相对，形容词，但此处一语双关，义为暂代。为什么要做假王(暂代的王)？

(7)权欲作坞，诸将皆曰："上岸击贼，洗足入船，何用坞为？"(三国志·吴书·吕蒙传，裴松之注引吴录)为，作，筑。为什么要筑坞？

(8)靖郭君将城薛。客多以谏。……对曰："……君长有齐阴，奚以薛为？"(战国策·齐一)"薛为"即"为薛"。为，作，筑。"薛"指薛城。为什么还要筑薛城？

以上例(4)(5)表询问，例(1)(2)(3)(7)(8)表反问，而各句句尾的"为"字都是动词，都有实在意义，都带有前置宾语。为什么说这"为"是动词带有宾语呢？主要是从以下几个方面来考察的:**甲、根据古注**。例(1)韦昭用句法转换的方法把“何治为”转换为“何为治”,这清楚地表明了这句尾的“为”字是动词谓语,动词“治”是它的前置宾语。这是一个很能说明问题的古注。(按,句法转换是显示词语的语义关系(逻辑关系)的一种手段,是我们理解原句句法关系的一种途径。)**乙、根据古书异文**。例(2)“何以伐为”,皇本、高丽本作“何以为伐”,例(3)“何以文为”,高丽本作“为文”,都是古书异文,都是“为”用作动词的明证。**丙、从上下文词语的不同语序的比较**(即陈述句说法:动+受事宾语;疑问句说法:受事宾语+为)中证明这“为”是动词。例(4)下文“汝适”是疑问句宾语前置的动宾结构,则“汝为”也是宾语前置的动宾结构,“为”是动词,于此可证。例(5)下文陈述句说“为有兵”,此疑问句说“兵为”即“为兵”,“为”是动词无疑。例(6)疑问句“假为”即“为假”,与上文陈述句“为真王”的用法同,上文“为”是动词,则下文“为”也是动词。例(7)疑问句“坞为”即“为坞”,与上文“作坞”同义,“为”即“作”,是动词。**丁、根据语境推知**。例(8)“薛为”即“为薛”(“薛”指薛城),指筑薛城,看上文“将城薛”可知。

从以上的例子可以看出,这用在**疑问句尾的“为”是动词,它具有前置宾语的语法功能,其受事宾语总是要求紧靠在“为”之前**。而句尾的这些“为”字并没有“虚化”为语气词,也没有表示疑问语气或表示强调语气的作用。这“为”如果不用,则句子缺乏谓语,结构残缺,句意不完整,或改变句意(如用介词“用”的句子)。**“为”**作为一个动词,其**基本意义是“作”**,但在一定的语言环境里,**其意义又是具体的,应据具体情况灵活译为“进行”、“整饬”、“做”、“筑”等**,不能简单地用一个“作”字来应对。介词“以”(“用”)也要根据具体情况译为“为”、“用”、“拿”、“根据”、“凭”等。疑问代词“何”等也应根据具体情况译为“怎样”、“为什么”、“什么”。

## 二、“为”在“何以……为”、“何……为”句式中的带宾能力

“何以……为”（“何以○为”）、“何……为”是古代汉语里一种用来表示询问或反问的习惯说法。但二者亦有区别：在“何以……为”这种句式里，“何”字可用别的疑问代词“奚”、“焉”、“恶”、“安”、“胡”、“乌”等来替换，介词“以”也可用“用”来替换，动词“为”后还可以用语气助词“乎”、“哉”、“耶”、“也”等来表示加强询问或反问的语气。“何……为”句式的不同之点是：“何”后不用介词“以”，“何”字一般不能用别的疑问代词来替换，句尾也不用表示疑问的语气词。在“何以……为”和“何……为”两种句式中，动词“为”字具有极强的带宾能力，古今没有一个别的动词可以和它相比拟。但比较起来，“何以……为”句式中动词“为”的带宾能力更强一些；而“何……为”句式中动词“为”的带宾能力比较有限，“为”前主要是用动词或动词性词组做它的宾语，用名词、形容词的极少见。以下分别说明：

**（一）“何以……为”**

1.“为”可带**名词、代词**（不包括疑问代词）或**名词性词组**为其前置宾语。例如：

（1）舜以天下让善卷。善卷曰：“……吾何以天下为哉？悲夫，子之不知余也。”（庄子·让王）“天下为”即“为天下”。为，治。上文有“未暇治天下”一语，可以为证。

（2）昔者子胥过，吾犹不取，今我何以子之千金剑为乎？（吕氏春秋·异宝）“子之千金剑为”即“为子之千金剑”。为，取，接受。现在我为什么要受取你的千金剑呢？

（3）且使鬼神无知，又何用庙为？（汉书·元后传）“庙为”即“为庙”。为，作，立，建。为什么还要立庙？

（4）飞辞曰：“敌未灭，何以家为？”（宋史·岳飞传）“家为”即“为家”。为，顾，顾念。凭什么来顾念家庭？按，古有“为家”的说

法,意为养家。

(5)帝曰:"唐太宗何如?"曰:"陛下当法尧舜,何以唐太宗为?"(宋史·王安石传)"唐太宗为"即"为唐太宗"。为,作。为什么要做唐太宗?

(6)恶用是鶃鶃者为哉?(孟子·滕文公下)即"恶用为是鶃鶃者哉"。为,饲,饲养。我为什么要饲养这鶃鶃叫的东西呢?

(7)民被寇害,而使自诬服,蠹政甚矣,焉用僚佐为?(宋史·李至传)"焉用僚佐为"即"焉用为僚佐"。为,设,置。为什么要设置辅佐的官吏呢?

(8)济尝诣湛,见床头有《周易》,问曰:"叔父何用此为?"(晋书·王湛传)"此为"即"为此"。为,治,研治。"此",指《周易》。叔父为什么要研治这种书?

以上句尾的"为"字都是动词,都有实在意义,都带有前置的受事宾语。而"为"译为现代汉语时应根据宾语的性质和语境来斟酌确定。

2."为"可带**动词或动词性词组**为其前置宾语。例如:

(1)亲逐而君,尔父为厉,是之不忧,而何以田为?(左传·襄公十七年)"田为"即"为田"。为,进行,从事。为什么还要进行畋猎?

(2)王室如毁,雄安用生为?(晋书·易雄传)"生为"即"为生"。为,有"求"之意。我易雄为什么要求生?

(3)鬷明欲毁乡校。子产曰:"何以毁为也"?(孔子家语·正论解)"毁为"即"为毁"。为,进行,施行。为什么要进行毁坏呢?

(4)齐人鼓噪而起,欲以执鲁君。孔子历阶而上,不尽一等,而视归乎齐侯,曰:"两君合好,夷狄之民何为来为?"(谷梁传·定公十年)"来为"即"为来"。句尾如不用"为",则"来"是自来。此说"为来",是鼓惑(或鼓动)来的意思,含有对齐侯的指责之意。

此看上文"鼓噪而起"可知。夷狄之民为什么被鼓惑前来?

(5)伍子胥弯弓属矢,出见使者,曰:"父有罪,何以召其子为?"(史记·楚世家)"召其子为"即"为召其子"。为,做,干。为什么要做召见其子的事?

(6)奚以之九万里而南为?(庄子·逍遥游)"之九万里而南为"即"为之九万里而南"。为,做,进行,搞。为什么要进行(搞)往九万里高空然后才向南飞的飞行?

(7)且夫天下曷尝有不计功谋利之人哉?若不是真实知其有利益于我,可以成吾之大功,则乌用正义明道为哉?([明]李贽:读史·贾谊)为,倡。为什么要提倡正其义、明其道呢?

(8)夫学者既以多读书识义理障其童心矣,圣人又何用多著书立言以障学人为耶?(李贽:童心说)此即"为多著书立言以障学人"。为,做。圣人又为什么要做多著书立说来障蔽学人呢?

以上各句"为"带动词或动词性词组作前置宾语,其基本意义是"进行"。但由于古今词语搭配关系起了变化,用"进行"对译不能处处适合,故此用"求"、"行"、"实行"、"施行"、"从事"、"搞"、"做……的事"来灵活对译,有的甚至无法用动宾结构译出,如"为来",但"为"是动词则可无疑。

3."为"可带**形容词**为其前置宾语。例如:

(1)晋侯大喜,告赵文子曰:"吾得一人,而一国盗为尽矣,奚用多为?"(列子·说符)"多为"即"为多"。为,求。为什么要寻求更多会识盗的人?

(2)恢曰:"世方乱,安以富为?"(三国志·魏书·温恢传)"富为"即"为富"。为,致力于。为什么要致力于富裕?成语有"为富不仁"。

"何以○为"是"何以……为"前置宾语省略的形式。请看:

(1)夫黄帝尚(久)矣,女何以为?(大戴礼记·五帝德)[清]

王聘珍解诂云:"'何以为',言何用为此也。"按,当先说"何用此为"(由上引"叔父何用此为"可知),然后再转换为"何用为此"。但王认为这"为"是动词无疑。为,治,研治。"此",指黄帝,亦即指黄帝之言。按,如不用"此",也可说是"何以黄帝为"的省略。你为什么要研治黄帝的学说?

(2)胜自砺剑,人问曰:"何以为?"胜曰:"欲以杀子西。"(史记·伍子胥列传)"何以为"即"何以此为"或"何以砺剑为"的省略,"此"指"砺剑"。为什么要进行磨剑?

以上例(1)是反问,例(2)是询问。

**(二)"何……为"**

1."为"主要可带动词或动词性词组为其前置宾语。例如:

(1)文武之道同伏戏。由之者治,不由者乱,何疑为?(荀子·成相篇)"疑为"即"为疑"。为,致,生。为什么要生疑?

(2)天之亡我,我何渡为?(史记·项羽本纪)"渡为"即"为渡"。为,进行,搞。我为什么要进行渡江?

(3)子木愀然曰:"夫子何如?召之,其来乎?"对曰:"亡人得生,又何不来为?"(国语·楚语上)"不来为"即"为不来"。为,作,这里有"抱定"的意思。又怎么会抱定不来?

(4)死长安即葬长安,何必来葬为?(史记·吴王濞列传)"葬为"即"为葬"。为,作,这里是"营"的意思。为什么一定要来这里营葬?

(5)生不布施,死何含珠为?(庄子·外物)"含珠为"即"为含珠"。为,作,行。死了为什么还要行含珠的礼仪?

(6)公若无欲,盗宜自止,何重法为?(晋书·羊祜传)"重法为"即"为重法"。为,作,这里是"制定"的意思。为什么要制定重法?

(7)君又何以疵言告韩魏之君为?(战国策·赵一)"以疵言

告韩魏之君为”即“为以疵言告韩魏之君”。为，做。您为什么又要做把郗疵的话告诉韩魏二国国君的事？

2.“为”偶尔可带名词、形容词为其前置宾语。例如：

(1)临川视万里，何必栏槛为？（杜甫：水槛）“栏槛为”即“为栏槛”。为，作，修。为什么一定要修栏杆？

(2)及就席，上曰：“何乃迟为？”（南史·张劭传）“迟为”即“为迟”。为，致。为什么竟致迟到？按，本句表询问。

从以上的例子可以看出，前置宾语是“何以……为”、“何……为”句式的显著特点。

**三、“何以……为”、“何……为”的句式及翻译**

**（一）“何以……为”**

词法研究要跟句法研究结合起来进行，这样，词的用法才可以最终获得辨明。笔者认为，“何以……为”的句子是以“为”为中心的动词谓语句。析句时首先抓住“为”这个中心，认清其前置宾语的特点，则整个句子的句法关系便一目了然了。译成现代汉语也如此。在这种句式里，动词“为”的前置宾语（用“X”表示）不管是用什么词或词组充当，它们的句法关系都是相同的。［清］刘宝楠在《论语·季氏》的正义里指出：“**‘何以伐为’，与‘何以文为’同一句法**。”这是完全正确的。现即以“何以伐为”、“何以文为”等为例来说明：“何以……为”的基本格式是：**“状语（何以）＋前置宾语（X）＋谓语（为）＋语气词（乎哉也）。”**今主语用＝，谓语用一，宾语用〰，状语用［　］，语气词用△来表示，如下：

甲、［何以］伐为？　为什么要进行攻打？

乙、［何以］文为？　为什么要崇尚文彩？

丙、［何以］富为？　为什么要致力于富裕？

但是由于对句尾“为”字的词性、用法的认识不同，当前我国语法学界对“何以……为”句式的句法分析和翻译就存在着很大差异。现分述如下：

第一，**主张“为”是语气词**的人[22]，却根据“为”前所用词语的不同词性，把“何以……为”的句子区分为甲、乙两种类型：说甲式“何以伐为”的基本格式是：**“状语（何以）+谓语（V伐）+语气词（为）”**，意思是“为什么要攻打呢”或“为什么用得着攻打呢”；说**乙式**“何以文为”的基本格式是：**“状语（何）+谓语（以）+宾语（N文）+语气词（为）”**，意思是“为什么用文采呢”或“为什么用得着文彩呢”。“以”译为“为”，又译为“用”（动词）、“用得着”。同一个“以”字，在同一句式的同一位置上在甲式是介词，在乙式却变成了动词，这是为什么？据说是如果不把乙式中的“以”看作动词，则这个句子“便没有谓语动词了”，句子便不能成立。其实应该说，乙式“如果把‘何以文为’中的‘为’字去掉，剩下的‘何以文’就不成话了。”[23]而甲式不用“为”，句子虽能成立，却不是反问句了。试问“何以伐为”和“何以伐”的句法关系和句子作用会是相同的吗？

分析句子应根据词的语法作用/语法功能及其在句中的组合关系来进行。**在同一句式中，同一格式框架内，其结构关系是相同的，所用标准也应该只有一个**。例如：

故俗皆曰：“何以孝弟为？财多而光荣。何以礼义为？史书而仕宦。何以谨慎为？勇猛而临官。”（汉书·贡禹传）按，本例“何以……为”是设问句。

以上“孝弟”是动词性词组，“礼义”是名词性词组，“谨慎”是形容词，其句法关系是相同的。如依某些人的主张，以上三句岂不是要分属于两种或三种句子类型？这能行得通吗？

第二，**主张句尾“为”是动词而其宾语“何”前置的人**[24]则说，这“为”是动词，意思是“做”，疑问代词“何”是它的宾语；“以”是介词，跟它后面的成分组成介宾结构作“为”的状语。句子的基本格式是:“**宾语(何)+状语(以+X)+谓语(为)**。”“何以伐为”即“[以伐]为何”,意思是“用攻打做什么呢”;“何以文为”即“[以文]为何”,意思是“用文彩做什么呢”。这样分析,就把原来“何以/文为”这种结构简单、层次分明的句法关系完全搞乱了。而这一说法的一个不可克服的困难是:古代疑问代词“何”等作动词或介词的宾语一般都要紧靠在这个动词或介词前,如“多忧何为”、“何为斩壮士”、“何以赠之”等,说疑问代词“何”作动词宾语,“有的甚至要远远离开这个动词”而前置,这是没有根据的。(证参见后)而把动词“为”一律译为“做”,也太简单化了。

**(二)“何……为”**

对“何……为”这种句式,应如何进行句法分析和翻译呢?我们认为,“何……为”这种句子的基本格式是:**“状语(何)+前置宾语(X)+谓语(为)”**。今以“何辞为”为例,其句法关系是:“[何]+辞+为”,意思是“为什么要作辞”。

但当前我国语法学界对这个问题的看法也很不一致:

第一,**主张句尾“为”是语气词**的人[25]说,这“为”前边的动词或动词性词组是谓语,“何”是状语(注意:不说“何”是宾语)。其句子的基本格式是:**“状语(何)+谓语(V辞)+语气词(为)”**,意思是“为什么告辞呢”。说这句尾的“为”是语气词,其根据之一是:《国语·楚语上》:“亡人得生,又何不来为?”说“何不来”句意已明,足见这“为”是语气词。但光说“不来”只是说明一种动作行为,说“不来为”即“为不来”,却是对一种行为的决定,二者是不同的。这“为”是动词是无可置疑的。其根据之二是:《汉书·张汤传》:“汤为天子大臣,被恶言而死,何厚葬为?”据说是对《史记·酷吏列传》何厚葬乎?的改写,足见“为”即“乎”,是语气词。不过这是简单的比附。一个意思可以用两种或两种以上不同的句式来表达,这在古书上是常见的。如上面这句话在《东观汉记》里更作

“何厚葬之有”,用的是宾语前置的另一种反问句式。“何厚葬为”和“何厚葬乎”是两种不同的句式,都有其存在的价值和理由,不能以后者而取消前者。再说,“为”前的成分如果不是动词、形容词或动词性词组而是名词,像“何必栏槛为”,如依某些人的主张,岂不是要说这“栏槛”是名词活用为动词?这能令人信服吗?

第二,**主张句尾“为”是动词而其宾语“何”前置的人**[26]则说,在“何……为”这种句式里,“何”是动词“为”的宾词,Z是动词,作“为”的状语。其句子的基本格式是:**“宾语(何)+状语(Z)+谓语(为)”**。“何辞为”即“[辞]为何”,意思是“告辞做什么”。但这“何”并不是“为”的远距离的前置宾语,已如上述。再看以下的例子就更清楚了:

(1)[何故]怀瑾握瑜而自令见放为?(史记·屈原列传)

(2)事不成,身必危,[尚][何足]以图国之全为?(战国策·韩二)

(3)[奈何]重驱逐,不使存活为?([唐]元结:春陵行)

(4)夫众人之心有一善,则扬扬如也。圣人包容万物,与天地同功,[何所]矜伐为也?(荀子·君子篇杨倞注)

以上“何”与“故”、“足”、“奈”、“所”等组成“何故”、“何足”、“奈何”、“何所”等熟词语,在句中作状语,也可证明“何辞为”中的“何”是动词“为”的状语,而不是“为”的宾语。再说,如果说动词“辞”是“为”的状语,那么它跟“为”表示的究竟是什么样的意义关系呢?我们知道,动词作状语修饰其后的动词,是表示动作行为的方式或状态,如“生擒”、“死战”、“坐以待旦”(尚书·太甲上)、“太后盛气而胥之”(战国策·赵四)等是。而“辞”究竟是从哪个方面去修饰其后的动词“为”呢?

这里顺便说明一个问题:“X为”在句中一般用作谓语,偶尔也可用作其他动词的宾语。例如:

盖余谪居无事，颇以理咏属词自遣。君则每语予以出世之事，曰："何苦笔耕为？"（[明]颜廷榘：丛桂堂全集卷一送东平州判官顾君之任序）"笔耕为"即"为笔耕"。为，从事。为什么要受从事笔耕之苦？

**四、"何以……为"、"何……为"前置宾语句式的产生和作用**

"何以……为"、"何……为"是**应交际需要而产生**的一种前置宾语的特殊句式。从心理机制看，是交际时，**说话者预以"何以"或"何"为发端，急切地先把致疑或非疑之点（询问、反问的话题）提出，然后再询问对方将要怎样处置它或看待它**。这种习惯说法之所以要采取前置宾语的特殊句式，从其表达作用看，**主要是为了强调宾语**。请看：

（1）秦制天下，将何以天下为？臣愿君之蚤计也。（战国策·赵四）"天下为"即"为天下"。为，争。将拿（或靠）什么来争天下？

（2）[景公]谓晏子曰："吾欲与夫子燕（饮宴）。"对曰："未祀先君而以燕，非礼也。"公曰："何以礼为？"（晏子春秋·内篇谏下）"礼为"即"为礼"。为，行。为什么要行仪礼？

例（1）是苏代对齐王的谏言，先说"秦制天下"的严酷现实，然后即以"天下"为话题，问齐王将要怎样处置它。例（2）因晏子说"未祀非礼"，故景公即就"礼"这一话题急切地表示反对。以上二例，完全可以窥见前置宾语产生的原因及其强调宾语的作用。

在这种宾语前置的习惯说法的句式里，谓语动词之所以用"为"而不用别的动词，是被"为"的词义特性及其语法功能所决定的。因为"为"的**词义概括性强，含义广，适应性强**（能带各类宾语），**又现成**，能为说话双方所共喻而共晓，有时句子用了它，还**可以把话说得蕴蓄些，避免直露**，因而为人们所乐用，久之便成为一种习惯说法。例如：

（1）卒有病疽者，起为吮之。卒母闻而哭之。人曰："子，卒也，而将军自吮其疽，何哭为？"母曰："非然也。……"（史记·孙子吴起列传）"哭为"即"为哭"。为，作，这里有"装"的意思，看下文"非然也"（"不是这样"，意即我不是装哭）可知。为什么要装哭？按，译为"为什么哭"，是错误的。

（2）男儿重意气（指感情），何用钱刀为？（汉魏乐府古辞·白头吟）"钱刀为"即"为钱刀"。为，这里有"计议"之意。钱刀，金钱。为什么要计议金钱？

例（1）用"哭为"比直说"诈哭"婉转，例（2）说"钱刀为"比直说"计议钱刀"婉转。

再说，在"何以……为"、"何……为"这种句式里，前置的介宾结构"何以"或"何"与前置的动宾结构"X为"各为一个语言单位，句子结构分明，意思清楚。"为"用于句尾而采取前置宾语的方式，也可以避免句中"以为"、"何为"连用所可能产生的句子歧义，影响交际效果，增加阅读的困难。《论语·季氏》"何以伐为"，刘宝楠《论语正义》不采用皇本"何以为伐"的句法，其原因大概即在于此。

"何以……为"句式既可为强调宾语而前置，也可为了说话简洁而省略。例如：

（1）且三代之亡，共子之废，皆是物也，女何以○为哉？（左传·昭公二十八年）为，指"娶"。你为什么要娶这个使三代灭亡、共子废位的尤物呢？

例（1）"为"字前承上省去"是物"二字（亦可用"此"）。此二字不说，听的人也心里明白，故便省说。

"何以……为"、"何……为"句式研究中的最大难点是句尾"为"字的词性、意义及其语法功能不易认识，其次是介词"以"特别是"用"字往往被误认为是动词。这是不应误会的。因为习惯说法就是一种固定格式[27]（有人称为"凝固结构"[28]），其前后照应的词语总是固定的，一些词虽然可以替换，但其语法作用是相同的,其句法关系也是稳定不变的,否则就不能称为“习惯说法”了(请参看第三部分的说明)。我们只能根据这个固定格式里各个词的词性、用法和它在句中的地位以及它和别的词所发生的组合关系的本来面貌来认识它,用一个客观标准来衡量,而不能按照自己的主观设想来随意地指认它,说解它,以适应自己析句和翻译的需要。用“同形异构”来辩解,也是无济于事的。当然,由于古今汉语词语之间的搭配关系发生了变化,译为现代汉语时,不能处处做到恰到好处,这就需要我们灵活对待,恰当处理了。释词、翻译和析句是无法完全等同的。我们不能因此而否定疑问句尾的“为”是动词。实际上,疑问句尾动词“为”今人也还在使用。如周汝昌《〈桃蹊诗存〉序》曰:“序诗者说些才情、格调、性灵、神韵、境界,似序诗了,而实非诗之真序也。盖若无才情、格调、性灵、神韵、境界,连诗也不是,又何以序为?……我今序稚松兄诗,正要看我如何以序好诗而不落昔人之套言窠臼,且稚松兄之所以委我为序者,意亦在此。”(载《中华诗词》2002 年第 3 期)此陈述句用“为序”,疑问句用“序为”,亦可为证。

说“何以……为”(包括“何以为”)、“何……为”是一种表示反问的习惯说法,是 1960 年出版的南开大学马汉麟主编的《古代汉语读本》(初版本)[29]首先提出的,其后国内几部重要的高等院校《古代汉语》教科书和语法专著几乎都有这方面的内容。但《读本》起初并没有说“为”是什么词。王力主编《古代汉语》初版本说这“为”是语气词,修订本改说这“为”是动词,但马建忠的拆用说、朱运申的宾语远离说不免令人生疑,故愿从初版本语气词说的仍然不少。当然这确实是一个不易解开的难题。古人以为这种习惯说法是日见于唇吻之间的常语,毋须详加说明,而古代训诂学家、校勘学家也很少注意及此,造成后人理解的困难。虽然《论语》“何以文为”、“何以伐为”古书上都有过“何以为文”、“何以为伐”

的异文存在(引见前),但注释家并没有说明校勘上取此而舍彼的理由。三国韦昭注《国语·晋语八》,把"将何治为"解作"将何为治"(引见前),首次对这种句式的奥秘作了句法转换的揭示,是建立了一大功劳,但并没有引起后人应有的重视。大概到了南朝梁皇侃作《论语义疏》时,对《论语·颜渊》"何以文为"的句法已经不甚了了,故他解这句话为"何必用于文华乎",说明他已把"以"看作动词,"为"看作语气词了。唐颜师古注《汉书·张汤传》"何多以对为?"为"言何用多对",其错误与皇侃相类。清王引之作《经传释词》,引皇侃的注释作为证据,把用在疑问句尾的"为"看作"语助",几乎成为一种思维定势;尔后马建忠把"何以文为"转换为"以文为何"(这是错误的转换),又成为另一种思维定势。现在于富章提出这疑问句尾的"为"是动词,并确定紧靠在"为"前面的名词、代词、动词或名词性词组、动词性词组是它的前置宾语,是完全正确的,是符合语言实际的。我们认为,弄清这些问题,不仅关系到"为"字本身,关系到古代疑问句"何以……为"("何以为")、"何……为"这种习惯说法是否存在着宾语前置的句式问题,还可以为认识否定句、感叹句句尾的"为"字铺平道路,意义十分重大。

**参考文献:**

[1]王引之,《经传释词》,中华书局1956年第1版,第61页。

[2][7]杨树达,《词诠》,中华书局1957年第1版,第555页。

[3]吕叔湘.《文言虚字》,中国青年出版社1954年第1版,第72页。

[4][9][22]王力主编,《古代汉语》上册第一分册,中华书局1962年第1版,第258页。

[5]解惠全等,《古代汉语读本》修订本,天津人民出版社1981年第1版,第315页。

[6]郭锡良等编,《古代汉语》上册,北京出版社1981年第1版,第350页。

[8]洪成玉、廖祖桂,《句末的"为"应该是语气词》,《中国语文》1980年第5期,第

379页。

[10]廖振佑,《也谈疑问句尾“为”》,见同上,第377页。

[11][15][16][19]马建忠,《马氏文通》,商务印书馆1983年新1版,第76页、第273页。

[12][21]于富章,《试谈句尾“为”字》,《吉林师大学报》(社科版),1978年第2期,第83页。

[13][17][24][26]朱运申,《关于疑问句尾的“为”》,《中国语文》1979年第6期,第443页。

[13][25]徐福汀,《“何以……为”试析》,见同上,第387页。

[14][18][24]王力主编,《古代汉语》(修订本)第一册,中华书局1981年4月版,第280页。

[20]陈梦韶,《谈文言文“何……为”三种句式》,《语文教学研究》1980年第1期,第37页。

[22]饶星,《“何以……为”句式中的“以”字》,《宜春师专学报》(社科)1984年第2期,第52页;徐启庭.《析“何以……为”句式》,《福建师范大学学报》(社科版)1993年第3期,第100页。

[23]蒋绍愚,《古汉语词汇纲要》,北京大学出版社1989年12月版,第222页。

[27]王海棻,《古汉语疑问词语》,浙江教育出版社1987年4月版,第215页、第222页。

[28]林乐腾、丁贞蕖,《古代汉语要略》,山东教育出版社1985年8月版,第279页。

[29]马汉麟,《古代汉语读本》(初版本),人民教育出版社1960年9月版,第118页。

(原载《厦门广播电视大学学报》2004年第1期)

# 谈否定句尾的“为”字

[摘　要]本文论证了否定句“无以……为”、“毋(勿)……为”、“不(未)……为”等句尾的“为”字是施事动词,具有前置宾语的句法功能,其宾语总是要求紧靠在“为”字之前,“为”对宾语有一定的选择性,名词、动词或名词性词组、动词性词组可以做它的宾语,而人称代词“吾、汝、之”等不能做它的宾语。“无以……为”等习惯说法是一种特殊句式,具有强调宾语的作用。

[关键词]否定句尾　为　施事动词　前置宾语　特殊句式　强调宾语　感叹句　句尾“为”

## 一

在古代汉语里,“为”字用于否定句句尾,有两种情况。先看以下的例子:

甲组:

(1)平公有疾,秦景公使医和视之,出,曰:“不可为也。”(国语·晋语八)[三国]韦昭注:“为,治也。”

(2)恭俭岂可以声音笑貌为哉?(孟子·离娄上)[汉]赵岐注:“恭俭之人,俨然无欲,自取其名,岂可以和声谄笑之貌强为之哉?”

(3)然则治天下,独可耕且为与?(孟子·滕文公上)

(4)舍是孰足为也?(荀子·王霸)[唐]杨倞注:“舍是任贤之事,何足为之?言其余皆不足为也。”

乙组:

(1)愿与汉王挑战,决雌雄,毋徒苦天下之民父子为也!(史记·项羽本纪)

(2)昔汉武为霍去病治第,辞曰:"匈奴未灭,臣无以家为!"(曹植:求自试表)

以上"为"用于句尾,读 wéi,都是动词。甲组"为"用于不带宾语的否定句句尾,其中例(1)是句中有副词"不"的否定句,例(2)(3)(4)则是用肯定形式来表示反问的否定句。用在这些句子句尾的"为"字是动词,一般没有争议。但乙组例(1)(2)句尾的"为"字是什么词,其语法作用/功能如何,是否带有前置宾语,其句法关系怎样,目前我国语法界虽说未曾给予应有的注意,许多语法专著和高等院校的古代汉语教科书都未曾涉及,但分歧仍然是存在的。

对"愿与汉王挑战,决雌雄,毋徒苦天下之民父子为也"(资治通鉴·汉纪·高祖四年)句尾的"为"字,陕西师大《古汉语虚词用法词典》编写组认为是"助词",说它"用在感叹句尾,助感慨语气,可译为'啊'。"[1]清王引之说"无以为也"(论语·子张)、"予无所用天下为"(庄子·逍遥游)句尾的"为"字是"语助"[2],杨树达也说"予无所用天下为"(引同上)、"今故告之,反怒为"(汉书·外戚赵后传)句尾的"为"字是"语末助词,表感叹"[3]。王、杨所举的例子与陕西师大不同,实际上他们对"为"字的看法是一致的(详后)。于富章的看法与他们截然相反,认为上述乙组例(1)(2)句尾的"为"字是动词,说"苦天下之民父子为"与"家为",其结构关系是:"前置宾语+为"[4]。本人认为,于富章的看法是正确的,但还有进一步论证的必要,而否定句的诸种形式于文亦有未尽之处。本文试就这两个问题进一步发表个人的看法。不过这里首先要指出的一点是:凡是习惯说法句尾用"为"作动词而前置宾语的句子,都有强调宾语的作用。不但疑问句"何以……为"(何以为)、

“何……为”是这样，否定句“无以……为”、“毋……为”等也是这样。

为什么说如上述乙组例(1)(2)否定句句尾的“为”是动词而不是语气词呢？

第一，试看“无以家为”的另一种表达形式就清楚了：

(1)天子令治第，令骠骑视之。对曰：“匈奴未灭，无以家为也。”(史记·卫将军列传)

(2)歌曰：“长铗归来乎，无以为家。”(战国策·齐四)

以上“无以……为”是“无以为……”的强调形式。例(1)“无以家为”是强调宾语的说法，故先说宾语“家”，把它置于动词“为”之前；例(2)“无以为家”是一般说法(即不强调宾语)，故宾语“家”置于动词“为”之后。事实上，前者如不强调，也可以说成“无以为家”；后者如要强调，也可以说成“无以家为”。以上是就句式的运用而言。至于这两句话所表达的具体内容，由于语境不同，动词“无”后省说的成分有别，“为”的具体含义是不相同的。“无以家为”的结构关系是：“述语(无)+省说宾语(0)+连词(以)+前置宾语(家)+述语(为)+语气词(也)”，其意思是，无意顾念家庭。“无以为家”的结构关系是：“述语(无)+省说宾语(0)+连词(以)+述语(为)+宾语(家)”，其意思是，没有财力养家。在古代汉语里，“为”是一个词义概括性极强的动词，含义十分广泛，其基本义是“作”、“做”，但在不同的语言环境里有不同的含义，必须随文体认。如例(1)“为”的具体义是“顾念”，例(2)“为”的具体义是“养”。在“有以”、“无以”中，动词“有”、“无”后究竟省去什么宾语不说，也须随文体察，准确补出。如“暴未有以对也”(孟子·梁惠王上)是“暴未有言以对也”的省说形式；“[尔贡包茅不入，]无以缩酒”(左传·僖公四年)是“无物以缩酒”的省说形式。关于“有以”、“无以”的用法，本人写有《“有以”、“无以”用法新探》一文,刊载于《福建师范大学学报》(社科版)1990年第3期,可以参看。

第二,从“无以……为”与助词“者”组成的“者”字词组看,也可以知道这“为”是带有前置宾语的动词而不是语气词。例如:

(1)唯无以天下为者,可以托天下也。(庄子·让王)

“无以天下为者”是“者”字词组,表示人,在句中作主语。而在“者”字词组中的“无以天下为”,与“无以家为”的结构关系完全一样。这“为”是动词,带有前置宾语“天下”,是“治”的意思,它不用于句尾,不是表示感叹的语气词,这不是十分清楚吗?“无以天下为”即“无以为天下”,与下句“可以托天下”相对,意思是“无意治天下”。只有无意治天下的人,才可以托天下,《庄子》的意思十分明确。此“为”义为“治”,上引《庄子·让王》曾说:“予适有幽忧之病,方且治之,未暇治天下也。”亦可为证。按,《史记·项羽本纪》“且为天下者不顾家”中的“为”字义为“争”,这要根据不同语境来辨认。

第三,再拿“何以……为”中“为”字的用法来作比较。例如:

(1)吾何以天下为哉?(庄子·让王)

“何以……为”也是一种句尾用动词“为”而前置宾语的句式,这是一种表示询问或反问的习惯说法。“吾何以天下为哉”的结构关系是:“主语(吾)+状语(何以)+前置宾语(天下)+述语(为)+语气词(哉)”,意思是,我为什么要治理天下呢?句中的“天下为”也是为了强调宾语而前置,与上述“无以天下为”是同一规律。这只要再看以下的例子就更清楚了。《史记·淮阴侯列传》:“汉王亦悟,因复骂曰:‘大丈夫定诸侯,即为真王耳,何以假为?’”“为真王”是一般说法,“[何以]假为”则是强调说法。由此可知,“无以天下为”与“何以天下为”虽然句式各别,而“天下为”之为强调宾语则同。“天下为”即“为天下”,意为治天下,可见这

“为”是动词而不是语气词。如果删去句尾的“为”字不用,则不但“吾何以天下哉”句子不能成立,即上引“无以天下者”的“者”字词组也不能成立,便是明证。由此我们不难得出如下的看法:不论是用在疑问句句尾还是用在否定句句尾的“为”字,其词性都是施事动词,都具有带前置宾语的语法功能,其宾语总是要求紧靠在“为”之前,构成一种前置宾语的特殊句式,形成一种习惯说法。关于“何以……为”中“为”字的用法,本人写有《论疑问句尾的“为”字》一文,发表于《厦门广播电视大学学报》2004 年第 1 期,可以参看。

## 二

句尾用“为”而带有前置宾语的否定句有多种形式。现以所用否定词及其所表示的词汇语法意义的不同来区分,约有如下几种:

(一)**否定事物存在**的否定句

否定事物存在的否定句通常用动词“无”来表示否定。其句尾的“为”是带有前置宾语的动词。宾语一般用名词、名词性词组或动词、动词性词组充当。有两种情况:

1. **“无(亡)以……为”式**。例如:

(1)仲曰:“夫瓠所贵者,谓其可以盛也。今厚而无窍,则不可剖以盛物;而任重如坚石,则不可以剖而以斟:吾无以瓠为也。”(韩非子·外储说左上)

(2)大王亶父居邠,翟人攻之,事之以皮币珠玉而弗受,曰:“翟人之所求者地,无以财物为也。”(淮南子·道应训)

(3)大臣之议,或曰:“皇太子亡以知事为也。”臣之愚,诚以为不然。(汉书·晁错传)

以上例(1)“吾无以瓠为也”,即“吾无以为瓠也”。为,树,种。

看上文有“今谷有树瓠之道”一语可知。其意是，我无意种瓠。例(2)“无以财物为也”，即“无以为财物也”。为，求，取。看上句可知。其意思是，翟人无意求取财物。例(3)“亡以知事为”，即“亡以为知事”。为，做。其意是，没有必要去做知解事实的事情。本句[唐]颜师古注：“言何用知事”，是错的。

在“无以……为”这种句式里，动词“为”的前置宾语有时可以省略(用“0”表示)。例如：

(1)叔孙武叔毁仲尼。子贡曰：“无以0为也。”(论语·子路)[梁]皇侃义疏：“使无以为訾毁。”[宋]邢昺正义曰：“无用为此毁訾。”

(2)公曰：“请问民徵。”(中庸曰：“君子之道，本诸身，徵诸庶民。”)子曰：“无以0为也，难行！”(大戴礼记卷九四代)徵，证验。

以上例(1)“无以0为也”，即“无以毁为也”的省略。为，作，进行。皇侃、邢昺注“为”为“为訾毁”、“为此毁訾”，都是把“为”看作动词而承前省略了前置宾语“毁”，这是正确的。但他们对全句的意思却没有正确把握住。全句意思是，没有理由(或根据)(对他)进行毁谤。例(2)“无以0为”，即“无以徵为也”的省略。为，作，进行。全句意思是，无由进行证验。“无以……为”省去前置宾语成为“无以为”，这情形与“何以……为”省去前置宾语成为“何以为”是同一规律，必要时，这省去的前置宾语都是可以补得出来的。详见拙作《论疑问句尾的“为”字》一文，此不详述。

在“无以……为”中，有时候“无”字不是动词，而是否定副词，“以”也不是连词，而是介词，不过其句尾的“为”字仍是动词。这应注意区别。请看：

(1)船人掩口而笑曰：“子渡河，中流而溺，不得自救，安能说诸侯乎?”西闾过曰：“无以子之所能相伤为也。”(说苑·杂言十)

“无以子之所能相伤为也”，即“无以子之所能为相伤也”。

“无”,副词,表禁止,相当于“不要”。“以”,介词,表所用的工具,相当于“用”、“拿”,与“子之所能”组成介宾词组在句中作“为”的状语。“为”,作,进行。全句意为,不要用你所能做到的来(对我)进行伤害。

2.**“无所……为”式**。例如:

(1)尧让天下于许由。……许由曰:“……归休乎君,予无所用天下为也。”(庄子·逍遥游)

在“无所用天下为”里,“无”是否定性的动词,“所用”是“所”字词组,作“无”的宾语。“天下为”是动宾倒置形式在句中作补语,其前省略了介词“于”。这句话实际是“予无所用于为天下”的介词“于”省略和宾语“天下”前置的特殊句式。此试与《庄子·说剑》“一旦命已绝矣,无所用于国事”相比较可知。句中省略的介词“于”表范围,意为“在”,“为”是动词,意为“治”。全句意为,在治天下方面,我没有什么用处。

(二)**表示禁止**的否定句

表示禁止的否定句通常用副词“毋”、“勿”来表示否定,相当于“不要”。其句尾的“为”字也是带有前置宾语的动词。宾语一般用动词性词组充当。以下分别举例:

1.**“毋……为”式**。例如:

(1)愿与汉王挑战,决雌雄,毋徒苦天下之民父子为也。(史记·项羽本纪)

(2)偶感出此自幸,自励二子,毋荼毒老人为也。([明]朱国桢:仿洪小品卷二十)

以上例(1)“毋徒苦天下之民父子为也”,即“毋徒为苦天下之民父子也”。为,作,做。句意是,不要徒然去做使天下老百姓的父子们受苦的事情。例(2)“毋荼毒老人为也”,即“毋为荼毒老人也”,意思是“不要做危害老人的事情”。

“毋”有时是用来表示一般否定的，相当于“不”。字或作“无”。例如：

(1)一岁中，以往来过它客，率不过再过。数击鲜，毋久慁女为也。(汉书·陆贾传)颜师古注：“慁，乱也。鲜谓新杀之肉也。言我至之时，女宜数数击牲牢与我鲜食，我不久住乱累汝也。”按，《史记·陆贾列传》本句作：“数见不鲜，无久慁公为也。”“无”通“毋”。

(2)数大臣持正，毋诡随为也。(谈迁：国榷卷五六“嘉靖十四年三月丁丑”条)毋，不。诡随，谲诈善变。

以上例(1)“毋久慁女为”，即“毋久为慁女”。慁，累，打扰。为，动词，义为“做”。颜师古未释“为”，显然是把“为”看作语末助词了，这是错的。全句意为，我不会长做打扰你的事情。例(2)依此类推。

2. **“勿……为”式**。例如：

(1)须忆今日斗酒别，慎勿富贵忘我为。(王维：送李睢阳)

(2)努力是望，勿作婴儿态，徒忆父母为。(李贽：续焚书·与汪鼎甫)

以上例(1)“慎勿富贵忘我为”，即“慎勿富贵为忘我”。“为”，作，产生。句意是，千万不要因为富贵起来了便产生忘掉我这个老友的念头。例(2)“勿作婴儿态，徒忆父母为”，即“勿作婴儿态，徒为忆父母”。为，作，做，显露。句意是，不要作出婴儿的姿态，徒然显露出忆念父母的容貌。

(三)表示**一般否定**的否定句

表示一般否定的否定句，通常用副词“不、未”等表示否定。其句尾的“为”字也是带有前置宾语的动词。宾语一般用名词或动词、动词性词组充当。以下分别说明：

1. **“不……为”式**。例如：

(1)天子也者,不可以少当也,不可以假摄为也。(荀子·儒效)假摄,暂代执政。

(2)所谓音在于是,偶触而即得者,不可以学人为也。(李贽:焚书·征途与共后语)

以上例(1)"不可以假摄为",即"不可以为假摄"。为,做。句意是,不可以做暂代执政的事。例(1)"不可以学人为",即"不可以为学人"。为,做。句意是,不可以做(个名不副其实的)学人(学子)。

**2."未……为"式**。例如:

(1)平生未尝有十年二十年工夫,纵得之,亦当以侥幸论,不得则其常,未可遽以怨天尤人为也。(李贽:续焚书·复杨定见)

"未可遽以怨天尤人为也",即"未可遽以为怨天尤人也"。为,做。句意是,不可就因此而做出怨天尤人的举动。

由以上的分析可以看出,否定句句尾用动词"为"而带有前置宾语的句子,其宾语限定在名词、名词性词组或动词、动词性词组这个范围内,它不接纳人称代词"吾"、"我"、"汝"、"尔"、"之"等做它的前置宾语。这是否定句句尾动词"为"带宾的显著特点,也可以说否定句句尾动词"为"对宾语具有一定的选择性。

三

最后谈一谈**"为"用于感叹句**句尾的问题。

感叹句和否定句不同,本不可相提并论,但因其用例少,不宜单独成篇,故只好附在否定句之后另立一类来谈。事实上,否定句中也有感叹句。本文把含有否定词的句子一律归入否定句,而把不含否定词的句子归入感叹句。这是大体的划分,不能算是科学的归类。

"为"用于感叹句句尾,也能前置宾语,这说明它是动词。其宾语一般用动词或动词性词组充当。例如：

(1)今故告之，反怒为！(汉书·外戚赵后传)

(2)不知思此，而反教人为！(韩愈：进学解)

(3)淮阴反接英彭族，更欲多求猛士为！([宋]张方平：过沛题高风台)

以上例(1)“怒为”即“为怒”。为，作，发。句意是，却反而发怒。例(2)“教人为”即“为教人”。为，做。句子大意是，却反而摆出教人的态势。例(3)“多求猛士为”，即“为多求猛士”。为，做，做出。句子大意是，(高祖刘邦)却还想要做出多多访求(为他守四方的)猛士的姿态。以上句尾的“为”字是动词，不是表示感叹的语气词，句子的感叹意味是由整个句子所蕴涵的语意来表达的。如果把“为”字去掉，句子的意思就变了。

以上否定句、感叹句句尾的“为”字有不少看来是多余的，这是从翻译角度看问题所产生的一种错觉，其实从古代汉语的语言表达习惯和语言结构、语意内容看，这“为”与语气词不同，都是不可不用的，不用则结构残缺，句意不明，显示不出句子所蕴藉的语言风味来。如将“无以家为”改说为“无以家”，则结构残缺(缺乏述语)，句意不明。如将“毋徒苦天下之民父子为也”改为“毋徒苦天下之民父子也”，则句子结构不同，意思亦异：前者有两层动宾关系，后者只有一层动宾关系；前者指出“苦天下之民父子”是我们之所“为”，后者则只是泛说而已。“予无所用天下为”与“予无所用天下”、“而反教人为”与“而反教人”，其意思也不同。只要我们坚持从语言的实际出发，如实地从古代汉语的习惯说法的角度看问题，善于将相关的语言现象作综合考察，并认真地辨识用在本句句尾“为”字的词性、语法功能及其句法关系，我们就不难认清古代汉语不同习惯说法的共同性和各自的语法特点了。

## 参考文献：

[1]陕西师大《古汉语虚词用法词典》编写组:《常用文言虚词词典》,陕西人民出版社1983年3月第1版,第179页。

[2]王引之.《经传释词》,中华书局1956年5月第1版,第61页。

[3]杨树达.《词诠》,中华书局1957年7月第1版,第556页。

[4]于富章.《试谈句尾"为"字》,《吉林师大学报》,1978年第2期,第83页。

2001.10.29初稿,2002.9.29四稿

(原载《厦门广播电视大学学报》2005年第1期)

# 论古代汉语的语气助词“之”

## ——语气助词“之”的研究之三

### 一

古代汉语助词“之”的用途极广，用法十分复杂，除用在定语和中心词之间外，还可用在主语和谓语之间，用在谓语和补语之间，用在介宾词组、动宾词组状语和谓语之间，用在前置宾语和动词或介词之间，用在用“与”为连词的联合词组之间，用在名词中心词与后置定语之间，用在谓语部分的几个成分之间，用在作状语的时间名词、时间副词等之后，用在句尾不及物动词或形容词之后，用在人名、地名、物名之间或之后，等等，等等。过去的语法专著，如刘淇的《助字辨略》、王引之的《经传释词》、杨树达的《词诠》、裴学海的《古书虚字集释》等，对以上的“之”虽然条列其不同用法，但都笼统地称之为“助字”、“虚字”或“词”。解放后出版的高等院校的古代汉语教科书，大都只讲“之”用在定语和中心词之间与“之”用在主语和谓语之间的两种用法，而在宾语前置中也涉及“之”的词性和用法，其余的都不讲。而对用在定语和中心词之间与用在主语和谓语之间的两种用法的“之”字，又大都合在一起讲，或统称之为“介词”[1]，或“连词”[2]，或“结构助词”[3]，引起了读者的不少疑惑。笔者认为，上述两种用法不同的“之”字，使用条件既异，语法作用亦不同，是可以区分的，也有区分的必要，冶为一炉的做法显然不妥，曾写有《论用在主谓之间的“之”字》和《再论用在主谓之间的“之”字》两篇文章，认定这种用法的“之”字是语气助词，发表于《福州师专学报》2000 年第 2 期和 2002 年第 1

期。文中提出，语气助词“之”具有舒缓语气和调谐音节节奏的作用，它在使用上有相当大的灵活性，**可用可不用**，是语气助词“之”用法的最大特点。**而句子用了语气助词“之”，虽有从语气上加强语意的作用，但其原来的结构关系和句意都不受到影响，都没有发生变化。**

用在主谓之间的“之”字是语气助词“之”诸种用法中最常见也是最重要的一种，其他用法的“之”字究竟是何类助词呢？现行的高等院校的古代汉语教科书都不讲，而一般语法专著也讲得不多，而且一般地也笼统地以“助词”称之，说法又往往互异，这确实是一个亟待解决的问题。笔者认为，助词“之”的用法尽管很多，但**依其语法作用，实可大别为结构助词和语气助词两类**。这就是：用在定语和中心词之间表示偏正关系并一般可译为“的”的“之”字是结构助词；不表示句法关系、现代汉语没有相当的词可以对译的“之”字是语气助词。上述用在主谓之间的“之”以及其下所列各条的“之”都是语气助词。语气助词“之”具有舒缓语气、调谐音节节奏的作用，但还应视具体情况而定，有的是二者兼而有之，有的或者只有舒缓语气一种作用（如有人称“凑足音节”）而已。对个别用法复杂的常用虚词的综合考察与研究应是当前语法研究的重要课题之一。本文试就语气助词“之”的**诸种用法**进行一番初步的探讨，以期弄清这些词的本来面目。这个问题的正确解决，不但对正确认识古代汉语的语言事实有重要意义，就是对古代汉语的语言研究，对古文教学、古书注解、古籍校勘和古文今译等都是有益的，可以提高工作的科学性和准确性。

二

古代汉语语气助词“之”除了用在主谓之间的一种外，还有其他种种不同的用法。从其语法作用看，这些词都是语气助词。现分述如下：

**(一)“之”用在动词谓语和补语之间**

“之”用在动词谓语和补语之间，是语气助词，有两种不同的情况：

1. 在叙述句中，“之”用在动词谓语之后、形容词补语之前，用来舒缓语气、调谐音节。现代汉语没有相当的词可以对译。例如：

(1)君过矣，不如长安君之甚。(战国策·赵四)

(2)寡助之至，亲戚畔之。(孟子·公孙丑下)

以上例(1)(2)“之”用在单音形容词补语“甚”“至”之前，都是用来舒缓语气并调谐音节的。对于这种用法的“之”，陕西师大《常用文言虚词词典》说：“助词‘之’用在谓语与补语之间，表示偏正关系，可译为‘得’。”并举《孙子·用间》“不仁之至也”为例，译为“真是不仁得厉害啊”，似乎“之”、“得”可对号入座。但例(2)杨伯峻《孟子译注》译为“帮助的人少到极点”，例(1)王力主编《古代汉语》译为“不像[爱]长安君那样厉害”，并不译为“不像[爱]长安君[爱]得厉害”，可见他们并没有把这种用法的“之”看成是表示偏正关系的结构助词，可译为“得”。再说，这“之”也可不用(用“○”表示，下同)。例如：

(1)人主之爱子也，不如布衣之甚也；非徒不爱子也，又不爱丈夫子○独甚。(战国策·燕二)

(2)[哀公]曰：“若是乎君子之恶恶道之甚也?”孔子对曰：“恶恶道○不能甚，则其好善道亦○不能甚。……”(说苑·君道)

(3)至于身，而不知所以养之者，岂爱身不若桐梓哉？弗思○甚也。(孟子·告子上)[汉]赵岐注：“……不思之甚者也。”

(4)令仪令色，小心○翼翼。(诗经·大雅·烝民)

○近者亲而务之，知其迩之可远也，是故不事谄渎，而惟致吾小心之翼翼。(李贽:鬼神论)

以上例(1)(2)用“之”不用“之”见于上下文,例(3)用“之”不用“之”见于正文和注文,例(4)用“之”不用“之”见于不同的典籍。而不管用“之”不用“之”,其前后的结构关系都是动词谓语和补语的关系,这“之”是语气助词。

2. 在疑问句中,“之”用在形容词补语前,与状语“何”(奚)前后呼应着用,构成“何……之……”的习惯说法。[注]这“之”也是用来舒缓语气、调谐音节的。现代汉语也没有相当的词可以对译。例如:

(1)蔡泽曰:“吁!何君见之晚也?……”(战国策·秦三)

(2)天下之刖者多矣,子奚哭之悲也?(韩非子·和氏)

(3)武帝下车泣曰:“嚄!大姊何藏之深也?”(史记·外戚世家)

(4)钟子期……使人召而问之曰:“子何击磬之悲也?”(吕氏春秋·精通)

(5)子方曰:“何子赐车舆之厚也?”(说苑·臣术七)

(6)其妻曰:“壮貌无似吾夫者,其音何类吾夫之甚也?”(吕氏春秋·恃君)

(7)公何诬我之甚也?(李贽:答耿司寇)

以上例(1)至(3)与“何”(奚)相呼应的“之”用在单音形容词“晚”、“悲”、“深”之前,句中谓语是单音动词;例(4)至(7)与“何”相呼应的“之”用在单音形容词“悲”、“厚”、“甚”之前,句中谓语是动宾词组。这“之”是用来舒缓语气、调谐音节的,并加重补语语意。南开大学《古代汉语读本》(修订本)认为这种用法的“之”

[注]“何……之……”这种习惯说法的句式中,有一种是语气助词“之”用在主谓之间,用来舒缓语气、调谐音节的。例如《战国策·楚四》:“嘻!亡一羊,何追者之众?”《论语·微子》:“凤兮凤兮,何德之衰?”屈原《离骚》:“何方圆之能周兮?”应注意区别。

是指示代词,可译为"这么"。其言曰:"'何……之……',这也是用来表示感叹的一种习惯说法。这种说法一般是在句中开头用疑问词'何',并且在作为感叹中心的词语前面加代词'之'来指示它。'何……之……'大致跟现代汉语的'怎么……这么……'、'怎么这么……'相当。"[4]这说法值得商榷。事实上,在"何……之……"这种习惯说法的句式里,谓语如是单音动词,其后的"之"一般不能省,但如果是动词性词组,则这"之"也可不用。如《战国策·秦五》:"君侯何不快○甚也?"依现代汉语的表达习惯,翻译时照例需要补出或可以补出"这么",说成"君侯怎么心中不快得这么厉害呢",才足以显示出原句所表达的语意,可见这"之"不是指示代词而是语气助词。习惯说法"何……之……"中的"之"一般不能省去不用,但如果不特别加重补语的语意,这"之"也可不用,如《战国策·赵四》:"马服君谓平原君曰:'国奚无人○甚哉?'"上引《战国策·秦五》也是适例。上述例(4)至(7)也可说成"子何击磬悲也"、"何子赐车舆厚也"、"其音何类吾夫甚也"、"公何诬我甚也"。李贽《续焚书》卷一《答刘敬台》:"其无志可知矣,公何恕我○甚也?"就是明证。这句如果要加重补语"甚"的语意,也可说成"公何恕我之甚也"。

**(二)"之"用在介宾词组、动宾词组状语和谓语之间**

"之"用在介宾词组、动宾词组状语和谓语之间,用来舒缓语气、调谐音节。现代汉语没有相当的词可以对译。有两种情况:

1. "之"用在"为"字介宾词组后、及物动词谓语前,构成"为…… + 之 + [所]述"的格式。例如:

(1)种持剑,又叹曰:"南阳之宰,而为赵王之禽。"(吴越春秋·勾践伐吴外传)

(2)悲仁人之尽节兮,反为小人之所贼。(楚辞·惜誓)

以上例(1)(2)都是"为……"式或"为……所"式的被动句,

下加点号的“之”都是语气助词。这“之”也可不用,后世且以不用为常规。例如:

(1)刳比干,囚箕子,身死国亡,为天下之大僇。(荀子·正论)僇,辱。

○然而身死国亡,为天下○大僇。(荀子·非相)杨倞注:“僇,与戮同。”

○而身死国亡,为天下○大戮。(荀子·王霸)杨倞注:“戮,辱也。”

(2)昔者桀纣残贼海内,赋敛无度,万民甚苦,是故汤武诛之,为天下○戮笑。(韩诗外传卷十之二十二)

(3)然而智伯卒身死国亡,为天下○笑者,何谓也?(战国策·齐五)

以上“为”字介宾词组后不管用“之”与否,其原来的结构关系并没有发生变化。这“之”是语气助词。

有时,在“为”字介宾词组的前后都可以各加一个“之”字,用来舒缓语气、调谐音节与加强语意。例如:

(1)员不忍称疾辟易,以见王之亲为越之擒也。(国语·吴语)

(2)臣恐王○为臣之投杼也。(战国策·秦二)国学基本丛书校者曰:“一本‘为’上有‘之’字。”

“之”用在“于”字介宾词组前,也是用来舒缓语气、调谐音节的,这“之”也可不用:

(1)口之于味也,有同耆也。(孟子·告子上)

(2)始吾○于人也,听其言而信其行;今吾○于人也,听其言而观其行。(论语·公冶长)

以上在作状语的介宾词组前加“之”,其句子的结构关系也没有发生变化。

2.“之”用在动宾词组**“如是”(如此)“若是”“若彼”**之后、谓语之前,构成“如是+之+述”的格式。这“之”也用是来舒缓语气、调谐音节与加强语意的。现代汉语没有相当的词可以对译。例如:

(1)纣之不善,不如是之甚也!(论语·子张)[宋]邢昺疏:“言商纣虽为不善,丧天下,亦不如此之甚也,乃后人憎甚之耳。”

(2)吾以女知之,女徒未及也,女故如是之不知礼也!(韩非子·外储说右上)

这“之”不是结构助词,不能译为“地”。这“之”也可不用,而改用语气助词“其”。有时“之”、“其”可以互代。例如:

(1)仪行天下遍矣,未尝见人如此其美也。(战国策·楚三)

(2)王曰:“若是其甚与?”(孟子·梁惠王上)《古代散文选》上册注:“若是,像这样。甚,厉害。”

(3)[管仲]功烈如彼其卑也。(孟子·公孙丑上)[宋]邢昺疏:“功烈如此之卑也。”

这“之”也可不用,古代汉语如此,近、现代汉语也如此。例如:

(1)早知如此○相思苦,悔着当初北里鞭。([清]魏秀仁:花月痕第二十五回)

(2)欧盟贸易委员帕斯卡尔·拉米不久前劝诫欧洲各大公司领导人:“我必须提醒你们,中国的经济增长如此之快,变化如此○强烈,欧洲必须加紧努力,才不致于被落下。”(海峡都市报2002年11月14日A2版《今日要闻》)

从例(2)谓语单音词“快”之前用“之”,双音词“强烈”之前不用“之”看,这种用法的“之”,主要还是用来调谐音节的。这“之”是语气助词。

**(三)“之”用在前置宾语和及物动词谓语之间或前置宾语和**

**介词之间**

1. “之”用在前置宾语和及物动词谓语之间

这种用法的“之”也是用来舒缓语气、加强谓语语意的，从而成为后人辨认宾语前置的标志。下分几组来谈：

甲组：表示反问的习惯说法：“何……之有”。例如：

(1)姜氏何厌之有？（左传·隐公元年）

(2)不仁而可与言，则何亡国败家之有？（孟子·离娄上）

(3)前世不同教，何古之法？帝王不相复，何礼之循？（商君书·更法）

乙组：肯定句宾语前置：“(唯)……之 X……”。例如：

(1)寡君其罪之恐，敢与知鲁国之难？（左传·昭公三十一年）

(2)父母唯其疾之忧。（论语·为政）

(3)不务张其义，齐其信，唯利之求。（荀子·王霸）

(4)俯观上路人，势利惟是谋。（曹植：鰕䱇篇）

(5)惟陈言之务去。（韩愈：答李翊书）

丙组：**否定句**名词、动词性宾语前置。例如：

(1)其于君不如亲纠也，[夷吾]纠之不死，而况君乎？（管子·大匡篇）纠，即公子纠，齐桓公小白之兄。

(2)君亡之不恤，而群臣是忧，惠之至也。（左传·僖公十五年）

(3)乳狗不远游，不忘其亲也。人也忧忘其身，内忘其亲，上忘其君，则是人也曾狗彘之不若也。（荀子·荣辱）按，成语“狗彘不若”“猪狗不如”，不用“之”。

丁组：**表示测度**的习惯说法：“其……之谓”。例如：

(1)《商书》曰：“无偏无党，王道荡荡。”其祁奚之谓矣。（左传·襄公三年）

(2)《诗》曰："孝子不匮，永锡尔类。"其是之谓乎？（左传·隐公元年）

戊组：**疑问句**疑问代词宾语前置。例如：

(1)云谁之思？西方美人。（诗经·邶风·简兮）

(2)今其死矣，云谁之依？（李贽：李中溪先生告文）

以上例(1)(2)"云谁之思"、"云谁之依"即"谁思"、"谁依"，是疑问代词宾语"谁"前置的句式。疑问代词"谁"作宾语本来可以直接放在动词"思"、"依"之前，其后不必再加一"之"字。现在为了写足四字句，分别在"谁"的前后加上"云"、"之"两个语气助词。这"之"清楚地说明它没有前置宾语的作用，也说明它没有复指前置宾语的功能。

以上各组句中下加点号的"之"都是语气助词。在"其……之谓"这种习惯说法的句式里，"之"一般不能不用，但其余几种并非绝对。如"唯利之求"说成"唯利求"亦未尝不可。不用"之"容易引起不解或误解的自然不能不用。如丙组例(1)"纠之不死"，意为"不死纠"（不为公子纠而死），这是一个动宾关系表为动的句子，这"之"就不能不用；不用，变成"纠不死"，意思就全变了。**动词宾语前置而其后不用"之"的**，古书不乏其例：

(1)不耻不若人，何若人○有？（孟子·尽心上）

(2)韩氏急，必悬命于楚，又何新城、阳人○敢索？（战国策·韩二）

——以上甲组

(3)对曰："将夺其国，何有于妻？唯秦所命○从也。（国语·晋语四）

——以上乙组

(4)今夫竖刁，其身之不爱，焉能爱君？（管子·戒篇）

○人情莫不爱其身，身○且不爱，安能爱君？（韩非子·难

一)

(5)今夫易牙,子之不能爱,将安能爱君?(管子·戒篇)

○其母○不爱,安能爱君?(韩非子·难一)

(6)易牙为君主味,君惟人肉○未尝,易子烝其子首而进之。(同上)

(7)臣死○且不避,卮酒安足辞?(史记·项羽本纪)

——以上丙组

以上例(1)"何若人○有"即"何若人之有",例(2)"何新城、阳人○敢索"即"何新城、阳人之敢索",例(3)"唯秦所命○从也"即"唯秦所命之(或'是')从也"。余类推。例(4)最具启发性和说服力。《管子·戒篇》"其身之不爱",用"之";《韩非子·难一》"身○且不爱",不用"之"。这清楚地说明这"之"与上述㈠㈡所说的"之"在性质和作用上是一样的,都是语气助词;而句中不用"之"照样能前置宾语,说明这"之"并没有如人们所说的是"起着把宾语提前的作用"[5]。"之"由于常用在前置宾语和及物动词谓语之间,可以帮助我们认识这是一个宾语前置的句子。在这个意义上,可以说"之"是宾语前置的标志。

对这种用法的"之"字还有一种说法是代词,其作用是复指前置宾语。王力先生主此。他举《左传·僖公五年》"鬼神非人实亲,惟德是依"为例,说:"实、是,都是代词,复指提前的宾语'人'。"[7]按,文中"实"、"是"对文。王立足于**从"是"字看问题**,认为这"是"是代词,与之相对的"实"也是代词,复指前置宾语。而与之用法相同的"之"、"斯"也是代词,复指前置宾语。但对于这个例子,杨树达则**从"实"字的角度看问题**,认为这"实"是"语中助词","外动词之宾语倒装时用之",而与之相对的"是"也是句中助词。用法与之相同的"之"、"斯"、"焉"等也是语中助词[8]。[清]刘淇《助字辨略》也说这种用法的"之"、"是"是"语助,不为义也”[9]。杨、刘的看法似乎比较符合古代汉语的语言事实。

2.“之”用在前置宾语和介词之间

“之”用在前置宾语和介词之间，用来舒缓语气，加强介词语意的，而成为认识介词宾语前置的标志。现代汉语没有相当的词可以对译。例如：

(1)康公我之自出。(左传·成公十三年)

(2)晋居深山，戎狄之与邻，而远于王室。(左传·昭公十五年)

(3)夫君国者，将民之与处。(国语·楚语上)

(4)将民之与处而离之，将灾是备御而召之，则何以经国？(国语·周语下)

(5)鼋龟鱼鳖之与处，而蛙黾之与同渚。(国语·越语下)

(6)非夫人之为恸而谁为？(论语·先进)

(7)臃肿之与居。(庄子·庚桑楚)

(8)(周)愿献九鼎，不识大国何途之从而致之齐？(战国策·东周)

(9)若舜在深山之中，木石豕鹿之与俱，亦岂有诗书方策之观，簠簋钟鼓之饰哉？([明]焦竑：澹园集卷十四《序》)

以上例(1)“我之自出”即“自我出”。例(9)“木石鹿豕之与俱”即“与木石鹿豕俱”，语出《孟子·尽心上》：“舜之居深山之中，与木石居，与鹿豕游，其所以异于深山之野人者几希。”此介词“与”的宾语“木石”、“鹿豕”不前置。

这**“之”也可不用**。例如：

(1)日居月诸，东方○自出。(诗经·邶风·日月)按，上文作：“日居月诸，出自东方。”

(2)其一二父兄，惧队宗主，私族○于谋而立长亲。(左传·昭公十九年)杜预注：“于私族之谋，宜立亲之长者。”

(3)谚所谓室〇于怒市〇于色者,楚之谓矣。(左传·昭公十九年)杜预注:"言灵王怒吴子而执其弟,犹人忿于室家而作色于市人。"

(4)将子无怒,秋〇以为期。(诗经·卫风·氓)

(5)子曰:"参乎,吾道一〇以贯之。"(论语·里仁)邢昺疏:"贯,统也。孔子语曾子,言我所行之道,唯用一理以统天下万事之理也。"

(6)周公思兼三王,以施四事,其有不合者,仰而思之,夜〇以继日。(孟子·离娄下)

(7)夫既以闻见道理为心矣,则所言者皆闻见道理之言,非童心〇自出之言也。(李贽:童心说)

以上例(1)"东方〇自出",即例(7)李贽"童心〇自出"的句式所本,它们都是《左传·成公十三年》"康公我之自出"的省说形式。"东方自出"与"出自东方"见于《诗经》的同一篇,后者后来成为介宾词组词序的常规,但成语"一以贯之"、"夜以继日"仍保留宾语前置的形式。介宾词组前置宾语后的"之"可以不用,可见这"之"并没有前置宾语的作用,它也不是用来复指介词宾语的,是一个纯粹的语气助词。

**(四)"之"用在用"与"为连词的联合词组之间**

"之"用在用"与"为连词的联合词组之间,用来舒缓语气,调谐音节。例如:

(1)夫吴之与越,唯天所授。(国语·吴语)

(2)夫吴之与越也,仇雠敌战之国也。(国语·越语上)

(3)无土则人不安居,无人则土不守,无道法则人不至,无君子则道不举。故土之与人也,道之与法也者,国家之本作也。(荀子·致士篇)

(4)人之与物,皆此间所有。(李公佐:南柯太守传)

(5)夫胡之与齐,非素相亲也。(战国策·齐五)

(6)神之与形,理不容一。(范缜:神灭论)

(7)形之与神,不得相异。(同上)

以上例(1)至(4)是判断句,例(5)至(7)是叙述句,其主语都是用"与"连接表示并列关系的联合词组,"与"前用语气助词"之"来舒缓语气、调谐音节,使之成为"吴之与越"、"土之与人"、"道之与法"、"人之与物"、"胡之与齐"、"神之与形"、"形之与神"的四字句,而与下一分句构成四四或四六句式。这种句子音节匀称,音调和谐,咏诵起来娓娓动听。这种"之"字也可不用。例如:

(1)若使中山之与齐也闻五尽而更之,则必不亡也。(说苑·权谋)

○若使中山之王○与齐王闻五尽而更之,则必不亡矣。(吕氏春秋·先识)

有时只用"之"而不用"与",有时则连"之"、"与"二字都不用。例如:

(1)皇父之二子死焉。(左传·文公十一年)杜预注:"皇父与穀甥及牛父皆死,故耏班独受赏。"孔颖达引贾逵语云:"皇父与穀甥、牛父三子皆死。"

(2)夫吴之与越,接土邻境,道易人通,仇雠敌战之国也,非吴丧越,越必丧吴。(吕氏春秋·长攻)

○夫吴○○越,接地邻境,道易通,仇雠敌战之国也,非吴有越,越必有吴矣。(说苑·权谋)

以上例(1)"中山之王与齐王"两项之间不用"之",例(2)(3)"皇父之二子"两项之间不用"与",例(4)"吴越"两项之间不用"之与"。后一例清楚地说明"吴之与越"是个用连词"与"而用语气助词"之"来舒缓语气并调谐音节的联合词组。联合词组的两项之间用"之"不用"与"最易发生歧解,故后世这种句法即遭淘汰。[汉]郑众对上引“皇父之二子死焉”的说解是:“榖甥、牛父二人死耳,皇父不死”,他显然是把“之”看作结构助词,表领属,与贾逵的看法不同。但杜预、孔颖达都同意贾逵的意见。也有人认为“之”是连词,用同“与”,王引之[10]、杨树达[11]均主此说。王泗原作《之非与,之字之用》一文,认为这“之”是助词不是连词[12]。笔者同意王的观点。

在谈“……之与……”用法时,还应注意同形异构的区别问题。例如:

(1)此犹文轩之与敝舆也。(墨子·公输)

(2)此犹粱肉之与糟糠也。(同上)

(3)此犹锦绣之与短褐也。(同上)

以上句中的“与”是动词,意为“比”,而用在其前边的“之”字,则是用在作宾语的主谓词组的主谓之间用来表示舒缓语气的语气助词。

**(五)“之”用在名词中心词与后置定语之间**

“之”用在名词中心词与后置定语之间,有舒缓语气,加重后置定语语意的作用。现代汉语没有相当的词可以对译。例如:

(1)余既滋兰之九畹兮,又树蕙之百亩。(屈原:离骚)畹,三十亩。

(2)矫(举也)菌桂以纫蕙兮,索(搓)胡绳(香草名)之纚纚。(同上)

(3)高(加高)余冠之岌岌兮,长(增长)余佩之陆离。(同上)岌岌,高貌;陆离,长貌。

(4)带长铗之陆离兮,冠切雲(冠名)之崔嵬。(楚辞·九章·涉江)王逸注:“……外带长利之剑,戴崔嵬之冠,其高切青雲也。”

(5)安能以身之察察,受物之汶汶者乎?(楚辞·渔父)察察,洁白。汶汶,指污垢或耻辱。

以上例(1)是数量词定语后置而其前加“之”,例(2)至(5)是形容词定语后置而其前加“之”。

在古代汉语里,数量词(或数词)定语后置本来即有突出该定语的作用。例如《左传·隐公元年》:“命子封帅车二百乘以伐京。”现在后置数量词前再加一个语气助词“之”,则更有加强定语语意的作用。“(定)+中心词+之+修饰性定语”是战国时期的新兴句式,其特点是把单音的定语(如果有的话)留在原处,而把双音的修饰性定语(一般用叠音词或联绵词)移到中心词之后,并在其前加“之”,以加强其语势。这种句式的优点是分散定语于中心词的前后使之各得其所而收到突出修饰性定语对该事物的形容描写的效果。辞赋骈文常用这种句式。有人说这种用法的“之”是结构助词,有“把修饰性定语后置”的语法功能[13],但从数量词后置又加“之”的用法看,恐并非如此。

有时,这“之”也可改用“其”。例如:

(1)屯(聚)余车其千乘兮,齐玉轪而并驰。(屈原:离骚)

这“之”有时与“而”对文,但并没有因此而改变它的词性和作用。例如:

(1)不然,生长松之千尺,产灵芝而九茎。(欧阳修:祭石曼卿文)冯其庸《历代文选》下册注:“灵芝中,有一种叫九茎芝。”

**(六)“之”用在谓语部分的几个成分之间**

在辞赋中,“之”常用在谓语部分的几个成分之间,与连词“而”、“以”形成异文或对文。这“之”似乎带有若干连词“而”、“以”的成分(反过来也可以说“而”、“以”似乎也带有若干语气助词“之”的成分),但其实把“而”、“以”改为“之”也是可以的,这“之”的作用仍是舒缓语气、调谐音节的。例如:

(1)登石峦以远望兮,路眇眇之默默。(楚辞·九章·悲回风)路渺茫而又寂静。

(2)吾尝跂而望矣,不如登高之博见也。(荀子·劝学)

○吾尝跂而望矣,不如升高而博见也。(大戴礼·劝学篇)

(3)愁郁郁之无快兮,居戚戚而不可解。(楚辞·九章·悲回风)王逸注:"'之'一作'而'。"按下句"而"如改用"之",其意思亦不变。

(4)思(指心情)蹇产之不释兮,曼遭夜之方长。(楚辞·九章·抽思)蹇产,曲折。

○心絓结而不解兮,思蹇产而不释。(楚辞·九章·哀郢)

(5)冤结纡轸兮,离慜之长鞠。(史记·屈原列传)离慜,遭受忧虑。长鞠,穷困日子已长。鞠,穷。

○郁结纡轸兮,离慜而长鞠。(楚辞·九章·怀沙)

(6)(凌阳侯之氾滥兮,)忽翱翔之焉薄。(楚辞·九章·哀郢)王逸注:"'之'一作'而',一作'兮'。"薄,止。

(7)倚南窗以寄傲,审容膝之易安。(陶潜:归去来辞)审,知。容膝,指仅能容纳双膝的小屋。易,和悦。安,安适。

(8)苟余心其端直兮,虽僻远之何伤?(楚辞·九章·涉江)

以上例(2)至(6)"之"与"而"或"兮"为异文,例(7)"之"与"以"为对文,例(8)"之"与"其"为对文。例(1)"眇眇之默默"是两种并列的状态。例(2)"登高之博见",例(3)"愁郁郁之无快"、例(4)"思蹇产之不释"、"思蹇产而不释"与例(6)"忽翱翔之焉薄",都是表行为与结果的。例(5)"离慜之长鞠"与"离慜而长鞠"同,是表遭遇与结果的。例(7)"审容膝之易安"是转折关系,例(8)"虽僻远之何伤"是假设关系。这些不同意义关系的词语之间都可用"之",可见这"之"**并不表示某种特定的语法关系**,它是一个地道的语气助词。以上句中的"之"换成"而"或"以",其句意不变,换成"兮"或"其",其句意亦不变。上引"苟余心其端直兮,虽僻远之何伤?"王逸注:"'其',一作'之'。"其上句"其"既可作

“之”，则其下句“之”自然亦可作“其”。**从异文和对文的变换中，可以帮助我们看清这“之”的词性和作用。**

**（七）“之”用在作状语的时间名词、时间副词、其他副词、形容词以及表对举、列举的词语之后**

“之”用在以下所列举的诸种词语之后，主要是用来舒缓语气，也多少带有调谐音节的作用。现代汉语没有相当的词可以对译。以下分开来谈：

1.“之”用在作状语的时间名词之后。例如：

（1）是以古之易财，非仁也；今之争夺，非鄙也，财寡也。（韩非子·五蠹）

（2）其仆曰：“曏之去何速，今之返又何速！”（晏子春秋·内篇谏上）

（3）《易》曰：“狐濡其尾。”此言始之易，终之难也。（战国策·秦四）

（4）顷之，一人又告之曰：“曾参杀人。”（战国策·秦二）

这“之”也可不用。例如：

（1）今之不善张仪也，天下莫不知。今○为事之故，弃所贵于雠人，臣以为大王轻矣。（战国策·楚三）

（2）乡○为身死而不受，今○为宫室之美为之。（孟子·告子上）

（3）晋侯始○入而教其民。（左传·僖公二十七年）

（4）（韩信）又自以为功多，汉终○不夺我齐，遂谢蒯通。（史记·淮阴侯列传）

（5）有龙矫矫，顷○失其所。（先秦诗卷二·龙蛇歌）

有时不用“之”而用表停顿的语气助词“者”、“也”。这更可看出这种用法的“之”的词性和作用。例如：

（1）顷者风俗流宕，浮竞日滋。（[北齐]文宣帝：禁浮华诏）

(2)今也王爱富挚,而公不善也,是不臣也。(战国策·楚四)

2.“之”用在作状语的表时间的形容词或副词之后。例如:

(1)久之,荆轲未有行意。(战国策·燕三)

(2)居久之,孝景崩,武帝立。(史记·李将军列传)三句都是三个音节。

(3)卒之为众,则其受于人者不至也。(王安石:伤仲永)

这“之”也可不用。例如:

(1)舍必两忘所趋,久○然后去。(韩愈:欧阳生哀辞)

(2)管仲卒○受下卿之礼而还。(史记·周本纪)

3.“之”用在作状语的程度副词等之后。这“之”也可不用。例如:

(1)今此下民,亦孔之哀。(诗经·小雅·十月之交)[汉]郑玄笺:“故下民亦甚可哀也。”

○我有嘉宾,德音孔○昭。(诗经·小雅·鹿鸣)郑玄笺:“孔,甚,昭,明也。”

(2)失齐,虽隆薛之城到于天,犹之无益也。(战国策·齐一)[汉]高诱注:“高城至于天,犹○无益也。”

(3)钧之出地以为和于秦也,岂若由楚乎?(战国策·魏三)钧,同“均”,同也。

○钧○是人也,或为大人,或为小人,何也?(孟子·告子上)

(4)见诚必信,勿之有悔焉耳矣。(礼记·檀弓上)孔颖达疏:“……亦专必诚信,不○追悔也。”

○春申君曰:“先生置之,勿○复言已!”(战国策·楚四)

现代汉语程度副词“非常”后,“之”也可用可不用。例如:

(1)杨叔子院士的这篇文章非常之好。(诗词新论,见中华诗词1998年第5期)

(2)杨利伟大声说:“感觉良好,这里景色非常○美!”(天地对

话,见海峡都市报2003年10月16日D1版)

4.“之”用在表对举或列举事项的状语之后。例如:

(1)迩之事父,远之事君;多识于鸟兽草木之名。(论语·阳货)

(2)夫子承楚国之政,其法刑在民心,而藏在王府,上之可以比先王,下之可以训后世。(国语·楚语上)

(3)上之不能纳信,……次之又不能拾遗补阙,外之不能备行伍,……下之不能积日累劳……(司马迁:报任安书)

这“之”也可以不用。例如:

(1)故妾一僵而弃酒,上○以活主父,下○以存主母也。(战国策·燕一)

(2)当是时也,内○无怨女,外○无旷夫。(孟子·梁惠王下)

(3)是其为人也,上○不臣于王,下○不治其家,中○不索交诸侯。(战国策·齐四)

马建忠曾指出:**“‘之’字之用,有时不为义,而惟以足他字之语气者。如‘倾之’、‘久之’、‘上之’、‘下之’等语。”**[14]

(八)**“之”用在句尾**

语气助词“之”用在句尾,用来凑足音节,使文字匀称,音调和谐。常见的有如下两种情况:

1.“之”用在句尾谓语不及物动词之后。例如:

(1)伯牛有疾,子问之。自牖执其手,曰:“亡之,命矣夫!”(论语·雍也)[宋]邢昺疏:“亡之,亡,丧也。”

(2)公将鼓之。(左传·庄公十年)鼓,击鼓。特指击鼓进军。

(3)公将驰之。(同上)

(4)侯生曰:“公子勉之矣,老臣不能从。”(史记·魏公子列传)

(5)王曰:“先生徐之,寡人请从。”(战国策·齐四)

以上例(2)“公将鼓之”,有人认为“之”是代词,指齐军[15],但对“公将驰之”,却不认为这“之”也是代词,指齐军。事实上,这“之”也可不用。见后。

2.“之”用在句尾谓语形容词之后。例如:

(1)天油然作雲,沛然下雨,则苗浡然兴之矣。(孟子·梁惠王上)南开大学《古代汉语读本》(修订本)注:“之,助词,用来凑足音节。”

(2)辍耕之垄上,怅恨久之。(史记·陈涉世家)

以上这两种用法的“之”字有时也可不用。例如:

(1)齐人三鼓○。刿曰:“可矣。”(左传·庄公十年)鼓,击鼓。也特指击鼓进军。

(2)趋出,援绥而乘。其仆将驰○,晏子抚其手曰:“徐之。疾不必生,徐○不必死。……”(晏子春秋·内篇杂上第三)

(3)秦已驰○,又攻陉,韩因割南阳之地。(战国策·韩一)

(4)公召其傅曰:“勉之,将以而所傅为子。”及晏子,晏子辞曰:“君命其臣,据其肩以尽其力,臣敢不勉○乎?……”(晏子春秋·内篇谏上)

(5)天之弃商久○矣。(左传·僖公二十二年)

以上句尾不用“之”,如有必要,也可加“之”,其句法关系和句意都不变。

(九)“之”**用在人名、地名或物名之间**

“之”用在人名或地名之间,也是用来凑足音节,使文字匀称,音节谐和的。例如:

(1)晋侯赏从亡者,介之推/不言禄,禄亦弗及。(左传·僖公二十四年)杜预注:“介推,文公微臣。之,助词。”

(2)灵公患之,使鉏之弥贼之。(说苑·立节)按,《左传·宣公二年》:“公患之,使鉏麑贼之。”

(3)武王以择车百两、虎贲之卒四百人,先庶国节窥戎,与殷人/战乎/牧之野。(墨子·明鬼下)按,“牧之野”即牧野,“之”是音节助词。《史记·殷本记》:“周武王于是率诸侯伐纣,纣亦发兵距之牧野。”《史记集解》:“郑玄曰:牧野,纣南郊地名也。”

以上例(1)“介之推”和“不言禄”都是三个音节。例(2)《说苑》于“鉏弥”中增一“之”字,将《左传》的三五句式变为四六句式。例(3)以“战乎”为中轴,在“牧野”中插一“之”字,使与前边的“与殷人”保持音节数量上的平衡。可见人名、地名中插“之”都有音节句式章法上的考究的。

在以四字句为主的《诗经》中,为了叶韵和凑足音节,“之”还可用在双音物名之间和之后。例如:

(1)鸜之/鹆之,公出辱之。(左传·昭公二十五年)杜预注:“言鸜鹆(音 qíyù,即八哥)来则公出辱也。”孔颖达疏:“此鸟以两字为名,但谣辞必韵,故分言之。”对此例,王引之《经传释词》卷九云:“‘之’犹‘兮’也。三‘之’字并与‘兮’同义。”按,《左传·昭公二十五年》:“有鸜鹆来巢。”

“之”也可用在“X 之又 X”的格式里,用来加重前一“X”的语意。例如:

(1)玄之又玄,众妙之门。(老子·第一章)

○因彼凡俗喻,此中玄○又玄。([梁]萧衍:朝闼婆诗)

(2)所谓开来学之圣人也,难之又难者也。(李贽:东土达磨)

语气助词“之”的用法无法尽述。如古书“自古之及今”和成语“溜之大吉”中的“之”就无法归到上述哪一点去说明。而李贽《豫约》:“世间风俗日以偷薄,不守本分,虽百姓亦难,何况出家之者。”这“之”的用法就很特别,究其实际,也是为了调谐音节。

## 三

汉语书面语是一种讲究声韵节奏的文学语言。**语气助词“之”在上古语言中这样频繁使用绝非偶然，它反映了以单音词为主的汉语在双音化过程中的一种特殊现象。**由于社会生活的发展，语言交际上要求用更多的双音偶语来表达情意，但事实上双音词的发展总是落后于语言交际的需要，为便于口诵，足成偶语，于是就出现了一种补偿的办法，即运用语气词来作灵活的调剂，以求得文字的整齐匀称和声律的和谐动听。马建忠在语法研究中注意声律节奏，他指出：**“偏正两次之间，‘之’字参否无常。惟语欲其偶，便于口诵，故偏正两奇，合之为偶者，则不参‘之’字。凡正次欲求醒目者，概参‘之’字。”**[16]这虽然是对结构助词“之”（马称为介词）而言，但对于我们认识语气助词“之”也有一定的参考价值。语气助词“之”是一个用法十分灵活的虚词，句法结构中除指示代词“之”、人称代词“之”、动词“之”以及结构助词“之”的领域它不能涉足外，凡是句子结构中的其他骨节眼处，凡是需要它显露身手的地方，它几乎都能派上用场，它比其他语气助词更富活力，简直是万能的填充剂，亦类似现代排球场上的自由人。全面认识助词“之”特别是全面认识语气助词“之”的诸种用法，可以帮助我们比较深入地认识古代汉语，这有重要意义。

当前研究语气助词“之”，要特别注意它和结构助词“之”的区别。关于二者的区别，我们还可以用更简洁的一句话来概括，即表示不表示句法关系。区分助词“之”的这两种不同用法，有直接的实践价值。因为当前有不少教科书和语法专著普遍地存在着一种把用在主谓之间的语气助词“之”统统当作结构助词“之”来讲解的情况，造成句子成分分析上的困惑。比如说，《孟子·梁惠王上》：“寡人之于国也，尽心焉耳矣。”这个句子在主谓之间用了语气助词“之”，其句子成分是：“寡人”是主语，“于国”是介宾词组作状语，“尽心”是动宾词组作谓语的中心语。句子虽然用了“之”，但其句法关系并没有改变，其结构关系与句子成分之间的意义关系是一致的，统一的。但主张这“之”是结构助词（他们或称之为“介词”或“连词”）的人却说：“在主语和‘于’字介宾词组之间用‘之’字，这样形成的结构再做句子的主语”[17]。依此说法，结构关系和意义关系是可以不一致、不统一的了。又如《礼记·檀弓上》：“君子之爱人也以德。”在这个句子中，“君子”是主语，“爱人”是动宾词组作谓语的中心语，“以德”是介宾词组作补语。但主张这“之”是连词的人却说：“加‘之’以后，‘爱人’倒变成了主语的主要部分，‘以德’原是谓语的次要部分，现在就做谓语而成为主要成分了（这里的‘以’是动词，‘德’是它的宾语），使全句的组织有了整个的改变。”[18]依这种观点，则古代汉语里许多用语气助词“之”的句子将无法进行有效的句子成分分析了。如《战国策·赵四》：“愿王之阴重赵，而无使秦之见王之重赵也。”这个句子要怎样分析才是正确的呢？句子结构与意义关系错位，意义关系不能体现结构关系，结构关系不能反映意义关系，二者可以悖谬，古代汉语难道是这样的一种语言吗？

语气助词“之”是一个复杂的问题，尚有许多争论。以上所说，仅是一些粗浅的见解，还有待于进一步深入的讨论。错误之处，还请批评指正。

**参考文献：**

[1][14][16]马建忠.《马氏文通》商务印书馆1983年第1版，第247页、第253页、第91页、第253页。 [1][17]王力主编.《古代汉语》（修订本）第二册，中华书局1982年第1版，第458页，第459页。

[2][18]刘景农.《汉语文言语法》，中华书局1958年第1版，第222页、第223页；[2][15]郭锡良等编《古代汉语》上册，北京出版社1981年第1版，第341页、第

131 页。

[3]林乐腾、丁贞蕖.《古代汉语要略》,山东教育出版社 1988 年第 1 版,第 246 页。

[4]南开大学《古代汉语读本》(修订本),天津人民出版社 1981 年新 1 版,第 318 页。

[5]何乐士等编著.《文言虚词浅释》,北京出版社 1979 年第 1 版,第 422 页。

[6]陕西师大《常用文言虚词词典》,陕西人民出版社 1983 年第 1 版,第 267 页。

[7]王力主编.《古代汉语》(修订本)第一册,中华书局 1982 年第 1 版,第 18 页。

[8][11]杨树达.《词诠》,中华书局 1957 年第 1 版,第 304 页、第 299 页、第 248 页、第 431 页、第 523 页、第 246 页。

[9]刘淇.《助字辨略》,中华书局 1954 年第 1 版,第 4 页、第 121 页。

[10]王引之.《经传释词》,中华书局 1956 年第 1 版,第 198 页。

[12]王泗原.《古语文例释》,上海古籍出版社 1988 年第 1 版,第 111 页。

[13]赵仲邑.《古代汉语》,广西人民出版社 1984 年第 1 版,第 281 页。

1999 年 10 月初稿

2003 年 10 月第 5 次修改

(福建师大社科联离退休分会 2003 年第九届学术年会论文)

# 论助词“所”

## 一

在古代汉语里，用在动词前的“所”字是什么词，其语法作用如何，我国语法学界历来存在着严重的看法分歧。请先看下列两组例子：

甲组：

(1)和氏璧，天下所共传宝也。（史记·廉颇蔺相如列传）

(2)我所思兮在太山，欲往从之梁父艰。（张衡：四愁诗）

乙组：

(1)卫太子为王充所败。（汉书·霍光传）

对乙组里的“所”字，我国语法学界的看法比较一致，认为这“所”与介词“为”前后呼应着用，是表被动的助词。但对甲组里的“所”字是什么词的看法则分歧极大：一种认为这“所”字是特别指示代词（或称辅助性代词），王力[1]、吕叔湘[2]、刘景农[3]、郭锡良[4]、南开《古代汉语读本》（修订本）[5]等持这种看法；一种认为这“所”是助词（或称结构助词），南开《古代汉语读本》（初版本）[6]、何乐士[7]、廖振佑[8]、殷孟伦[9]等持这种看法。杨伯峻著《文言语法》[10]，把这种用法的“所”字归入小品词，也可归入这一派。文言里这种用法的“所”字，现代汉语也在用。杨欣安[11]等在西南师院函授讲义《现代汉语》第三册“结构助词”一节说：“‘所’是动词作定语的标志，它必须同‘的’配合使用。”他举鲁迅“我所要说的话”和“我所担任的事”为例，说“‘所…的’是这种定语的标志。用‘所’作定语记号要注意：定语一般用他动词，如‘担任’、

‘说’;被定语修饰的是定语中他动词所表示的行为的对象,如‘事’是‘担任’的对象,‘话’是‘说’的对象;‘所’的地位在动词前。‘所’在这种结构中的重要性远不如‘的’,‘所’可以不用,‘的’却非用不可。”又说“‘所’也可以用在“的”字结构中,如鲁迅‘前天我所听到的是在宣传。……’”出版时间较早的初中《汉语》第三册[12]在“结构助词”一节中讲“所”字时说:“‘所’是用在动词前边的助词,也是唯一不念轻声的助词。他动词作定语,而中心词就是动作的对象的时候,动词前边也可以用‘所’字。这样的‘所’字也可以不用,用上‘所’能够比较清楚地表示这个动词是定语。”北大中文系汉语教研室编《现代汉语》[13]、张志公著《汉语知识》[14]、黄伯荣、廖序东[15]主编的高校文科教材《现代汉语》(修订本)下册也持同样的观点。后来看吕叔湘《文言虚字》,书中说“‘所’字的作用在指示,而有时兼有称代的作用”,他举文白两种语言的用例说,白话“牛耕的田”,文言要说“牛所耕之田”,“之”可省,“所”绝不可省,而白话则相反,“所”可省而“的”绝不可省。这里说的是文白两种语言对“所”、“的”的倚重有所不同,而文白皆用“所”字,其词性和作用其实是相同的,但一个说“所”是动词作定语的标志,一个说它的语法作用是指示“田”是“耕”的对象,二者相差何啻十万八千里!可以说,用在作定语的动词前的“所”字究竟是什么词,其语法作用如何,已经成为当前文言语法教学和科学研究中的最大难题之一。本文即是试为解决这一问题而写的。

## 二

我们认为,在古代汉语里,用在动词前的“所”字是一个地地道道的结构助词(下或称助词)而不是什么特别的指示代词(或称辅助性代词),它有标志动词作定语的语法作用,根本没有指示和代替动作行为的对象的作用。以下分几点来谈:

### (一)"所"是动词用作定语的标志

古代汉语不及物动词作定语,可以直接放在名词的前面。但及物动词作定语,而中心词在意念上是这个动词所表示的动作行为的对象的时候,一般是在动词前用结构助词"所"字来标志。例如:

(1)范增数目项王,举所佩玉玦以示之者三。(史记·项羽本纪)

(2)王何不烧绝所过栈道?(史记·留侯世家)

(3)太祖为流矢所中,所乘马被创。(三国志·魏书·武帝纪)

(4)所赐长子书及符玺皆在胡亥所。(史记·李斯列传)

(5)此则山药藤上所结子也。([明]李时珍:本草纲目)

例(1)及物动词"佩"是"玉玦"的定语,用"所"字标志。此例可以看出,"佩玉玦"与"所佩玉玦"的结构关系是不同的:前者是动宾词组,后者是偏正词组,二者的差别即在于动词前是否用了"所"字。由此可知,在古代汉语里,**助词"所"用在带宾语的及物动词前,具有把这个动词变为定语的作用,"所"字也就成为及物动词作定语的标志了。关于这个问题,我们或许还可以这样来表述:这"所"字用在作定语的带宾的及物动词前,标志着该动词与中心词原来的动宾关系已经不复存在,而重新建立起了修饰与被修饰的关系。**

有时候,这种用法的助词"所"还可以与另一助词"之"字配合起来使用。例如:

(1)所爱之国而独利之,所恶之国而独害之,则言行禁止。(管子·七法)

(2)为所欲得之事,献所不欲闻之语。(王充:论衡·逢遇篇)

(3)民之受疾不同,故所施之术或异。(针灸大成)

以上例(1)"爱"、"恶"作定语,例(2)"欲得"、"欲闻"作定语,例(3)"施"作定语,其前后用"所……之"配合作定语的标志。

古代汉语在"所……之"配合使用的句子里,"之"的重要性确实远不如"所"字,"之"可不用,"所"却非用不可,这可以看出"所"用作定语的标志的独特个性之所在。"之"可用在名词、动词、形容词、数量词、代词之后作定语的标志(如"王之言"、"膏腴之地"、"五尺之童"、"谁之过"),而"所"只能用在动词之前作定语的标志,如果"所"用在形容词或名词之前,则该形容词、名词活用为动词。先看形容词的例子:

(1)且财者,君之所轻;死者,士之所重。(战国策·齐四)

(2)毛嫱、西施,人之所美也。(庄子·齐物论)

例(1)"所轻",意为"所以为轻之物"(所轻视的东西),"所重",意为"所以为重之事"(所重视的事情)。"轻"、"重"都活用为动词。例(2)"所美",意为"所以为美之人"(所认为美丽的人)。

助词"所"用在名词前,则该名词也活用为动词。例如:

(1)置人所罾鱼腹中。(史记·陈涉世家)——"罾",鱼网。

(2)少丧父母,适人,而所天又殒。([晋]潘岳:寡妇赋)

(3)近得所窖粟米,以补军食。([明]张岳:与李古冲)——"窖",收藏东西的地洞。

例(1)"所罾",意即用网捕得;例(2)"所天",意即所以为天,即丈夫;(3)"所窖",挖地窖。"所"用在名词"罾"、"天"、"窖"前,该名词都活用为动词。

古代汉语不及物动词作定语,其前也可用"所"字来标志。例如:

(1)臣不知所死之处矣。(战国策·秦五)

(2)仲子所居之室,伯夷之所筑与?抑亦盗跖之所筑与?(孟

子·离娄下)

(3)不如深壁,令齐王使其信臣招所亡○城。(史记·淮阴侯列传)

(4)曹沫三战所亡地尽予鲁。(史记·刺客列传)

(5)其所游诸侯,尽与其贤豪长者相结。(史记·荆轲传)

(6)夜则以兵围所寓舍。(文天祥:指南录后序)

(7)予承乏归邑,往来龟山所生地。([明]黄易:鼎建龙湖儒学碑记)

例(1)"所死之处"也可说成"死处",不用"所",也不用"之"。用了助词"所"字作标志,有突出"死"作定语的作用。有人说不及物动词作定语,其前用"所"字,有把不及物动词变为及物动词的作用。事实恐非如此。例(2)"居"作定语,其前后亦用"所""之"作标志。"居"之前,还有一个名词"仲子",它在意念上是动词"居"所表示的动作行为的施事者。"仲子所居之室"的定语如何认定,现在语法学界在认识上存在着很大的差异。一种认为"'仲子所居'是'室'的定语,两者所指同",也有人认为"所居"是"室"的定语。笔者认为,确定哪个词或词组为定语,首先应根据定语的标志来辨认。如"仲子",它在意念上是"居"的施事者,但在句法结构上还是应该把它看作定语。因为"仲子所居"是一个不完全的主谓词组,不能单独运用,进入句子后它仍旧是个不完全的主谓词组,因此把"仲子"看作是"室"的另一个定语比较合适。

## (二)"所"字词组("所"字结构)

1."所"字词组

助词"所"字用在动词或动词性词组的前边,构成"所"字词组,表示"所……的人""所……的事""所……的物"。"所"字词组是一种以动词为中心的名词性词组,相当于一个名词的作用,可以受定语的修饰,在句中可以做主语、宾语,有时也可以做谓语,但不能做定语。例如：

(1)至吴将麾下，所杀伤数十人。(史记·魏其武安侯列传)

(2)明主赏所爱而罚所恶。(史记·范雎蔡泽列传)

(3)夫常人安于故习，学者溺于所闻。(商君书·更法)

(4)去民之所恶，补民之不足。(国语·越语上)——“民”在意念上是“恶”的施事者，在这里作“所恶”的定语。

(5)其北陵，文王之所避风雨也。(左传·僖公三十二年)——“文王”在意念上是“避风雨”的施事者，在这里作“所避风雨”的定语。

(6)此丹之上愿，而不知所委命，唯荆卿留意焉。(史记·荆轲传)

例(1)“所杀伤”，表示“所杀伤之人”，在句中做主语；例(2)“所爱”、“所恶”，表示“所爱之人”“所厌恶之人”，在句中分别做及物动词“爱”“罚”的宾语；例(3)“所闻”，表示“所闻的道理”，在句中做介词“于”的宾语；例(4)“所恶”，表示“所厌恶之事”，在句中做及物动词“去”的宾语。例(5)“所避风雨”，表示“所避风雨之处”，在句中做谓语。例(6)“所委命”，表“所委托使命之人”，在句中做及物动词“知”的宾语。

“所”字词组以用及物动词为常见，但也有用不及物动词的。例如：

(1)汉军不知项羽所在，乃分军为三，复围之。(史记·项羽本纪)

(2)青捕虏，知单于所居。(史记·李将军列传)

(3)吏当广所亡失多，为虏所生得，当斩，赎为庶人。(同上)

(4)当是时，丞相入奏事，坐语移日，所言皆听。(史记·魏其武安侯列传)

2.“所”字词组的产生和应用

为求语言的精炼含蓄,古人常常把中心词省去不说。“所”字词组,其实就是定语中心词的一种省说形式。吕叔湘、刘景农都有这种看法。吕在《文言虚字》里举“所求不遂”、“舟车所至”的用例时说:“这类句子翻白话,多数仍非把省去的名词说出不可,如‘要求的事情’‘舟车能到的地方’等等。”刘景农在《汉语文言语法》里也说:“但‘所’在动词前边……因此,只要定语里有了‘所’字,连中心词还可以省说。”事实确是如此。如上引“所爱之国而独利之,所害之国而独害之”一语,在语言环境允许的情况下,把中心词“国”字省去不说,那么“所爱”“所恶”就是“所”字词组了,它分别表示了“所爱之国”、“所恶之国”的意思。这省说的词语是什么通常可从上下文得到体认,偶尔也可找到文字的根据。如《墨子·公输》:“荆国有余于地而不足于民,杀所不足而争所有余,不可谓智。”看上句,即知下句两个“所”字词组分别省去了“民”和“地”,它分别是“(杀)所不足之民”。(“争)所有余之地”的省说形式。殷孟伦在《古汉语简论》中也谈到了这一点。他说:“在不妨碍语言的交际功能的情况下,为了求得语言的精炼和行文的简便,被‘所’字结构修饰的中心词经常省略。在这种情况下,‘所’字结构这个定语就起了以偏代全的作用,所以,我们也可以说‘所’字结构在句子里的作用相当于一个名词。”这些话大体正确,但不够严密。其实,“所”字词组是用动词或动词性词组作定语其后由于中心词省说而形成的一种名词性词组。定语和中心词之间的关系是偏正关系。殷孟伦先生所说的“以偏代全”者即指此。“以偏代全”是“所”字词组的最大特点。动词或动词性词组作定语,其后省说的中心词隐含着“之人”、“之事”、“之物”之类的意思,在理解句意和分析其结构关系时应予补出,给予全面观察和全面考量。只有这样,“所”字词组的名词性词组的性质和“所”字的语法作用及其词性才能得到正确的认识和清楚的说明。不加分析地说

“所”字词组修饰中心词，则不但动词作定语得不到说明，而且“所”字的语法作用及其词性亦无由辨知。这里要注意的是，“所”字词组的运用与语法学上的承前省略、蒙后省略与共喻省略不是一回事。上引《墨子·公输》的用例在古书上其实很少见。故对“所”字词组，不能光从语法的角度去看问题，主要应从语用的角度来审察，这样才能看清“所”字词组所以能够得到频繁使用的原因。

“所”字词组是人们在日常的交往中，用来表示不必明言或不可明言的人或事物的一种虚指用法，具有很明显的修辞色彩。语言中要表示确定的人或事物时就不能运用这种语言形式。如《史记·荆轲传》：“秦王谓荆轲曰：‘取舞阳所持地图！’”这句话就不能改成“取舞阳所持”，“所持”后隐含的是物，无法确指是“地图”，用“所持”达不到说话的目的。但说话的人如果不把自己心中蕴藏的真意直接说出，即可选择一个涵义广泛的语词，并用“所”字词组来表达。如《孟子·梁惠王上》记载一段孟子与齐宣王的对话：

> （孟）曰：“……抑王兴甲兵，危士卒，构怨于诸侯，然后快于心与？”王曰：“否。吾何快于是？将以求吾所大欲也。”曰：“王之所大欲可得闻乎？”王笑而不言。曰：“为肥甘不足于口与？轻煖不足于体与？抑为采色不足视于目与？声音不足听于耳与？便嬖不足使于前与？王之诸臣，皆足以供之，而王岂为是哉？”曰：“否，吾不为是也。”曰：“然则王之所大欲可知已：欲辟土地，朝秦楚，莅中国而抚四夷也。以若所为，求若所欲，犹缘木而求鱼也。”

此“所大欲”、“所欲”是“所”字词组，其后隐含着什么，从孟子看来是“之物”、“之人”，指最想得到的东西、人，具体地说是“肥甘”、“声色”之类，而齐宣王却隐含着“之事”，具体来说是“辟土地，朝秦楚，莅中国而抚四夷”这等统一天下的大事，其语意深广含蓄，让人难以猜透。《韩非子·五蠹》：“国平养儒侠，难至用介士。所利非所用，所用非所利。”今人常说的“所学非所用，所用非所学”，也都隐含着十分丰富的内容。不同的人都可用它来赋予不同的内涵。《史记·魏其武安侯列传》：“蚡为肺腑，所好音乐狗马田宅。蚡所爱倡优巧匠之属，不如魏其、灌夫……”此“所好”，指所好之物，即“音乐狗马田宅”，此“所爱”，指所爱之人，即“倡优巧匠之属”，如田蚡不自己点明，谁也无法说透其所指是什么。“所”字词组的妙用，于此可见一斑。而《礼记·大学》：“民之所好好之，民之所恶恶之。”此“所好”、“所恶”含义更加宽泛，包括“人”“物”“事”等，很难用一个词来标明。

3.“所”字词组和“者”字词组

王力指出，“所”字词组和“者”字词组都是表示人或事物的名词性词组，但二者有对象和主动之别。例如：

(1)宋之庖丁学解牛三年，不见生牛，所见皆死牛也。(王充：订鬼)

(2)见者惊犹鬼神。(庄子·达生)

例(1)“所见”，指所见之物(所看到的东西)，表示见的对象。例(2)“见者”，指看见的人，表示“见”这种行为的主动者。“所”和及物动词所组成的“所”字词组所表示的人或事物是被动性的，而结构助词“者”字和及物动词所组成的人或事物是主动性的。这是二者的区别。王先生这个说法给我们提供了一个区别是“所”字词组还是“者”字词组的标准，特别是在动词前用助词“所”，而在动词后又用助词“者”的句子。当然，这也不能一概而论，例外也是存在的。例如：

(1)王曰：“缚者曷为者也？”曰：“坐盗。”(晏子春秋·内篇杂下)

(2)孔子相卫，弟子子皋为狱吏，刖人足。所刖者守门。(韩非子·外储说左下)刖，断足。

(3)其妻问所与饮食者，则尽富贵也。(孟子·离娄下)

例(1)“缚者”是“者”字词组，意思是被缚的人；例(2)“所刖”是“所”字词组，“者”是语气助词，意思是被断足的人。例(3)“所与饮食”是“所”字词组，“者”是语气助词，意思是跟他一起吃喝的人，是行为的主动者(但它是主语所发出的动作行为的偕同对象)。不过就一般情况而言，二者的区别还是清楚的。此不详述，请参看本书《语法札记叁》的说明。

在古代汉语里，“所”用在动词前，有时标志该动词是名词的定语或是“者”字词组的定语。这要注意区别。例如：

(1)长平之胜，秦所亡○民者几何，民客之兵不得事本者几何。臣窃以为不可数也。(商君书·徕民)

(2)乡为身死而不受，今为所识○穷乏者得我而为之，是亦不可以已乎？(孟子·告子上)

例(1)“亡”是“民”的定语，前面用“所”字来标志，“民”后用语气助词“者”来表示停顿。例(2)“为所识○穷乏者”是介宾词组作“得”的状语；而“者”字词组“穷乏者”是介词“为”的宾语，而动词“识”是“穷乏者”的定语，其前用助词“所”字来标志。

4. “所”字词组的一些复杂情况

“所”字词组是用动词或动词性词组作定语其后由于中心词省说而形成的一种名词性词组。在“所”字词组中，动词之前常常加上一些修饰性的成分。例如：

(1)此直少卿所亲见。(司马迁：报任安书)——“所亲见”为“亲见之事”。“亲”是副词。

(2)臣之辛苦……皇天后土实所共鉴。(李密：陈情表)——“所共鉴”，意为共同看到的事实。“共”副词，表共同。

(3)自张柴村以东道路,皆官军所未尝行。(司马光:资治通鉴·李愬雪夜入蔡州)——“所未尝行”,即“所未尝行之路”。

(4)庭有枇杷树,吾妻死年所手植也。([清]归有光:项脊轩记)——“所手植”,意为“所亲手种植之果树”。

在“所”字词组中,做定语的动词或动词性词组如果要表达动作行为发生的时间、地点,偕同进行或替代的对象,或赖以进行的工具、手段、方式方法,或某种动作行为产生的原因等等,还可以用介词“从”、“由”、“与”、“为”、“以”等组成介宾词组(但介词的宾语“之”往往省略,这省略的“之”所称代的对象,一般都可以从上下文体会出来),放在动词或动词性词组前做状语,用来表示以上所说的种种语法关系。**助词“所”用在“[介(介宾)+动词(词组)]”这种结构里,其作用仍然是标志这一动词或动词性词组(按,这里不说“所”字词组)是其后省说的中心词的定语。**以下分几点来谈:

**甲、所+[介词“从”或“由”(介宾)+动词(词组)]。**——用“从”、“由”表示动作行为发生的处所、方位等。例如:

(1)见渔人,乃大惊,问所从来。(陶潜:桃花源记)——“所从来”即“所从(之)而来之路”。助词“所”标志这以动词为中心的名词性词组是省说的中心词“之路”的定语。以下说同。

(2)是吾剑之所从坠。(吕氏春秋·察今)——“所从坠”,即“所从(之)而坠之处”。

(3)上下乖隔,而精兵勇将,适以资乱人而为厉阶,其所由来渐矣。([明]张岳:赠守朴赵公巡抚延绥序)——“所[由来]渐”是“所”字词组,意为“所由(之)而来逐渐积累形成之现象”。

**乙、“所”+[介词“与”(介宾)+动词(词组)]**——用“与”介绍动作行为偕同进行的对象。例如:

(1)揖所与立。(论语·乡党)——“所与立”,即“所[与

(之)]立之人”。助词“所”标志这动词性词组是省说的中心词“之人”的定语。以下说同。

(2)诸所与交通,无非豪杰大猾。(史记·魏其武安侯列传)——“所与交通”,即“所[与(之)]交通之人”。“交通”交往。“大猾”,有谋略而横行地方的恶霸人物。

(3)归,询其所与游,亦未尝见其挟册呻吟也。(宋濂:秦士录)——“所与游”,即“所与(之)游”之人。

**丙、所+[介词“为”(介宾)+动词(词组)]。**——用“为”介绍动作行为替代的对象。例如:

(1)此臣之所为山东苦也。(战国策·燕二)——“所[为山东]苦”,是“所”字词组,意为为山东各国愁苦之所在。**“为山东”是介宾词组,作“苦”的状语,**表替代的对象。“所”用在“为山东苦”之前,标志这以动词为中心的名词性词组是省说的中心词“所在”的定语。

**丁、所+[介词“以”(介宾)+动词(词组)]。**——用“以”表工具或原因。分两组来谈:

A组:“以”用在动词前,表示动作行为所凭借的工具、方法、手段等。“以”义为“用”。例如:

(1)彼兵者,所以禁暴除害,非争夺也。(荀子·议兵)——“所以禁暴除害”,即“所以(之)禁暴除害之具(器)”(《汉书·晁错传》:“虽然,兵,凶器;战,危事也”),是“所”字词组,意为“用(它)来禁止暴力铲除祸害的工具”,“以”后习惯性省略“之”,指代“兵”,此省“之”的介宾词组作“禁暴除害”的状语。助词“所”字标志这动词性词组是省说的中心词“之具”的定语。以下说同。

(2)口,人所以言食也。(许慎:说文解字)——“所以言食”,是“所”字词组,即“所以(之)言食之官”(古医家以人之鼻目口舌耳为五官),意为“用(它)来说话、吃饭的器官”。

(3)是以分马者之用策,分田者之用钩,非以钩策为过于人智也,所以去私塞怨也。(慎子·君人)——"所以去私塞怨",是"所"字词组,即"所以(之)去私塞怨之分",意为用(它)来去除私心而堵塞怨恨的手段。"以"表手段,省略的"之"指"策"、"钩"。

"以"表方法、手段的。例如:

(1)吾知所以距(通"拒")子矣。(墨子·公输)——"所以距子",即"所以(之)距子",是"所"字词组,意为"所以(之)距子之方"(用[它]来抵抗你的方法)。助词"所"标志着动词性词组"以距子"是省说的中心词"之方"的定语。

(2)伊尹为宰(膳夫),百里奚为虏(奴隶),皆所以干(求)其上(指秦穆公)也。(韩非子·说难)——"所以干其上",即"所以(之)干其上",是"所"字词组。"以"后省略"之",指上述"为宰"、"为虏"之事。意为用它来求其上之方(用作求请秦穆公的手段)。

从以下的用例更完全可以看出,古代汉语"所+[介(介宾)+动词(词组)]"这种结构确是由中心词省说而形成的。中心词不省的句子,例如:

(1)此非所以跨海内、制诸侯之术也。(李斯:谏逐客书)——这助词"所"用在"以跨海内、制诸侯"前,标志这动词性词组是中心词"之术"的定语,其语法作用与"所爱之国"中的"所"字同。中心词"之术"省去,即成"此非所以跨海内、制诸侯[者]也"。这"所以跨海内、制诸侯"是"所"字词组,在句中作谓语。例(2)(3)分析同此。

(2)此臣所以报先帝而忠陛下之职分也。(诸葛亮:出师表)

(3)臣恐侍御者之不察先王之所以畜幸臣之理,而又不白于臣之所以事先王之心,故敢以书对。(战国策·燕二)

B组:"以"表示动作行为或某种状态产生的原因。介词用"以"、"由"。"以"义为"由""因",其后宾语"之"习惯性省略。

“由”字同此。例如：

(1)今水变而益多矣，荆人尚犹循表而导之，此其所以败也。(吕氏春秋·察今)——“所以败”，即“所以(之)败之因”(所由[之]而败之因，即由此失败的原因)。助词“所”用在“以败”之前，标志这动词性词组是省说的中心词“之因”的定语。省略的“之”指“犹循表而导之”一事。以下说同。

(2)项羽有一范增而不能用，此其所以为我擒也。(史记·高祖本纪)——“所以[为我]擒”，即“所以(之)为我擒之因”。

(3)彼知矉美，而不知矉之所以美。(庄子·天运)——“所以美”，即“所以(之)为美之因”(即所由此而认为美的原因)。

(4)此其所以与史异也。(曾巩：寄欧阳舍人书)——“所以[与史]异”，即“所以(之)与史异之因”，“以(之)”、“与史”都是介宾词组，作“异”的状语。

(5)是乱之所由作也。(荀子·正论)——“所由作”，即“所[由(之)]作”之因，意为由此而产生的原因。

(6)君舍法，而以心裁轻重，则同功殊赏，同罪殊罚，怨之所由生也。(慎子·君人)——“所由生”，即“所[由(之)]而生之因”。省略的“之”，指“殊赏”、“殊罚”。

以上“所以……”和现代汉语“所以”不同。现代汉语的“所以”是一个词，古代汉语的“所以”是助词“所”和介词“以”用在相邻的位置上，它们不是一个语言单位。但现代汉语的连词“所以”是从上古连用的“所”“以”发展而来的。

“所”字用在介词“与”、“为”、“以”所组成的介宾词组(介词宾语通常省略)所修饰的动词或动词性词组之前，构成“所”字词组，其后常再用语气助词“者”来表示提顿、停顿或加重疑问、感叹的语气。(请参看《语法札记叁》的说明)例如：

(1)(玉)曰：“快哉此风，寡人所与庶人共者邪？”(宋玉：风赋)——“所[与庶人]共”是“所”字词组,在句中作谓语,意为“与平民百姓共享之物”。其中“与庶人”是介宾词组作动词“共”的状语。助词“所”标志这个以动词为中心的名词性词组是省说的中心词“之物”的定语。“者”是句尾语气助词,与表疑问的语气助词“邪”连用。

(2)先生所为文市义者,乃今日见之。(战国策·齐四)——“所[为文]市义”是“所”字词组,意为为我买义之方(替我买义的道理),在句中作主语。“为文”是介宾词组,作“市义”的状语。“者”是句中语气助词,表提顿。

(3)君子不以其所以养人者害人。(孟子·梁惠王下)——“所以养人”,即“所[以○]养人”,是“所”字词组,意为“所以之养人之物”,助词“所”标志“所以养人”是省说的中心词“之物”的定语。按,“所以养人”前受定语“其”的修饰,它是介词“以”的宾语。“以其所以养人”是介宾词组作“害人”的状语。其后的“者”字是句中语气助词,也可以不用。如《孟子·滕文公上》:“欲以所事孔子○事之。”

这里要注意一点:

在上古汉语里,助词“所”用在动词或动词性词组前,有时不加介词“从”、“以”等,就可以直接表示处所、方式方法或原因等。这要认真审察句意,才不致引起误解。例如《左传·昭公四年》:“冀土之北,马之所生。”“所生”即“所从生”,指“所生之处”,表示处所,不是表示对象。《荀子·劝学》:“邪秽在身,怨之所构。”——“所构”,等于说“所由构”,即怨之所[由]构之因(集结的原因)。此表示原因,不是表处所。同上:“巢非不完也,所系者然也。”“所系”,等于说“所从(由)系”,即所从系之处,表示处所,不是表示所系的东西。《战国策·燕三》:“丹所○请先生无言,欲以成大事也。”“所”后省介词“以”。此“所”字词组表示缘故,不是表示话语。这个问题王力《古代汉语》已经说得很清楚了，可参看。此不详谈。

当前语法学界对上述"所"字之后、动词或动词性词组之前用介词"从"、"与"、"为""以"这种语言现象有不同的看法。王力《古代汉语》(修订本)第一册说："'所'字又常常用在介词'从'、'以'、'为'、'与'的前面，指代介词所介绍的对象。"何乐士《文言虚词浅释》也说：**"'所'字先与介词结合**，然后再与动词组成名词性词组。"但他们都未明言这"所"字与介词相结合是介宾词组而在句中作状语。向熹[16]在其主编的《古代汉语词典》里则明确说："'所'指示和称代介词所介绍的对象(即与介词构成介宾词组)，该介宾词组放在动词或动宾词组前面作状语，表示与动作行为有关的各个方面。例如《史记·淮南衡山列传》：'部署兵所从入。''所从入'就是'进入的处所'。"笔者认为，把"所从"看成是介宾词组在句中作动词"入"的状语，是不符合语言事实的。

5. "有所……""无所……"

古代汉语常见"所"字词组用在动词"有"、"无"之后做宾语，用来表示不必明言或不可明言的人或事物，成为一种十分有用的习惯说法。由于古今汉语表达方式的不同，这种习惯说法译为白话时要体会上下文意，注意避免硬译。例如：

(1)使老有所终，壮有所用，幼有所长，矜寡孤独废疾者皆有所养。(礼记·礼运·大同)

(2)荆轲有所待，欲与俱，其人居远未来。(战国策·燕三)

(3)沛公今入关，财物无所取，妇女无所幸，此其志不在小。(史记·项羽本纪)

(4)(广)尝从行，有所冲陷折关及格猛兽。(史记·李将军列传)

(5)女亦无所思，女亦无所忆。(乐府诗集·木兰辞)

例(2)“有所待”,直译是“有所等待之人”;例(3)“无所取”、“无所幸”,直译是“无所掠取之物”、“无所宠幸之人”。这是一种机械式的直译,忽视原文虚指泛说的特点,而皆有失原意。吕叔湘《文言虚字》说过:“‘有所……’‘无所……’后面自然隐有‘之人’、‘之物’、‘之事’,但一般不用标明,甚至难以标明;因此,‘有所’‘无所’就成为很方便很有用的程式。”事实确是这样。正确的做法应该揣摩原意,用准确的语言把它表达出来。如例(2)“有所待”是说“等待着一个人”,例(3)“无所取”、“无所幸”是说“没有掠取什么东西”、“没有宠幸谁”。有时也不能用“之人”、“之物”、“之事”来对译,而要灵活处置。如例(4)“有所冲陷折关及格猛兽”,其意是说“有冲陷折关及格猛兽之功”。又如例(1)“有所终”,王力《古代汉语》注:“等于说有善终”,“有所用”等于说“有用处”,“有所长”,等于说“有使他们成长的各种措施”,“有所养”,等于说“有供养”。“有所……”“无所……”的习惯说法是个很有用的语言形式,现在还在用。毛泽东在《学习马克思主义认识论和辩证法》一文中说:“人类总是不断发展的,自然界也总是不断发展的,永远不会停留在一个水平上。因此,人类总得不断地总结经验,有所发现,有所发明,有所创造,有所前进。悲观的论点,无所作为和骄傲自满的论点都是错误的。”胡锦涛《在党的十七届三中全会上的讲话》说:“我们要……努力使全体人民学有所教,劳有所得,病有所医,老有所养,住有所居,不断实现社会公平正义,促进社会和谐、维护社会安定团结。”

## 三

上面说过,用在动词(包括介词)前的“所”字究竟是什么词,其语法作用如何,是迄今为止文言语法研究中的最大难点之一,它是又一个被马建忠误指语法作用而被误定词性的最突出的典型事例。但最早误导的人是王引之,其《经传释词》[17]卷九云:**“所者,指事之词。**若‘视其所以,观其所由’之属是也。常语也。”王对此没有详细申述,影响不大,影响最大的是马建忠。马著《马氏文通》[18],把“所”看作“代字”,且说它放在动词或介词前做宾语,有指代事物对象的作用。《马氏文通》卷二在谈“**接读代字**”时说:“**‘所’字常位领读,或隶外动,或隶介字,而必先焉。**”他举例说:“《庄·天运》:‘彼,人之所引,非引人也。’人之所引,读也,**‘所’指‘彼’,‘引’,外动也,‘所’为‘引’之止词(按,即宾语)而先焉。**……《礼·大学》:‘孝者,所以事君也。’**‘以’介字,‘所’隶而居其先。**”这段话是说“所”的词性是代词,有指示作用,前例“所”指示“彼”,且作外动词“引”的前置宾语;后例“所”指示“孝”,且作介词“以”的前置宾语。马说:“**‘所’字必居宾次**(即宾语的位置),**其用法视前词之先后为别。**”他所说的“前词”,不完全是现代语法学上所说的“先行词”,既可出现在“所”字之前,亦可出现在“所”字之后,甚至也可以不出现。他认为“前词”是“所”字所指代的词。前词出现在“所”字之前的,他举《汉书·食货志》“爵者,上之所擅;粟者,民之所种”为例说:**“两‘所’字一指‘爵’,一指‘粟’,而‘爵’‘粟’皆先‘所’字,‘所’字又为‘擅’‘种’之止词,位宾而先焉。**”这是说,“爵”、“粟”是用在“所”字之前的前词,“所”字指示它们是动词“擅”、“种”的对象,同时是“擅”、“种”的前置宾语。这“所”字既有指示作用,又有代替作用。前词出现在“所”字之后的,他举《孟子·滕文公下》“仲子所居之室”与“所食之粟”为例说:**“两‘所’字,一指‘室’,一指‘粟’,皆置其后。**”这是说,“室”“粟”是用在“所”字之后的前词,“所”分别指示它们是动词“居”“食”的对象,同时又是“居”“食”的前置宾语。这“所”字也是既有指示作用,又有代替作用。我们如依马建忠的代替说,将原“所”字的位置让它所指示的名词代入,则以上各句将会是这样的："爵者，上之所/爵擅"，"粟者，民之所/粟种"，"仲子所/室居之室"，"所/粟食之粟"，则词义叠床架屋，显然违反汉语简洁明快的表达特点，与语言事实不符。其实在以上两种句子中，指引动作行为的对象的是动词本身而非"所"字，与"所"字完全无关，"所"既没有指示的作用，也没有代替的作用。而说"所"用在动词前是该动词的前置宾语，也不符合汉语宾语前置的规律。汉语前置宾语是有条件的，不是随意的，即以放在动词前的一般指示代词而言，它也只能作动词的主语或状语而不能作前置宾语。如杜甫《登楼》诗："万方多难此登临。""此"作"登"的状语，而不是作宾语。再说，有的动词其后已带有一个宾语，其前还能再带一个"所"字作它指代的前置宾语吗？如前引《左传·僖公三十一年》："其北陵，文王之所避风雨也。"这都是马建忠诸人无法回答的问题。另外，马建忠说，还有一种**"'所'字先乎动字而上下文并无为所指者**。如《礼·中庸》：'舟车所至，人力所通，天之所履，地之所载，日月所照，霜露所坠，凡有血气者，莫不尊亲。"马说："六'所'皆先其动字，其先后并无为所指者，其意犹云'舟车人力所可通到之处，天地覆载之宙合，日月照临之乾坤，霜露降泽之田土，凡有血气之人'云云，**不必明言所指诸名而其意可知。故'所'合动字，可直视同名字也**。"这是说，在"所"无前词可指的句子里，应看动词的词义指向而在其后补出相应的名词来，而其前的"所"字就是代替了这一名词的。这里，马建忠明确承认"所"字可以无所指，无所指还能称为代词吗？由此可见，所谓"所"的指代作用完全是向壁虚造，是马建忠强加给它的，根本不能成立。

不过，马建忠的说法虽谬，语言尚剀切明白，易于理解。反观我国一些古代汉语教材和文言语法专著，讲"所"是特别指示代词，其实都是依从马建忠的说法的，但却隐约其词，不肯明言实指，学起来困难甚多。从上世纪二十年代至今，我国语法学界对"所"

字的词性和语法作用问题的争论一直未曾停止过，但问题依然如故，这是因为文言虚词的语法作用的研究本来就是一件十分困难的事情，再加上有此“特别”二字的掩藏，其困难更加十倍。当前在高校的古代汉语教材中讲“所”字是“结构助词”的日渐增多，但其语法作用如何的研究仍然未获进展。南开《古代汉语读本》初版本说用在及物动前的“所”字是助词，但是在分析它的语法作用时，却仍说它是“指示动词所表示的动作行为的对象”，只字未提它有标志动词作定语的作用。该书于 1981 年出版修订本时，则又放弃原来“所”是助词的看法，而改称“所”为“特殊的指示代词”。上海教育学院编的上海市中学教师进修教材《古代汉语》[19]则干脆说“‘所’字是一个带有指示性的助词”。杨树达是我国当代著名的语言学家，1920 年 1 月写有《“所”字之研究》一文，对《马氏文通》称“所”字为代字，对“‘所’字常位读领，或隶外动，或隶介字，而必先焉”的看法极力反对，其后又著《马氏文通刊误》[20]，也持同样态度。他所著《词诠》[21]收入“所”字，有“被动助词”、“假设连词”“语尾诸种所”的用法，独不讲上述用在动词、介词前的“所”字。业师张贻惠教授著《古汉语语法》[22]，甚至不讲“所”字，大概也是不肯随人口吻讲解那些自己都不愿信从的理论。笔者于上世纪五十年代，初学现代汉语，对杨欣安等编《现代汉语》函授教材中所讲的“所，助词，作定语的标志”一语印象深刻。后改学古代汉语，即以助词的眼光来审视当时高校的《古代汉语》教材及其他文言语法专著，觉得古今汉语中上述用法的“所”字其语法作用实质上是相同的，古代汉语课程何必另讲一套晦涩难懂的玄妙理论呢？故在为本科学生编写《古代汉语语法》讲义时即把此种观点写入，而在使用通行教材时常在照本宣科之后屡屡介绍今人的看法。1979 年王力出版新著《古代汉语常识》[23]，书中改说“者”、“所”是结构助词。王过去讲“者”是“被饰代词”、“所”是“特别的指示代词”，今从善如流，自己看了深受鼓舞。1985 年编写福建省成人教育自学辅导材料时我即把“所”是“动词作定语的标志”的观点再次写入《古代汉语》教材。

笔者对助词“所”字的看法虽说早有定见，但要论证这“所”字是结构助词而不是特别的指示代词仍然困难重重。去年翻出旧日积累的资料，即想把它写成论文，还是觉得难以下笔。本年夏，校离退协社科联通知撰写论文参加本年度科讨年会，这时我才真正下决心重起炉灶，从头写起。于是重新阅读古今语法专著，翻读典籍，搜集例句，幸喜找到一些新例证，论述取得新进展。但古代汉语用在动词前的“所”字的语法作用是否就是如笔者所说的都是动词或动词性词组作定语的标志呢？还有待专家、读者来审实和指谬，以便把助词“所”字用法的研究再向前推进一步。

**参考文献：**

[1]王力主编，古代汉语(修订本)第一册[M]，北京：中华书局，1962：363，364

[2]吕叔湘，文言虚字[M]，北京：中国青年出版社，1954：20，22，24

[3]刘景农，汉语文言语法[M]，北京：中华书局，1958：167

[4]郭锡良等，古代汉语(上册)[M]，北京：北京出版社，1981：324

[5]南开大学中文系古代汉语教研室．古代汉语读本(修订本)[M]，天津：天津人民出版社，1981：281

[6]南开大学中文系语言学教研室．古代汉语读本(初版本)[M]，北京：人民教育出版社，1960：147

[7]何乐士等，文言虚词浅释[M]，北京：北京出版社，1979：261，262

[8]廖振佑，古代汉语特殊语法[M]，呼和浩特：1979：190，170

[9]殷孟伦等，古汉语简论[M]，济南：山东人民出版社，1979：169

[10]杨伯峻，文言语法[M]，北京：北京出版社，1956：159

[11]杨欣安等，现代汉语(第三册)[M]，四川：重庆人民出版社，1957：237

[12]张志公主编，汉语(第三册)[M]，北京：人民教育出版社，1956：141

[13]北大中文系汉语教研室编．现代汉语[M]，北京：商务印书馆，1962：219

[14]张志公主编,汉语知识[M],北京:人民教育出版社,1979:131

[15]黄伯荣,廖序东. 现代汉语(修订本)下册[M],甘肃:甘肃人民出版社,1983:144

[16]向熹主编,古代汉语知识辞典[M],四川,四川人民出版社,1988:81,83

[17]王引之,经传释词[M],北京:中华书局,1956:210

[18]马建忠,马氏文通[M],北京:商务印书馆,1983:60,64

[19]上海教育学院. 古代汉语[M],上海:上海教育出版社,1980:308

[20]杨树达,《马氏文通刊误》[M],北京:中华书局,1962:35

[21]杨树达,词诠[M],北京:中华书局,1957:447,311

[22]张贻惠,古汉语语法[M],湖北:湖北人民出版社,1957:95

[23]王力,古代汉语常识[M],北京:北京教育出版社,1979:53

2008 年 11 月 1 日第六稿

(福建师大社科联离退休分会2008 年第十四届学术年会论文)

# 语法札记三则

## 壹、中古否定词“莫”字用法的新变化

上古时代,否定词“莫”字常用在动词谓语前,表示对动作行为的否定,是一个表一般否定的副词,它有一个显著的特点是句子的主语必须是复数的。吕叔湘先生把它归入“表示否定的总和”中去叙述,正是认识到“莫”字的这个特性。受此启发,笔者在《上古否定词“莫”字的词性研究》一文中,提出“莫”是一个表示总括否定的副词,隐含有“皆不”之意,在主语是复数的否定句里,其前可再用一“皆”字,即使其前不用“皆”字,亦可在“莫”字前再加一个“皆”字去理解。例如:

(1)群臣莫对。(战国策·楚一)

(2)群臣皆莫敢谏。(吕氏春秋·开春论)

(3)吾有司死者三十三人,而民莫之死也。(孟子·梁惠王下)[宋]孙奭疏:“而民皆莫之死也。”

例(1)(2)主语“群臣”是表复数的偏正词组,例(3)孙奭疏在“莫”前加一“皆”字,本句主语“民”是个表复数的名词。

在上古汉语里,“不”字用于谓语动词前,表示一般否定,但它不受主语是单数复数的限制,这和“莫”字的用法显然不同。例如:

(1)甘茂攻宜阳,三鼓之,而卒(士也)不上。秦之右将有尉对曰:“公不论兵必大困。”(战国策·秦二)

(2)知游莫救,左右亲近不为一言。(司马迁:报任安书)

(3)行者不反,往者莫返。于是百姓离心瓦解,欲为乱者十室而七。(汉书·伍被传)

例(1)上句"不"用于主语是复数"卒"的句子里,下句"不"用于主语是单数"公"的句子里。例(2)主语"知游"和"左右近亲"均表复数,而上句用"莫"、下句用"不",例(3)反之,这是一种避复的修辞手法。

有些句子"莫""不"同用,"莫"对主语有选择性。例如:

(1)及周之衰,分而为二,天下莫朝周,周不能制,非德薄,形势弱也。(汉书·娄敬传)

(2)臣之见人甚众,(人)莫及,臣不如也。(史记·范雎蔡泽列传)

但到中古时代,否定词"莫"字在用法上产生了新变化,它既可用在主语是复数的句子里,也可用在主语是单数的句子里,其用法扩大,与"不"字有趋同之势。"莫"字仍用于主语是复数的句子的,例如:

(1)非我家人,[人]莫能解之。([晋]苏若兰:璇玑图诗)

(2)飞蝶双复只,此心人莫知。([梁]萧衍:古意诗二首(其二))

(3)四座骇愕,莫测其人。([唐]薛用弱:集异记·李子牟)

(4)余以问老医,皆莫能言其义。([宋]沈括:梦溪笔谈卷十八)

(5)游子怀乡兮莫知西东。([明]王守仁:瘗旅文)

(6)文书下行在省,多潜易之,增减要语,奉行者莫辨也。([清]方苞:狱中杂记)

否定词"莫"字用于主语是单数的句子,这在上古是极个别的现象。例如《墨子·非攻》:"晋有六将军,而智伯莫为强焉。"但在中古以后时常可以见到。这是一种十分有趣的语法现象。例如:

(1)弦歌终莫取,抚机令自嗤。([齐]谢朓:在郡卧病呈沈尚书诗)

(2)陛下莫见居人稠叠,谓豪华辇路繁华。([唐]王仁裕:王氏见闻录·王承休)

(3)(张)延赏莫之测也。([唐]范摅:雲溪友议·苗夫人)

(4)崔惊怛,莫知所答。([唐]孟棨:本事诗·崔护)

(5)夜将半,拟杀炜。已潛扃炜所处之室,而炜莫觉。([唐]裴铏:传奇·崔炜)

(6)既饮,坤终莫能达相识之由。([唐]刘餗:传记·姚坤)

(7)妻子莫能辨之,又哀祈钮婆。([唐]张荐:灵怪集·莫司法)

(8)卢子畏惧,莫敢仰视。([唐]薛渔思:河东记·樱桃青衣)

(9)敬事之礼,仁杰莫知其由。([唐]袁郊:甘泽谣·素娥)

(10)泌莫测之,疑是妖魅。([唐]钟辂:感定录·李泌)

(11)凤态妖丽,言词巧艳,生莫能对。([唐]李公佐:南柯太守传)

(12)童子莫对,垂头而睡。([宋]欧阳修:秋声赋)

(13)其后,虽屏居不仕殆十年,而先君亦莫之问也。([宋]杨时:先君行状)

(14)李季兰"远水浮仙棹"二语,幽闲和适,孟浩然莫能过。([明]胡应麟:诗薮·内篇卷四近体诗上)

(15)驰系之馀,焦灼莫能举似。([清]沈葆桢:沈文肃公牍卷五致唐俊侯军门二)

**参考文献:**

[1]吕叔湘,中国文法要略(修订本)[M],北京,商务印书馆,1956:246

## 贰、“有所……”、“无所……”辨

### 一

在古代汉语里，“有所……”、“无所……”有习惯说法和非习惯说法两种结构方式的不同。请看：

甲组：

(1)壮有所用。(礼记·礼运·大同)

(2)财物无所取。(史记·项羽本纪)

乙组：

(1)是以民生有财用，而死有所葬。(国语·周语下)

(2)亡罪而死刑者，无所告诉。(汉书·贾山列传)——“告诉”，受冤而向上申说。

甲组“有所……”、“无所……”是**动宾词组**，是古人的一种习惯说法，其中“有”“无”是动词，后带一个表人或事物的“所”字词组作它的宾语。乙组“有所……”、“无所……”是**连谓词组**，其中“有”、“无”是动词，后带一个处所名词“所”作它的宾语，其后的动词或动词性词组对前一个动词的宾语“所”加以申明。如例(1)“死有所葬”，意为“死有埋葬之所”，例(2)“无所告诉”，意为“无告诉之所”即“没有申冤的地方”。辨别“有所……”、“无所……”中“所”字的词性、意义/语法作用，是区分这两种不同语法结构的关键。例如：

(1)昔商君相秦也，内立法度，严刑罚，饬政教，奸伪无所容。(桓宽：盐铁论·非鞅)

对此“奸伪无所容”，何乐士等《文言虚词浅释》译为“坏人没有容身之处”，这是很对的。但在分析句法关系时却说：“‘无所容’中的‘所’字结构是‘无’的宾语”[1]，这就值得商榷了。其实

"无所容"是无处容身的意思,此"所"是名词,是"无"的宾语,与助词"所"的用法不同。由此可知,对"有所……"、"无所……"中的两种不同的句式实有一辨的必要。下面着重谈如何辨识"有所……"、"无所……"中有一种结构是连谓词组的问题。这种连谓词组在先秦时代就已经存在了。

## 二

辨识"有所……"、"无所……"是连谓词组(其中"无所……"占绝对多数)而不是习惯说法的动宾词组,主要是看"有所"、"无所"之后的动词(或动词性词组)在意义上与"所"字是否发生动作行为与处所的关系。以下分几组来谈:

(一)"有所"、"无所"后的动词是"由"、"之"、"如"、"立"、"行"、"游"、"逃"、"归"等。例如:

(1)性命岂自然,势路有所由。([魏]阮籍:咏怀八十二首(其七二))

(2)厕此丑陋质,徙倚无所之。([魏]繁钦:定情诗)

(3)宋人遇周客,惭愧靡所如。([魏]应璩:百一诗(其一))——"靡",无。

(4)名尊无所立,制令无所行。(战国策·韩三)

(5)民无所游食则必农。(管子·治国)游食,至所在为食,又指不务农而食。

(6)入于其室,不见其妻,凶也,无所逃命。(左传·襄公十五年)

(7)朋友死,无所归,曰:"于我殡。"(论语:乡党)于,由。

(8)群雄竞逐,百姓无所归命。(后汉书·岑彭传)"归命",归顺。指无归命之所。

(9)而小儒规规焉,以君臣之义无所逃于天地之间。([明]黄

宗羲:原君)

(10)雷同剿袭者,更无所逃。([清]林则徐:请定乡试同考官校阅章程并预防士子剿袭诸弊折)

(二)“有所”、“无所”之后的谓语动词是“止”、“因”、“至”、“在”或“伏窜”、“庇宿”、“避”、“匿”、“藏”等。例如。

(1)出亦无所之,入亦无所止。([魏]曹植:杂诗)

(2)城郭生荆棘,蹊径无所因。([魏]王粲:从军诗五首(其五))——“因”,依靠,凭借。

(3)乞丐于市,日聚数千,至于深坊曲巷,华屋朱门,无所不至。(太平广记卷三六七妖怪·无足妇人)[明]《袁中道:游记二》:“仙无所不至。”

(4)罪重于郊甸,无所伏窜。(左传·襄公二十一年)

(5)东郭子问于庄子曰:“所谓道乌乎在?”庄子曰:“无所不在。”(庄子·知北游)

(6)无迹有所匿,寂寞声必沉。([晋]陆机:赴太子洗马时作诗)按,本诗一题《赴洛二首》(其一)。

(7)(邹)览露船,无所庇宿。顾见塘下有人家灯火,便往投之。(太平广记卷六一八谢邈之)

(8)漱涤万物,牢笼百态,而无所避之。([唐]柳宗元:愚溪诗序)

(9)死有所藏,安其身于地下。([明]李贽:书遗言后)

(三)“有所”、“无所”之后的谓语动词是“措”、“开”、“闻”、“食”、“得”、“给”、“告诉”、“争讼”等。例如:

(1)刑罚不中,则民无所措其手足。(论语·子路)无措其手足之所。

(2)破横散从,使驰说之士,无所开其口。(战国策·秦三)

(3)王曰:“不于大夫,无所闻之。”(战国策·楚一)

(4)鬼神狐祥无所食,百姓不聊生。(战国策·秦四)

(5)汉兵二千里客居,齐城皆反,其势无所得食,可无战而降也。(史记·淮阴侯列传)

(6)而不知瘠土小民,非是无所得食。([明]何乔远:闽书卷三十八风俗志·泉州)

(7)苏秦相秦,谓昭雎曰:"楚无鄢郢汉中,有所更得乎?"曰:"无有。"(战国策·楚一)

(8)于今闽人生息益众,非仰通夷无所给衣食。([明]何乔远:闽书卷四十扞圉志)

(9)亡罪而死刑者,无所告诉。(汉书·贾山传)

(10)宰相股肱皆忠良,咸礼让,民无所争讼。([魏]曹操:对酒)

(四)"有所"、"无所"之后的谓语动词是"用"、"施"、"缀"、"比数"、"考据"等。例如:

(1)同知埋身剧,心亦有所施。([魏]王粲:咏史诗)

(2)得志于诸侯,犹获石田也,无所用之。(左传·哀公十一年)杜注:"石田不可耕。"

(3)英雄无所用武,故刘豫州遁逃至此。(三国志·蜀志·诸葛亮传)

(4)呼小舟游其中,潭深无所用篙。([明]袁宏道:孔山)

(5)微根无所缀,细叶讵溟茎?([齐]刘缙:咏萍诗)

(6)刑余之人,无所比数,非一世也,所从来远矣。([汉]司马迁:报任安书)——"比数",同列,相提并论。

(7)而史传无所考据。([宋]杨时:跋公子血脉谱)

(五)"有所"、"无所"之后的谓语动词是"恃"、"备"、"有"等。例如:

(1)茕茕无所恃,泪下如连珠。([魏]吴质:思慕诗)

(2)至于幻怪翕忽,无所不有者,气为之也。([明]袁宏道:开山寺至黄岩寺观瀑记)

(3)今类书字汇,无所不备,使左思生于今日,必不作此赋。([清]袁枚:随园诗话卷一)

古书"无所"常作为一个语言单位来使用。例如:

(1)旱既大甚,则不可沮。赫赫炎炎,云我无所。(诗经·大雅·雲汉)

(2)时民大饥,逆旅殆绝,投宿无所。(太平广记卷三百十四鬼类·周浩)

(3)老年旅泊,未得所依,世界真无朋友与?何托足之无所也?([明]袁宏道:李龙湖)

以上例(2)"投宿无所"也可说成"无所投宿",例(3)"托足之无所"也可说成"无所托足"。古书"有所"单独使用现尚找不到用例,但以"无所"推之,当是存在的。今如代拟李贽答袁宏道,可云:"栖霞托足有所,吾愿足矣。"此亦足以说明"有所……"、"无所……"中确实存在着一种连谓词组,它与习惯说法的组织结构不同,句意显别,区分并不难。

**参考文献:**

[1]何乐士等,文言虚词浅释[M],北京:北京出版社,1979:261

## 叁、谈语气助词"者"

一

在古代汉语里,"者"是什么词,是一个有重大争议的问题:一说"者"是特别的指示代词,又是语气助词,马建忠[1]、王力[2]、吕叔湘[3]、杨树达[4]、刘景农[5]、郭锡良[6]、南开大学《古代汉语读本》(修订本)[7]等持这种看法;一说“者”是助词,根本没有特别指示代词的用法,而依实际情况看,助词“者”可分为结构助词和语气助词两小类,南开《古代汉语读本》(初版本)[8]、何乐士等[9]、廖振佑[10]、赵仲邑[11]等持这种看法。不过,他们无法正确说明结构助词“者”的语法作用,又往往把结构助词和词气助词相混,把“所……者”格式中的“者”字看作结构助词,可见问题的复杂性。

过去研究文言语法的人根据许慎《说文解字》“者,别事词也”的说解,提出“者”是被饰代词、特别的指示代词或起辅助作用的代词等的看法。但这“者”字不能单独运用,不能独立充当句子成分,而必须附在别的词或词组之后才能起语法作用。随着语法研究的逐步深入,主张“者”是助词的人逐渐增多,原先主张“者”是被饰代词或是特别的指示代词的学者也有人放弃了原来的主张。王力先生 1979 年出版《古代汉语常识》,即改说“者”是结构助词,一般可译为“的”[12],而同时他又说“‘者’又是语气助词”。这是文言语法研究的一个重要变化和进展。但他未列举“所……者”的例子,说明“者”字的归属。本文谈语气助词“者”,主要是讨论在“所……者”格式中“者”字的词性究竟是特别的指示代词还是结构助词或语气助词的问题。我们认为,这个问题解决了,不但“者”字可依其语法作用而归其位,即结构助词“所”字的语法作用也可得到进一步深入的认识和正确的说明,妥善地解决含有“所……者”格式的句子的句法分析问题。

二

语气助词“者”的用法很多,它在句中的主要作用是表停顿或提顿。它用在主语之后表示提顿(即提示停顿),让读者或听者注意下文对主语的判断或说明。如《孙子·计篇》:“兵者,诡道也。”贾谊《新书·胎教》:“管仲者,桓公之雠也。”《论语·先进》:“三子者出，曾皙后。”

“者”也可用在兼语后表示停顿。如《论语·雍也》：“有颜回者好学。”《战国策·齐四》：“齐人有冯谖者，贫乏不能自存。”

“者”也可用在作状语的时间词“今”、“昔”、“向”、“古”、“曩”之后，表示停顿。如《战国策·赵四》：“老臣今者殊不欲食。”《论语·阳货》：“古者民有三疾，今也或是之亡也。”

“者”也可用在近宾语或补语之后表示停顿。如《战国策·赵一》：“君其与二君约，破赵时封二子者各万家之县一。”《战国策·赵一》：“鲁仲连辞让者三。”——按，这“者”字亦可不用。例如应劭《风俗通义》卷九《怪神》：“公祖辞让○再三。”《商君书·徕民》：“今三晋不胜秦○四世矣。”《史记·项羽本纪》“汉军围之○数重。”《史记·齐太公世家》：“桓公尸在床上○六十七日。”这些都不用“者”字。

“者”也可用在假设复句或因果复句的上一分句之后，表示停顿。例如《史记·楚世家》：“伍奢有二子，不杀者，为楚国患。”《战国策·齐一》：“妾之美我者，畏我也。”这“者”字也可不用。如《史记·高祖本纪》：“吾所以还军霸上○，待诸侯至而定约束耳。”

“者”也可用在疑问句或陈述句句尾，表示停顿，并起加强疑问语气或肯定语气的作用。如《史记·项羽本纪》：“谁为大王为此计者？”《史记·项羽本纪》：“蒙恬为秦将，北逐戎人，开榆中地数千里，竟斩阳周，何者？”《史记·齐太公世家》：“田乞伪事高国者。”“高”指高昭，“国”指国惠子。

对上述语气助词“者”，不同的人也有不同的看法。如有人把用在主语之后和时间词等之后的“者”字看为起辅助性的代词或结构助词，这里就不再详加说明了。

## 三

“所……者”格式在古书中经常出现，这“者”是什么词，有人说是特别的指示代词或起辅助性的代词，也有人说是结构助词。笔者认为，这“所”是结构助词，而“者”则是语气助词。在古代汉语里，“者”字只有结构助词（如“贤者”、“见者”、“二者”）和语气助词（如“北山愚公者”、“所爱者”）两种用法，并无特别指示代词或辅助性代词的用法。请看：

（1）聂政大呼，所击杀者数十人。（战国策·韩二）

○籍所击杀数十百人，一府中皆慴伏，莫敢起。（史记·项羽本纪）

（2）太子送至门，戒曰：“丹所报，先生所言者，国之大事也。愿先生勿泄也。”（战国策·燕三）

（3）自此观之，国之所以重、主之所以尊者，力也。（商君书·徕民）

（4）民杂处，而各有所能。所能者不同，此民之情也。（慎子·民杂）

（5）三晋之所以弱者，其民务乐而复（免除徭役）爵轻也；秦之所以彊者，其民务苦而复爵重也。今多爵而久复，是释秦之所以彊，而为三晋之所以弱也。此王吏重爵爱复之说也。（商君书·徕民）

对“所……者”格式中的“所”、“者”的词性和语法作用，不同的人有不同的主张。王力和吕叔湘、刘景农、南开大学《古代汉语读本》（修订本）、郭锡良等认为这“所”、“者”是特别指示代词或辅助性代词，但他们对“所”、“者”的语法作用的认识还是有些出入的。王力《古代汉语》（修订本）说：“如果动词前面用了‘所’字，那么动词后面的‘者’字就指代行为的对象了，这时‘所’字起着指示行为对象的作用。‘所……者’这样的词组仍然带有名词性。”这是说“所……者”是指代行为对象的“者”字词组。刘景农《汉语文言语法》和南开大学《古代汉语读本》(修订本)也持这种观点。(按,王力曾说“者”字是结构助词,可译为“的”,但他未明言“所……者”格式中的“者”是何词。)吕叔湘《文言虚字》说,“牛所耕(之)田”,“所”字的作用在指示,“牛所耕者”,用“者”代替“之田”。这也是认为“所……者”格式是“者”字词组。郭锡良《古代汉语》上册与以上诸人的看法不同,他说:“古代汉语还常出现‘所……者’的格式,它的作用和‘所……’相同,仍是指代行为的对象。‘所食者’等于‘所食’,指‘吃的[东西]’,而不等于‘食者’。”这里我们不同意郭把“所”字看作辅助性代词,并且认为它完全没有指代行为的对象的作用,但对他所说的“‘所食者’等于‘所食’,指‘吃的[东西]’”的说法则基本赞同,他虽然没有指出这“者”是什么词,但从他以上的话语中却隐隐透露出这“者”是语气助词而不是指示代词或辅助性代词当是可以肯定的。郭的说法,大体符合古代汉语语言的实际,但还须作更清楚的说明。在“所……者”格式中,这“者”可以不用,不用,“所”字词组就清晰地呈现在读者的眼前。吕叔湘先生后来也看到了这一点。他在《中国文法要略》中说过:“在文言里有‘所’字的词组,假如省去端语(按,指中心词),可以用‘者’字来完成词组的名词性(按,如‘所食者’之类),但多数可以不用‘者’字(按,如‘所食’之类)。我们可以说‘所’字本身也兼有完形的作用。”[13](按,引文中括号内的按语是笔者所加的)“‘所’字本身也兼有完形的作用”,这说法给正确认识“所……者”格式扫除了障碍。“所”字词组是一个不依赖“者”字的帮助即能完成其词组的名词性的语言单位,其实,这“者”字也完全没有完成词组的名词性的作用,“所食者”在意思上即等于“所食”,这“所食”是所字词组。“所”字词组是不包括其后的“者”字的，这“者”不是指示代词或结构助词而是用来表示停顿的语气助词，这不是十分清楚了吗？如上举例（1）《战国策·韩二》：“聂政大呼，所击杀者数十人。”《史记·项羽本纪》：“籍所击杀数十百人，一府中皆慴伏，莫敢起。”此“所击杀者”与“所击杀”义同，都是指被击杀的对象，而不是“击杀者”，即不是击杀他人的人，这“所击杀者”中的“者”字是用在叙述句主语“所击杀”之后用来表示停顿的语气助词。例（2）“丹所报，先生所言者，国之大事也”，是一个判断句，主语“丹所报，先生所言”是个并列关系的联合词组，其后用“者”来表示提顿，形成“所言者”的格式。有人认为“所报”是“所”字词组，“所言者”则是“者”字词组。这是一种误解。其实“所言者”与“所报”所表示的意思相同，都是指“所说的话”，而不是指说话的人（“言者”）。这“者”字是语气助词，并不包含在“所”字词组之中。这句话如改说成“先生所言，丹所报”，也照例要在联合词组的后项“所报”后用一“者”字来表示提顿，如依一些人的看法，岂不是又要说这“所报者”是“者”字词组了？这能说得通吗？“所”字词组是一个独立的“完形”的语言单位，它与用在其后的语气助词“者”是不相容的，郭不称“所食者”为“所”字词组而称为“所……者”格式，是很有见地的。其余各例都也可以从“所”字词组后一用“者”一不用“者”的用例的比较中类推而知之，此不再逐一细说。有人说“所……者”格式中的“者”字是结构助词，可译为“的”，“所＋动词＋者”是“所”字结构，这说法混淆了结构助词和语气助词的界限，同样也是不能成立的。

“所……者”格式中的“者”字是语气助词，从词语的组织结构上说，它完全可以不用，但从句子的表达上说，它可以从语气上清楚地显示句子的结构关系，又是十分必要的，古人很喜欢使用它。“所……者”格式在句中分布甚广，以下略举数例：

（1）其所善者，吾则行之；其所恶者，吾则改之。（左传·襄公

二十一年）

（2）孟尝君曰："视吾家所寡有者。"（战国策·齐四）

（3）其妻问所与饮食者，则尽富贵也。（孟子·离娄下）

○揖所与立。（论语·乡党）

（4）（帝）尝问衡天下所疾恶者。（后汉书·张衡传）

○问之民所疾苦。（褚少孙：西门豹治邺）

（5）（玉）曰："快哉此风，寡人所与庶人共者邪？"（宋玉：风赋）

（6）君子不以其所以养人者害人。（孟子·梁惠王下）

○欲以所事孔子事之。（孟子·滕文公上）

（7）所为见将军者，欲以助赵也。（战国策·赵三）

例（1）"者"用在主语"所善"、"所恶"后表停顿，例（2）"者"用在宾语"所寡有"后表停顿，例（3）"者"用在宾语"所与饮食"后表停顿，例（4）"者"用在远宾语"所疾恶"后表停顿。例（5）"者"与"邪"连用，放在谓语"所与庶人共"后表停顿和疑问的语气。例（6）"者"用在作状语的介词"以"的宾语"所以养人"后表停顿。例（7）"者"用在因果复句上一分句"所为见将军"后，表停顿。过去一些语法学家把"所善者"、"所恶者"、"所寡有者"、"所与饮食者"、"所以养人者"等看作"者"字词组，并认为"者"在这些结构中表示"之人"、"之事"、"之物"等意思。这样一来，就把"所"字词组是由于省说中心词"之人"、"之事"、"之物"而形成的一种名词性词组的认识道路堵死封绝了。现在我们重新审视并认识了在"所……者"格式中的"者"字是语气助词，可用可不用，这无异于撤去了最后一道人为的藩篱，打开了"所"字词组的认识通道，可以理直气壮地把"所善者"格式中的"者"字说成是用在"所"字词组"所善"后的语气助词，"所善"即所善之事（所认为是好的事情）。这样，"者"字既找到了归宿，"所"字词组也拨开了迷雾，各得其所，各安其位，解决了解词析句中的一大难题。

**参考文献：**

[1]马建忠．马氏文通[M]．北京：商务印书馆，1983：66

[2]王力主编．古代汉语（修订本）第一册[M]．北京：中华书局，1962：363

[3]吕叔湘．文言虚字[M]．北京：中国青年出版社，1934：20

[4]杨树达．词诠[M]．北京：中华书局，1957：259

[5]刘景农．汉语文言语法[M]．北京：中华书局，1958：162、169

[6]郭锡良等．古代汉语（上册）[M]．北京：北京出版社，1981：326

[7]南开大学中文系古代汉语教研室．古代汉语读本（修订本）[M]．，天津：天津人民出版社，1981：279、282

[8]南开大学中文系语言学教研室．古代汉语读本（初版本）[M]．北京：人民教育出版社，1960：146

[9]何乐士等．文言虚词浅释[M]．北京：北京出版社，1979：265、407

[10]廖振佑．古代汉语特殊语法[M]．呼和浩特：内蒙古人民出版社，1979：193

[11]赵仲邑．古代汉语[M]．南宁：广西人民出版社，1984：278、286

[12]王力．古代汉语常识[M]．北京：北京教育出版社，1979：53、63

[13]吕叔湘．中国文法要略[M]．上海：商务印书馆，1957：82、259

# 训 诂 篇

# 也谈“登轼而望之”

《左传·庄公十年》“登轼而望之”一语如何解释，近年来聚讼纷纭。人民教育出版社《古代散文选》上册注：“轼，车前的横木。人立在轼后，可以把手靠在轼上。轼较高，登轼可以望远。”[1]这条注释对“轼”的形制虽然没有完全说清楚，但认为“轼”可登，则可以说是代表了传统的看法，即认为“轼”是名词，在句中作动词“登”的宾语。但前几年王泗原著文反驳，说“轼”仅是“手握的一根木棍，不可以站脚”，这“轼”是名词用如动词，是“凭轼”的意思，而原句的标点错了，应改为“登，轼而望之”才对[2]。新近出版的郭锡良等人合编的《古代汉语》也主此说。它说：“如果细心观察，就会发现‘登轼而望之’这句话不尽符合情理。‘轼’是古代车厢前面用来扶手的横木，人如何能登在它上面远望呢?”也主张这句话的标点应改为：“登，轼而望之。”并说，“‘登’指登上兵车，和前句的‘下’(下了兵车)相对，‘轼’在这里用如动词，是扶着车前横木的意思”[3]。

以上两种看法，到底哪种看法对呢? 本文拟就这个问题谈些个人的看法，以作为对陈富槐、彭延铭两人意见的一点补充[4]。请先看以下的记载：

> 吴王欲杀王子庆忌，而莫之能杀。吴王患之。要离曰：“臣能之。”吴王曰：“汝恶能乎？吾尝以六马逐之江上矣，而不能及，射之，矢左右满把，而不能中。今汝拔剑则不能举臂，上车则不能登轼。汝恶能?”
>
> （《吕氏春秋·忠廉》）

从这段文字看,“登轼”与“举臂”相对为文,显然都是动宾结构,“轼”是名词,是动词“登”的宾语,“登轼”意即“登上车轼”。这里的“轼”,不能说成是“名词用如动词”了,而“登”,也仅是“登上”的意思,这是十分清楚的。而从《左传》的古注看,古人也确实是把“登轼”作为动宾结构来理解的。例如晋杜预注:“曹刿登轼。得臣云:君凭轼。皆谓此也。”由此可见,“登轼”在古代生活中确有其事。

从《左传》和《吕氏春秋》的用例看,“登轼”都是用于追击或跟踪仇敌的场合,古书极少见。但少见并不等于不存在。我们认为,“登轼而望之”这句话是否符合情理,要根据古代的社会生活来判断。

为什么这样说呢?这是因为,以下两个重要事实是不容忽视的:(一)古代“轼”(字又作“式”)用如动词时,是凭轼致敬的意思,并不是简单的“凭轼”或“扶着车前横木”的意思。《释名·释车》对此说得很明白:“轼,式也,所伏以式敬也。”一些古注也说得很清楚。如《淮南子·脩务训》:“段干木辞禄而处家,魏文侯过其閭而轼之”,高诱注:“轼,伏轼,敬有德。”《史记·绛侯周勃世家》:“天子为动,改容式车。”司马贞《索隐》:“轼者,车前横木。若上有敬,则俯身而凭之。”据此可知,如说“登轼而望之”中的“轼”字是用如动词,那岂不是说曹刿在追击齐军时向齐军凭轼致敬,这是可能的吗?《礼记·曲礼上》说:“兵车不式。”郑玄注:“尚威武,不崇敬。”如果说曹刿在追击时式车而望齐军,这就违反了兵车的礼制了。(二)“轼”用如动词,是俯首(俯身)凭轼致敬之意,这在一些古注上也是说得很清楚的。如《后汉书·张湛传》“礼下公门,轼辂马”,唐章怀太子注:“乘车必正立,有所敬则抚轼,谓小俛也。”《礼记·曲礼上》:“尸(古代代表死者受祭的活人)必式”,郑玄注:“礼之。”孔颖达疏:“庙门之外,尸尊未伸,不敢亢礼,不可下车,故式为敬,以答君也。式,谓俯下头也。……于是立乘,若平时则凭较(车厢两旁板上的横木),故《诗》云'倚重较兮'是也。又若应为敬,则落手隐下式,而头得俯俛,故后云'式视马尾'是也。"所谓"式视马尾",是指俯首而抚车前横木表示敬意时,其眼睛只看到马尾那个地方。据此,若说"登轼而望之"中的"轼"字是用如动词,则其俯身与远望这两种动作又怎能协调一致?

那么,今人为什么会对"登轼而望之"一语产生意见分歧呢?主要是由于对轼的形制及它是否可登的认识不同造成的,而这又在很大程度上跟古人对"轼"字的释义过于简略有关。如《说文解字》:"轼,车前也",《急就篇》注:"轼,车前横木也",都未涉及"轼"的具体形制及它是否可登的问题。"轼"到底是否可登,其形制究竟如何,清代学者江永在《周礼疑义举要》卷六《考工记一》[5]中曾经有过精核的考证,问题可说已经解决了,但是现代一般工具书并未注意吸收。江永指出:"式有**通指其地者**……**有切指其木者**……因前有凭式木,故通车前三分隧(指车厢的深度)之一皆可谓之式。其实,**式木不止横在车前,有曲而在两旁**,左人可凭左手,右人可凭右手者,皆通谓之式。人立车前,皆式之地也。……**军中望远,亦可一足履前式**,一足履旁式。《左传》长勺之战,'登轼而望'是也。式木嵌入舆板,其内又有轛木承之,甚固,故可履也。"又说:"车制如后世纱帽之形,前低后高。式崇三尺三寸,不及人之半腰,故御者可执辔,射者可引弓,而凭式须小俯也,此式之真形状。"新《辞海》"轼"下注云:"设在车箱前面供人凭倚的横木,其形如半框,有三面",当即据此而来,只可惜语焉不详。这情况说明,"登轼"并非不可能,亦无不合情理之处。"登轼"与上句"下视"的结构是不同的。"登轼"是登上车轼之意,解为登上车前横木是错误的。

**参考文献：**

[1]《古代文选》上册，人民教育出版社1962年第1版，第11页。

[2]王泗原.《古语文随笔》，《中国语文》1978年第3期。

[3]郭锡良等编.《古代汉语》上册，北京出版社1981年9月第1版，第13页。

[4]陈富槐、彭延铭.《"下视其辙，登轼而望之"辨——与〈古语文随笔〉作者商榷》，《中国语文》1979年第1期。

[5]清·江永.《周礼疑义举要》卷六《考工记一》，见《丛书集成初编》第〇八七二册，上海商务印书馆，民国24年12月初版，第66－67页。

1983.11.24初稿，12.4修改。

（原载《福建师范大学学报》（社科版）1984年第2期）

# 谈“辟易”和“披靡”

上古“辟易”连用、“披靡”连用，分别都有叠韵的关系，前者属锡部，后者属歌部。但它们到底是一个叠韵连绵词呢，还是一个有叠韵关系的合成词或联合词组呢？王力先生在其主编《古代汉语》的“复音词”一节中谈到单纯的复音词时，把“披靡”、“辟易”归入连绵字（本文称为连绵词），作为单纯词的一种。他批评《史记·项羽本纪》的张守节《正义》把“披靡”、“辟易”拆成两个词当作词组来解释，说这是“望文生义”，这种说法未必与语言事实相符。

## 一

上古“辟易”二字连用，主要有两个义项。先看《吕氏春秋·上农》的用例：

“野禁有五，地未辟易，不操麻，不出粪。”

这“辟易”何解，是不是一个连绵词呢，《吕氏春秋》高诱失注，台湾《中文大辞典·辛部》引此，释曰：“辟易，开垦也。”这个释义基本正确，但略嫌不够全面。“辟”本义是“法”（见《说文》），这里借作“闢”，意为开垦，“易”本义是“蜥蜴”（同上注），这里用作“治”，意为整治（耕种），二者都有实在的意义。“辟易”是“开垦耕种”的意思，是个意义关系并列的联合词组。这是“辟易”连用的第一个义项。

在上古，**“辟”、“易”独用，也分别有“闢”、“治”的意思**。先看“辟”独用的例子：

《荀子·王制》:“辟田野,实仓廪,便备用。”今人章诗同《荀子简注》曰:“辟,开闢。”

《汉书·司马相如传上》:“而命有司曰:‘地可垦辟,悉为农郊,以赡氓隶。’”颜师古注:“辟,读曰闢。闢,开也。”

以上二例,“辟”皆训“闢”(“开闢”),其对象是“田野”、“地”,都是开垦之意。上引《汉书·司马相如传上》“地可辟”,而《史记·司马相如列传》作“地可以垦辟”,《晏子春秋·内篇杂上》也有“田畴垦辟”的用法,可见“辟”有“垦”义。

上古“易”独用,也有“治”的意思。例如:

《诗经·小雅·甫田》:“禾易长亩,终善且有。”毛传:“易,治也。长亩,竟亩也。”

《孟子·尽心上》:“易其田畴。”赵岐注:“易,治也。”

《荀子·富国》:“民富则田肥以易;田肥以易,则出实百倍。”杨倞注:“易,谓耕垦平易。”

《礼记·檀弓上》:“易墓,非古也。”郑玄注:“易,谓芟治草木。不易者,谓丘陵也。”孔颖达疏:“易,谓芟治草木,不使荒秽。不易者,使有草木如丘陵然。”

以上各例,“易”皆训“治”,其对象是“禾”、“墓”、“田”、“田畴”等。“易禾”是为禾耘草,“易墓”是为墓地芟除草木;而“易田”、“易田畴”的“易”则是整治即耕种之意。从以上诸书给独用的“辟”、“易”所作的释义看,也完全可以说明《吕氏春秋·上农》“地未辟易”中的“辟易”是一个意义并列的联合词组,而不是一个意义单纯的连绵词。

古代“辟易”连用,常用来陈述人和马的动作行为,有“惊退”、“退避”的意思。这是“辟易”连用的第二个义项。例如:

《史记·项羽本纪》:“项王张目叱之,赤泉侯人马俱惊,辟易数里。”唐张守节《正义》云:“言人马俱惊,开张易旧处,乃至数里。”

《汉书·项籍传》:“喜人马俱惊,辟易数里。”唐颜师古注:“辟易,谓开张而易其本处。辟,音频亦反。”

李白《行行且游猎》诗:“海边行者皆辟易。”清王琦《李太白全集》注:“辟易,退却而易其本处。”

以上“辟易”,张守节、颜师古和王琦分别注为“开张易旧(本)处”和“退却而易其本处”,这就是把“辟”当作“闢”(开张,指向旁边散开)或“避”(退却,指向后退)讲,把“易”当作“更换”(变换)讲。这种释义方式与“地未辟易”的释义方式同,看来是合理的、可信的。这种用法的“辟易”应该是一个意义关系并列的联合词组。我国一些著名的工具书如《康熙字典》、《中华大字典》、新旧《辞源》、旧《辞海》、《辞通》、《中文大辞典》和王伯祥《史记选》等,“辟易”项下释义后都引张守节《正义》为据,《现代汉语词典》在“辟易”项下注“退避”,其后括号内又注“多指受惊吓后控制不住而离开原地”,也采用了张守节的说法。这些引用看来不是没有道理的。《汉语词典》在“辟易”项下注:“辟,同‘避’”,则和清王琦的持论相同。以上各家都认为“辟易”二字连用都有实在的意义,据此,我们就很难说张守节对“辟易”的释义是“望文生义”了。

词义是发展的。“辟易”后来扩大了用法,它陈述的对象不限于众人,也不限于人马,它给人的整体概念是惊退或退避的意思,而不是“开张易旧处”的意思。例如:

《世说新语·方正》:“仲智手批之,刁(协)为辟易于户侧。”

文天祥《正气歌》:“如此再寒暑,百沴(lì,病)自辟易。”

以上两例中的“辟易”是惊退或退避的意思,人们不会用“开张易旧处”(或“退却易其本处”)来解释它;但“开张易旧处”(或“退却易其本处”)却是这个合成词两个词素原来所包含的意思。

由于注释家对“辟易”中“辟”字的释义历来存在着“开张”和“退却”两种不同的看法，所以“辟”字的读音亦随之有异，向来即有 pì 和 bì 两种读法的分歧。大抵说来，主张“辟”作“闢”（开张）讲的，一般认为“辟”读 pì。如颜师古注“辟，频亦反”，即主此。《康熙字典》引《广韵》“普击切”，又引《集韵》、《韵会》作“匹辟切”，《正韵》作“匹亦切”，“并音僻”，亦主此。而主张“辟”作“避”（退避）讲的，则认为“辟”读 bì。旧《辞海》注“避绎切”，《辞源》修订本注“bì，ㄅì，必益切”，《汉语词典》注“ㄅì”，《现代汉语词典》注“bì”，皆主此。只有清王琦解“避”为“退却”，却说“辟，音闢”，是个例外。我们认为，随着人们对词义认识的逐步深入，把“辟易”解为“退避”、“惊退”当是更符合词义的客观实际的，因此，注“辟”读“bì 而不读 pì 是合理的。

与音义相联系的是字形问题。古人对“辟易”的释义虽然有“开张”与“退却”的差异，但他们从未把“辟易”写成“闢易”或“避易”。唯独郭沫若先生在其《石榴》和《梅园新村之行》二文中，根据汉字形音义统一的原则，把“辟易”写成了“避易”。看来这是朝着最终消除分歧的方向前进了一步，因而是值得欢迎的。

“辟易”连用，除了上述两种情况外，在《辞海》修订本、《辞源》修订本和《中文大辞典》里都收有“狂疾”一义。此义项始见于韦昭的《国语》注。兹引如下：

《国语·吴语》：“‘员不忍称疾辟易，以见王之亲为越之擒也。员请先死。’遂自杀。”韦昭注：“辟易，狂疾。”

从文义看，这“辟易”仍是退避的意思，解作“狂疾”，上下文意不相属。因为“称疾”是无病装病，神志是清醒的，而“狂疾”则是一种神经错乱精神失常的病症，是身不由己的，它同作“不忍”的宾语就显得不相协调。我们可以说“不忍称疾”、“不忍佯狂”，但不能说“不忍狂疾”，“狂疾”难道可以“忍”而来“不忍”而去吗？

可见韦昭把上述句中的"辟易"注为"狂疾"是不得其解的。《国语·晋语九》有"狂疾"一词,韦昭曾以"狂易之疾"相训,故此处他也可能是把"辟易"误作"狂易"来训释了。"狂易"是神经错乱后性情狂暴的意思。《汉书·冯昭仪传》:"(张)由素有狂易病,病发怒去,西归长安。"颜师古注:"狂易者,狂而变易常性也。"朱起凤《辞通》在"狂易"项下注:"狂、辟同义通假",企图让"辟易"与"狂易"相通。古音通假必须以音同、音近为条件,"狂"上古属阳部群母,"辟"上古属锡部帮母,二者声韵相差甚远,如何能通用假借呢?但说"狂、辟同义",这"辟"乃是邪僻之"僻",那还说得过去,不过不论是用"狂疾"还是用"狂易"来训释上述《吴语》中的"辟易"都是义不可通的。《吴越春秋·夫差内传》:"员不忍称疾辟易,乃见王之为禽。""辟易"的用法与《国语·吴语》同。在古书中,似乎很难找出"辟易"作"狂疾"解的具有说服力的例证。这样一来,在古代汉语里,"辟易"到底有无"狂疾"一义,就很值得怀疑了。今人傅庚生在其《国语选》"员不忍称疾辟易"句下注曰:"辟易,退避,我不忍称病不朝,独善其身。"此注得之。由此看来,这"辟易"也不是连绵词,这不是很清楚吗?

## 二

上古"披靡"二字连用,是不是一个意义单纯的连绵词呢?回答是否定的。请先看司马相如《上林赋》的用例:

"深林巨木……揭车衡兰……应风披靡,吐芳扬烈。"

这"披靡",旧《辞海》释为"草木随风偃仆也",《辞源》修订本释为"草木随风倒伏"。这个释义应该说是准确的,但它只是总释草木随风散乱倒伏的状态,并未具体分析"披"、"靡"原来所包含的意义。如果分开来说,应是"木披"、"草靡"之意。因为古书"披"、"靡"独用,正有写木写草之别,而这就是"草木随风偃伏"这种释义的组成来源。

这种用法的“披”字本作“柀”，本义是析，后讹为“披”。段玉裁《说文解字注》对此有精审的考辨。《说文解字·木部》：“柀，黏（一作‘䖡’）也，从木皮声。一曰析也。”对“一曰析也”一义，段玉裁说：“柀析字见经传极多，而版本皆讹为手旁之披，披行而柀废矣。”现在就看段玉裁举用“披”的两个例子：

《战国策·秦三》：“诗曰：木实繁者披其枝，披其枝者伤其心。”

《史记·魏其武安侯列传》：“此所谓枝大于本，胫大于股，不折必披。”

张守节《正义》：“披，分析也。”以上句中“披”字都是“柀”字之讹，它们都是用来写木的。“披”、“柀”本义本来不同，但由于二者字形、字音相近，故“柀”讹作“披”或“披”借作“柀”的可能性都是存在的。故段玉裁在列举了经传将“柀”写作“披”之后又说：“此等非‘柀’之字误，即‘柀’之假借。”“柀”的本义是析，但《说文解字》的各种版本均误作“折”，段玉裁在“一曰析也”后订正说：“析各本讹‘折’，今正。”又说：“手部‘披’训‘从旁持’，木部‘柀’乃训‘分析也’。陆德明、包恺、司马贞、张守节、吴师道皆音上声，普彼反，是可证字本从木也矣。”**说“柀”的本义是析而不是折**，这是可信的。如以上例二唐张守节《正义》就注曰：“披，分析也。”如训为“折”，岂不成了“不折必折”了吗？朱骏声《说文通训定声·随部》也认为古代“披”假借为“柀”，“柀”其义为“析也”，与段玉裁的看法同。“柀”本义为析，故可引申为开、分、散或裂、折等义。这是古音通假。《广韵·五支》：“披，开也，分也，散也。”树木由于析裂而散分，这就是上述“披靡”释义的一个组成来源。

“靡”的本义是无。《尔雅·释言》：“靡，无也。”《诗经·鄘风·柏舟》：“之死矢靡它。”毛传：“靡，无。”但在古书中，“靡”又用来表示偃(倒下)义。这是古音通假。《广韵·四纸》:“靡,偃也。”“靡”训偃常用来表示草偃。如陆机《拟青青河畔草》诗:“靡靡江离草,熠耀生河侧。”《辞海》修订本引此曰:“靡靡,风吹草偃貌。”“靡”可训偃,这也是上述“披靡”释义的一个组成来源。

古代**“披”字独用,也可以表示“披靡”的意思**。台湾《中文大辞典·手部》云:“披,披靡也。”而举韩愈《岣嵝山》诗“科斗拳身薤倒披”为证。其实左思《魏都赋》“华莲重葩而倒披”,也是这种用法,其时代则更早。这“披”表示莲、薤的倒垂或倒伏。古书中“靡”字独用,也可以表示“披靡”的意思。旧《辞海》“靡”字下云:“靡训偃,亦披靡之意”,而援引《左传·庄公十年》“望其旗靡”为证。《辞源》修订本亦曰:“靡,披靡,倒下”,所引书证同上。

有时,“靡”字独用,还可以表示顺从、降服的意思,这是“倒下”义的引申。例如:

《史记·淮阴侯列传》:“燕已从,使諠言者告东齐,齐必从风而靡。”王力《古代汉语》修订本第三册注:“靡,倒下。从风而靡,指投降。”

《汉书·杜钦传》:“[方进]欲以熏轑天下,天下莫不望风而靡。”颜师古注:“靡,犹弭。”按,弭,亦顺从之意。

任昉《奏弹曹景宗》:“王师薄伐,所向风靡。”

以上各句“靡”字的词义本来都是“倒下”、“披靡”之意,但在句中都是用来指顺从或降服。这“靡”字是从《上林赋》中“应风披靡”的用法发展演变而来的,带有比喻的作用。

在古书中,“披”、“靡”有时还可以前后配合着用。例如:

张衡《南都赋》:“阿那蓊茸,风靡雲披。”李善《文选》注:“风靡雲披,言随风而靡,如雲之披也。”

曹植《木连理讴》:“皇树嘉德,风靡雲披。有木连理,别榦同枝。”

从“披”、“靡”独用和合用的情况看，完全可以说明上述《上林赋》中“披靡”二字连用，都有具体的词汇意义，“披靡”是一个意义并列的联合词组，而不是一个意义单纯的连绵词，这不是很清楚吗？

词义是发展的，古代“披靡”连用，还常用来比喻军队溃败，如草木随风倒伏。例如：

《史记·项羽本纪》：“项王大呼驰下，汉军皆披靡。”

《后汉书·铫期传》：“期骑马奋戟，瞋目大呼左右曰：‘跸！’众皆披靡。”

《晋书·景帝纪》：“乃与魏骑十余，摧锋陷阵，所向皆披靡。”

纪昀《阅微草堂笔记》卷十五：“盗尽披靡，女以免。”

这种用法的“披靡”是由前一种表示草木随风偃仆的词组发展而来的，但由于它所表示的是一种比喻义，已经凝固成为一个叠韵合成词了。对于这种合成词，我们可以根据它的构成方式说明其构成词素原来的含义，但不宜把其构成词素割裂开来，只讲其中一个词素的意义，而撇开另一个词素的意义不讲。如张守节《正义》在解《史记·项羽本纪》“汉军皆披靡”时只说：“靡，言精体低垂。”这显然不妥。王力先生批评说：“单讲‘靡’字，则‘披’字没有着落。”这是对的。不过他批评的真正含意是说“披靡”是个单纯词，只有一个词素，不能把其中代表两个音节的字当作有意义的实词来解释，其着眼点和我们不同。

古代“披靡”既是一个意义并列的联合词组或并列式的合成词，为什么会被看成是一个意义单纯的连绵词呢？这首先是**由许慎造成的**。《说文解字·非部》云：“靡，披靡也。从非，麻声。”这大概是把“披”、“靡”当成两个不能单用的汉字来看待。《说文》对于不能单用的字，通常是在开头一字的字头下将两字合成一个双音词后再加以解释，而后一字则只列出其双音词而不释义。如："籧，籧篨，粗竹席也。从竹，遽声。""篨，籧篨也。从竹，除声。""披靡"的"靡"属后一个字，许慎只列"披靡"而不释义，似乎是认为"靡"字不能单用，但他又给"柀"字的字义作出了训释，曰："黏也，……一曰析也"，则似乎又表明他并没有真正把"披靡"连用看成是一个连绵词。这种情况，表明了许慎对"靡"字字义的认识似乎并不清楚，他无法对它作出准确的解释，故只好拿一个经常连用的"披"字来助成其释。但这样一来，却使"靡"字的本义掩藏了一千余年而不显。朱骏声所著《说文通训定声》，根据形义统一的原则指出："靡字从非，本训当为无。"这当是可信的。北大《古汉语常用字字典》把"无，没有"列为"靡"字的第一个义项，是很有道理的。其次，后人把"披靡"看作是一个连绵词，也是**受了朱骏声的直接影响**。因为朱骏声在《说文通训定声》中即断定"披靡"是"叠韵连语"。"披"与"靡"古音相近，二者有叠韵关系，写法上也有连语的特征，如它既可写成"披靡"，也可写成"柀靡"或"旇靡"（用于旌旗），有时还可以说成"靡披"。但我们认为，要确定"披靡"连用是不是连绵词，**主要应看其意义和用法如何而定**，即这两个字是仅仅代表两个音节还是代表了两个有实在意义的词或词素，这两个词是否能够单独运用而其意义与连用时相同或有密切的内在联系，这才是问题的关键。如果仅凭声音相近或有某些不同写法，就贸然确定某某二字连用就是连绵词，那是很难作到准确无误的。在这个问题上，段玉裁的做法比较可取。段氏一方面肯定"披靡"是"叠韵字"，另方面，他又不惜花费大量心血给"柀"字辨讹，给"披靡"释义，说："披靡，分散下垂之貌。"在"靡，披靡"下，他又再次强调指出："柀各本作'披'……盖其字本作柀，从木，析也"；对"靡"字，他引《易·中孚》"九二曰：'吾与尔靡之。'"后说："孟、王皆曰散也，凡物分散则微细。"可见段氏是确确实实把"披靡"连用当作两个有实在意义的实词来训释的。据此,我们更有理由认为,“披靡”连用不是一个意义单纯的连绵词,而是一个意义并列的联合词组或并列式的合成词。

(原载《福建师范大学学报》(社科版)1991年第3期)

# 从“六国互丧”看古代副词“互”字的意义和用法，并兼谈颜师古对“互”、“更”词义训释的贡献

苏洵《六国论》：“六国互丧，率赂秦耶？曰：不赂者以赂者丧。”这“互”字的意义和用法是什么，目前有三种不同的说法：高中语文第三册注说是“交互”，周霁说是“都”[1]，尹君说是“递相”[2]。这三种说法中，以“交互”说影响最广，“都”说最新，且有较详细的论证说明，故亦很有一辨之必要。近几年来，笔者为了探求这“六国互丧”中“互”字的确切解释，曾查阅了大量古书，收集了不少例句，发现唐颜师古注释《汉书》常用“互”来训“更”，经过一番比较和考察之后，我们确信古代汉语的副词“互”和“更”是一组同义词，从而使我们对副词“互”字的意义和用法有了一个比较全面的认识。我们认为，古代汉语副词“互”字除了一般字典辞书所能查到的“互相”一义外，还有“交替”、“轮流”和“相继”等义。上述所引句中的“互”字就是“相继”的意思。“互”的本义是交错[3]，是动词。如《汉书·谷永传》：“百官盘互。”颜师古注：“盘结而交互也。”这交互意即交错。柳宗元《小石潭记》：“其岸势犬牙差互。”这“差互”，意即参差交错。“互”的上述副词诸义都是从动词“交错”义逐渐虚化发展而来的，其脉络十分清晰。本文为照应开头所提出的问题，故拟从副词“互”有“相继”义谈起。

一

古代副词“互”放在动词前做状语，表示该动作行为是继起进

行的，有“相继”的意思。如上述苏洵《六国论》“六国互丧，率赂秦耶？”中的“互”字就是这种用法。但高中语文第三册却注曰：“互为交互，彼此都灭亡。交互，由此及彼，由彼及此。”这里“交互”是释词，“彼此都灭亡”是串讲句意，“由此及彼，由彼及此”是对交互涵义的进一步阐释。对于这条注释，周霁在《常见古文教材注释的训诂资料·互》一文中批评说：“这个注释颇为含糊，容易使人产生误解，‘彼此都灭亡’，是一个接一个灭亡，还是‘彼此你灭亡我，我灭亡你’呢？并且解‘互’作‘彼此’，那么‘都’字便是外加的了。更不好处理的是，两个‘彼此’究竟何所指代？”[4] 周的这些问题提得好，它指出了语文课本释词和串讲之间的矛盾，又指出了注释文义不明的事实。今义“交互”，据《现代汉语词典》的释义是：①互相。②替换着。（见第55页）这两个义项都不适于用来解释“六国互丧”中的“互”字，可见高语三的这条注释是错误的。周不同意这“互”是“交互”或“彼此”之意，而认为这“互”可以解作“俱”，相当于现代汉语的“都”，这看法是否能够成立呢？

为了证明“六国互丧”中的“互”字可以解作“俱”，相当于现代汉语的“都”，周主要是通过辨认同义互文的途径来进行论证。他先是引用潘岳《西征赋》“连鸡互而不栖，小国合而成大”的材料，继而援引李善《文选》注所引《战国策·秦一》“苏秦约于诸侯，诸侯之不可一，犹连鸡之不能俱止于栖亦明矣”的用例来证明这“俱”即同于“互”，其后又再引《三国志·魏书·张邈传》和《后汉书·吕布传》“比之（于）连鸡，势不俱栖”来作佐证，从而得出“‘六国互丧’，就是六国都（被）灭亡了”的结论。然而这个结论是无法成立的。这是因为：

首先，《西征赋》“连鸡互而不栖，小国合而成大”与《战国策·秦一》“犹连鸡之不能俱止于栖亦明矣”，二者句法结构不同。前者“互”与“合”相对为文，在句中用作动词，是交错（意为捆绑在一起)的意思,与"不栖"都是说明主语"连鸡"的动作行为的,与《战国策·齐四》"孟尝君辞而不往"的句法结构相同;后者"不能俱止于栖亦明矣",其中"俱"是副词,是修饰动词"止"的,在句中作状语,不能用来证明这"俱"字就是《西征赋》中"互"字的异文,它们并不同义。因此也不能用来证明这《西征赋》中的"互"字就是《六国论》中的"互"字,因为二者的词性、意义和用法都不同。《西征赋》中的"互"是动词,《六国论》中的"互"字是副词,它们的词义怎么会相同呢?其次,古代"俱"有"都"义,如杜甫《春夜喜雨》"野径云俱黑,江船火独明","俱"修饰形容词"黑",与"独"相对,是"都"的意思。但上引"不能俱止于栖"和"势不俱栖"中的"俱"字都是"一起"的意思,因此也不能用来证明这"六国互丧"中的"互"字其义即为"俱",为"都",因为二者的意义和用法也不同。其实,只要我们细察《六国论》"六国互丧,率赂秦耶"的下文"不赂者以赂者丧",并认真考察当时的历史事实,也可知这"互丧"说的是相继被灭亡,而不是"交互灭亡"或笼统说"六国都被灭亡"。据《史记·秦本纪》载,秦王政十七年(前230),秦灭韩,二十三年(前225),秦灭魏,二十四年(前223),秦灭楚,二十五年(前222),秦灭赵、灭燕,二十六年(前221),秦灭齐。在短短的十年中,韩、魏、楚、赵、燕、齐六国就相继被秦国灭亡了。尹君虽也说古代"互"有"相继"义,但他释"六国互丧"中的"互"为"递相",仍然不够准确,因"递"有"顺次"之意(见《现代汉语词典》第230页)。"六国互丧"如何能顺次而行呢?我们认为,"六国互丧"的"互"是"相继"的意思,这样解释,不但符合历史事实,而且也符合古代汉语的语言实际。请看以下"互"表**相继**义的用例:

(1)晋·陆机《文赋》:"其致也,情曈昽而弥鲜,物昭晰而互进。"

(2)唐·王勃《上巳浮江序》:"渔歌互起。"

(3)元稹《唐故工部员外郎杜君墓志铭并序》:“唐兴,官学大振,历世之久,能者互出。”

(4)李郎《太平广记·赵泰》:“士人闻泰死而复生,多见罪福,互来访问。”

(5)同上《汉武篇》:“昉言互闻,必不得度世也。”

(6)宋·杨时《杨时集·孙龙图墓志铭》:“一旦坐官府,胥吏纷纷持牒互进,公各使尽其意,得以片言折之。”

以上“互”字都是“相继”的意思。例(1)“互进”,意为相继而进。例(2)“互起”,意为相继而起。例(3)“互出”,意为相继而出。例(4)“互来访问”,意为相继前探访存问。例(5)“互闻”,意为相继传闻出去。例(6)“互进”,意为相继进呈(下文说“公各使尽其意”,更清楚地说明这“互进”是相继进呈之意)。

## 二

古代副词“互”放在动词前做状语,有“互相”义(如“互训”),有时有“交互”、“交替”或“轮流”的意思。上述“互”表“相继”,正是从“交互”、“交替”和表“轮流”义进一步引申发展而来的。“互”表“交互”、“交替”和表“轮流”仍有细微区别。前者表示动作行为以替换的方式进行,后者表示动作行为“依照次序一个接替一个,周而复始”(见《现代汉语词典》第554页、738页)。当然这二者有时是不容易区分的。以下先看“互”表**“交互”、“交替”**的用例:

(1)《后汉书·后纪下》:“乃风有司奏宝及其党与……永婿黄门侍郎樊严等,更相阿党,互作威福。”

(2)《后汉书·班超传》:“超还至于阗,王侯以下皆泣曰:‘依汉使如父母,诚不可去。’互抱超马蹄,不得行。”

(3)《后汉书·卢植传》:“比年地震、彗孛互见。”

(4)唐·杜甫《北征》诗:"坡陀望鄜畤,岩谷互出没。"

(5)宋·周密《齐东野语》卷十三《优语》:"有从宦姓袁者制蜀,颇乏廉声。群优四人分酒色财气,各夸其好尚之乐,而馀者互讥诮之。"

(6)明·耿定向《申明科场事宜以重选举以隆圣化疏》:"两京考官率用翰林坊局儒臣,近该部题准回避原籍,南北互用。"

(7)清·董文涣《声调四谱图说》:"世传'一三五不论,二四六分明'之说,若用之三声互用相避之法,实为指南金针,真千古不传之秘也。"

以上"互"字都有"交互"、"交替"的意思。例(1)"互作威福",意为交互作威交互作福。例(2)"互抱超马蹄",意为交替地抱住班超坐骑的马蹄。例(3)"地震、彗孛互见",意为地震、彗星交互出现。例(4)"岩谷互出没",意为一路上岩壁和山谷交互地出现和隐没。例(5)"互讥诮之",意为交替地讥诮他。例(6)"南北互用",意为南京考官与北京考官交替任用(即南京考官用翰林坊局里的北方儒臣,北京考官用翰林坊局里的南方儒臣)。例(7)"三声互用相避",意为近体诗奇句句末上去入三声和诗句"一三五不论"中的仄声字上去入三声交替使用而要避免在这些地方同一声调的仄声字重复使用。现代植物学上用"互生"(与"对生"相对)一词来说明植物叶序的一种,即谓植物茎上每节只生一单叶而交互相间生于两侧,这一名称正确地反映了副词"互"词义的特点,是古义今用的一个绝好的例证。

这种用法"互"字与"迭"同义。古书上"迭互"连用,是个同义并列的合成词,有"交互"、"交替"的意思。如陈后主《与詹事江总书》:"雅编艳什,迭互锋起。"古人对交互义的"迭"字,有时也用"互"字来训释。如《礼记·乐记》:"五者(按,指宫商角徵羽)皆乱,迭相陵,谓之慢。"孔颖达疏:"迭,互也。"这也是一个证明。

古书上副词“互”,有时有**“轮流”**的意思。例如:

(1)《大藏经·释氏要览》卷中:“天竺之仪也,谓左右两膝互跪着地,故释子皆右膝,若言胡跪是讹也。”

(2)唐·白行简《李娃传》:“[生]绵缀移时,合肆之人共伤怜之而互饲之。”

(3)宋·苏辙《龙川略志》第八《天子亲祀天地当用合祭之礼》:“有欲稽夏至之祀行于十月者;有欲三年祀天、三年祀地者。……若天地之祀互用三年,则天地均为六年乃获一祭,而以地废天,以卑略尊,尤为不顺。”

(4)杨时《杨时集·李修撰墓志铭》:“其后奉进筑图至阙下,因上五议,欲使诸路乘虚互出,以伐其并兵之谋,进取横山,断其右臂。”

以上“互”这都有轮流的意思。例(1)“互跪”为佛家语,指两膝交替轮流而跪。例(2)“互饲”,意为轮流喂他。例(3)“互用三年”,意为轮流用三年举行一次祭祀之礼。例四“诸路乘虚互出”,意为诸路乘敌人空虚轮流出兵。

古书上副词“互”的**“相继”**义,例已见第一部分,这里再举一例:

(1)《后汉书·郑玄传》:“绍客多豪俊,并有才说,见玄儒者,未以通人许之,竞设异端,百家互起。”

三

古代副词**“更”**(gēng)**和“互”是一组同义词**。如上所述,副词“互”有“交互”、“交替”义,“轮流”义,“相继”义,“更”字也具备,二者形成为一个十分整齐的格局。**副词“更”的这些意义,大约产生于西汉**。例如:

(1)《史记·扁鹊列传》:“有间,太子苏。乃使子豹为五分之熨,以八减之剂和煮之,以更熨两胁下。”

(2)贾谊《新书·匈奴》:“若上于胡婴儿及贵人子好可爱者,上必召幸大数十人。……且出则从,居则更侍。”

(3)《史记·孝景本纪》:“孝文在代时,前后有三男。及窦太后得幸,前后死,及三子更死,故孝景得立。”按,后,君主的正妻。

(4)同上《新书·六术》:“是故先王设为昭穆三庙以禁其乱。何为三庙?上室为昭,中室为穆,下室为孙嗣令子。各以其次,上下更居。”

以上例(1)“更熨两胁下”,意为交替轮流地烫熨左右两胁下面。例(2)“更侍”,意为轮流侍候。例(3)“三子更死”,意为三个儿子相继病死。例(4)“上下更居”,意为上下室相承而居。

**大约在东汉或稍后,副词“互”的这些意义也发展起来了。**一个明显的事实是,南朝宋范晔删定东汉《东观汉记》以下诸书而成的《后汉书》中就用了不少有上述意义的“互”字。而最早注意到副词“更”、“互”同义这一语言事实的是唐代训诂家颜师古。颜师古注《汉书》,凡遇到有“交互”、“交替”、“轮流”、“相继”等义的“更”字,他都用“互”并加反切注音(或只用反切注音)来训释。而这也给我们确定古代副词“互”有上述诸义以一个有力的反证。下面请先看颜师古用“互”对《汉书》有**“交替”“轮流”**义的“更”字的注释:

(1)《汉书·艺文志》:“至于五学(按,指六艺中的《乐》、《诗》、《礼》、《书》、《春秋》),世有变改,犹五行之更用事焉。”颜师古注:“更,互也,音工衡反。”

(2)《汉书·食货志上》:“民受田:上田夫百亩,中田夫二百亩,下田夫三百亩。岁耕种者为不易上田,休一岁者为一易中田,休二岁者为再易下田。三岁更耕之,自爰其处。”颜师古注:“更,互也,音工衡反。”

(3)《汉书·郊祀志》:"天子从禅还,坐明堂,群臣更上寿。"颜师古注:"更,互也,音工衡反。"按,《汉书》此处文字与《史记·封禅书》悉同。

(4)《汉书·朱买臣传》:"[买臣]诣阙上书,书久不报,待诏公车。粮用乏,上计吏卒更乞匄之。"颜师古注:"更,音工衡反。"按,"乞匄",给予。

以上"更"音"工衡反",上古属平声阳韵,有交替、轮流的意思。例(1)"犹五行之更用事",意为如同五行交替当令。例(2)"三岁更耕之",意为三年间轮流耕种它。例(3)"群臣更上寿",意为群臣轮番祝寿。例(4)"更乞匄之",意为轮流送给他粮食和费用。

古代**"更互"**连用,是个同义并列的合成词,也有"交替"、"轮流"的意思。这点则从另一侧面证明了颜注的正确性。请看:

(1)《贤愚经》卷五《重姓品》:"于是二家各引道理。其儿父母,说是我儿,'我于某时,失其河中';而彼长者,复自说言:'我于河中鱼腹得之,此实我子,非君所生。'王闻其说,靡知所如,即与二家评详此事:'卿二长者,各认引儿,今若与一,于理不可;更互养之,至儿长大,各为娶妇,安置家业。'"

(2)唐释·道世撰《法苑珠林》五十:"故偈曰:'无明蔽慧眼,数数生死中,往来多所作,更互为父子。'"

(3)宋·沈括《梦溪笔谈·活板》:"常作二铁板,一板印刷,一板已自布字,此印者才毕,则第二板已具,更互用之,瞬息可成。"初语四注:"更互,交替,轮流。"

(4)《二程集》卷一《论改学制事记》:"旧制八十斋,每斋三十人,学生以二千四百人为额:每斋五间,容三十人,极其迫窄,至两人共一卧榻,暑月难受,遂更互请假外出。"

以上例(1)"更互共养",意为共同轮流扶养。例(2)"更互为父子”，意为轮流为父子。例(3)“更互用之”，意为交替轮流使用它。例(4)“更互请假外出”，意为轮流请假外出。

下面再看颜师古用“互”对《汉书》有**“相继”**义的**“更”**字的注释：

(1)《汉书·郊祀志上》：“是时，李少君亦以祀鬼、谷道、却老方见上，上尊之。……人闻其能使物及不死，更馈遗之。”颜师古注：“更，音工衡反。”

(2)同上：“而海上燕齐怪迂之方，多更来言神事矣。”颜师古注：“更，音工衡反。”

(3)《汉书·五行志中之上》：“成公怠慢昏乱，遂君臣更执于晋。”颜师古注：“更，互也，音工衡反。”

(4)《汉书·地理志下》：“其后五伯更帅诸侯，以尊王室。”颜师古注：“更，互也，音工衡反。”

(5)《汉书·万石君传》：“九卿更进用事，事不关决于庆，庆醇谨而已。”颜师古注：“更，互也，音工衡反。”

(6)《汉书·杜周传》：“为廷尉史，……与减宣更为中丞者十余岁。”颜师古注：“更，互也，音工衡反。”

(7)《汉书·外戚传上》：“代王王后生四男。先代王未入立为帝，而王后卒。及代王为帝後，王后所生四男更病死。”颜师古注：“更，互也，音公衡反。”

以上“更”字有相继的意思。例(1)“更馈遗之”，意为相继馈送他。例(3)“更执于兵”，意为相继为武力所胁持。余类推。古代“更互”连用，有时也有相继的意思。如晋·干宝《搜神记》卷三：“信都令家，妇女惊恐，更互疾病。”“更互疾病”，意即相继害了病。

从上引《史记·扁鹊列传》、《史记·封禅书》和《史记·孝景本纪》等篇的用例看，副词“更”的交替、轮流义和相继义都产生于

**西汉**，而在**东汉**时期获得了广泛的应用，但后代的注释家，如东汉注《淮南子》的高诱，南朝宋写《史记集解》的裴骃，唐写《史记索隐》和《史记正义》的司马贞、张守节，注《后汉书》的李贤等，均未注意及此。唯独唐颜师古注《汉书》，他以训诂家的敏锐眼光觉察到“更”、“互”的这些意义是**新兴词义**，故凡遇到上述意义的“更”字，他都不厌其繁地一一注出其意义和读音，说明在这个语言环境里的“更”字，已不能再用表重复的“再、又”（如《左传·僖公五年》“晋不更举矣”）和表程度的“更加”（如《史记·管晏列传》“吾尝为鲍叔谋事，而更穷困”）来理解和训释了。显然，对于这种新兴用法的“更”字，只要稍不留意，就有误解的可能，这里我们不能不对颜师古丰富的语言知识和深邃的洞察力表示钦佩。事实上，如果没有颜师古的注释，我们今天也难以如此全面而深刻地认识古代副词“互”、“更”是一组同义词，自然也难以对其意义和用法进行一番比较深入细致的考辨和分析。反过来说，我们今天之所以能够对古代汉语副词“互”、“更”的意义和用法作出比较合乎实际的解释，应该感谢颜师古给我们提供了古注的依据。这便是颜师古对副词“互”、“更”词义训释所作出的贡献。

**参考文献：**

[1][4]见王问渔主编、陆宗达审订《训诂学的研究与应用》，内蒙古人民出版社1986年第1版，第381－382页。

[2]尹君《文言虚词通释》，广西人民出版社1984年第1版，第182－183页。

[3]此从《广韵》和《辞源》（修订本）、《辞海》（修订本）。许慎《说文解字》认为“互”是“笙”的古文，其本义是收绳的工具。

（本文与福建金融学院黄淮副教授合作）

（原载《福州师专学报》（社科版）1994年第3期）

# “闻”、“种”等词的一种用法

## 一

“闻”的本义是听到。《说文》:“闻,知闻也。从耳门声。”《孟子·梁惠王上》:“闻其声,不忍食其肉。”成语有“听而不闻”。其对象是声音。引申为嗅到,其对象是气味。上古“闻”没有“用鼻子辨别气味”(即“用鼻子嗅”)一义。上古用鼻子辨别气味用“嗅”。如《韩非子·外储说左下》:“植橘柚者,食之则甘,嗅之则香。”“闻”后来产生出“嗅”义,如《孔子家语》:“与善人居,如入芝兰之室,久而不闻其香;与恶人居,如入鲍鱼之肆,久而不闻其臭。”在中古汉语里,“闻”进入句子,有时意义并不是单一的,而是兼有“听到”和“嗅到”两个意义,后面带两个意义分别与“听”和“嗅”相应的词语做宾语,这是汉语词义和语法发展史上一种极为罕见的现象。如《太平广记》卷九十《异僧·杯渡》:

(1)“入山采薪,见有人于路。灵期乃将数人随路告乞。行千余里,闻磬声香烟,于是共称佛礼拜。”(见王汝涛主编《太平广记选读》第212页)

对此王汝涛主编《太平广记选读》注曰:“这一句有些语病,听到的是钟声,见到的是香烟(或嗅到了香烟味),香字上加一个见字才好。”初看这一条注,我也有同感,认为此“闻”能跟“磬声”相搭配,不能跟“香烟”相搭配。但后来又看到了另一条与之相类似的材料:才知道这原来是一个大发现,又省悟到隋唐之际进入句子的及物动词“闻”大概就有这么一种一身两义并分别带宾的用法。

如《太平广记》卷六十一《女仙·成公智琼》：

(2)“当神女之来，咸闻香熏之气，言语之声，此即非义起淫惑梦想明矣。(见同上第303页)

以上两句中“闻”的用法可以图解为：

①闻
- 甲（听到）：磬声
- 乙（嗅到）：香烟

②闻
- 乙（嗅到）：香熏之气
- 甲（听到）：言语之声

“闻”的这种用法到底沿续了多久不清楚。别的及物动词没有如“闻”这种听、嗅畛域分明而耳鼻感官又易于齐动的词义特点，是否就没有这种用法呢？据所知，“种”字也有这种用法。

“种”字的本义为栽种，引申出种子义。前者如《古诗·为焦仲卿妻作》：“东西植松柏，左右种梧桐。”后者如晋张华《博物志》：“张骞使西域，乃得胡桃种。”栽种义又引申出养育义，如“种鱼”。唐陆龟蒙写有《种鱼》诗。皮日休也有《种鱼》诗：“借问两绶人，谁知种鱼利？”苏轼《雨晴后步至四望亭下鱼池上，遂至乾明寺前东冈上归》(其一)：“高亭废已久，下有种鱼塘。”明宋濂《王冕传》：“引水为池，种鱼千余头。”

不但鱼可种，连羊也可种。北齐高昂《征行》诗：“垄种千口牛，泉连百壶酒。”明周婴《卮林》卷五云：“《太平广记》引《谈薮》此诗作‘陇种千口羊’。《诗记》及《诗所》乃云‘千口牛’，误也。”明孙能傅《剡溪漫笔》载，楚石埼禅师《漠北怀古》诗：“自言羊可种，不信蚕成丝。”这些“种”都是“养”之意。

不但羊可种，子孙亦可种。韩愈《祭鳄鱼文》：“以肥其身，以种其子孙。”这“种”是养育、繁殖之义。

“种”有栽种义，又有养义。栽种义是中心义，是强势义项，“养”义是弱势义项，且有被曲解的可能，故后来“种鱼”、“种羊”之说逐渐不用，而用“养”字来表示。“种”字专用于植物类，如种花、种柳、种荷等等,“养”字专用于动物类,如养鱼、养鹿、养羊、养牛、养马、养猪、养兔等等,二者分工明确。白居易有一首诗,题为《草堂前新开一池,养鱼种荷,日有幽趣》,鱼用“养”,荷用“种”,各适其宜。但“种鱼”被“养鱼”取代之后,并非禁绝不用,有时还会出现在某些文人的笔下,甚至还会以一词两义而分别带宾的用法进入句子。如苏轼《次韵送张山人归彭城》诗:

(3)“何时五湖从范蠡,种鱼万尾橘千头?”(苏轼诗集卷三十九)

句中“种”带有“鱼”和“橘”两个词语作宾语,前一词对应养殖义,后一词对应种植义。

“种”的养义,新旧《辞源》、《辞海》均未收,上溯清《康熙字典》、明《正字通》、宋《广韵》《集韵》,亦不录。这情况说明,“种”的养义已经完全退出了历史舞台。今人遇到“种鱼”,大概都会认为是用错了。我国现行九年制义务教育小学语文课本第一册有《小猫种鱼》一文,就反映了这种认识。该文讲一只小猫看见农民于春天把玉米、花生种在地里,到秋天得到很好的收成,于是它也把小鱼种在地里,结果小猫的希望落空了。小猫错就错在它不理解现代“种”字的意义是“把植物的种子或秧苗埋入土中使它生长。”(《辞海》)鱼不是种子或秧苗,埋入土中,自然不能存活。

2004 年 10 月某日《参考消息》刊登了一篇《海洋“种鱼”》的文章,说的是海洋鱼类的养殖问题。题中的“种”字是加引号的,这引起我的思考:大概不懂得“种”的古义的人一定会认为这是对“种谷”之“种”的一种借用,而懂得词义发展的人则又会认为这是对“种”字一词古义的沿用。古代“种”的栽种义既已分化出养义并有专字来表示,且早已在语言中通行,则今天“种鱼”一语无论在口头上还是在书面语中应该都不易流行,但如果海洋鱼类养殖得到大规模的开发利用,则“种鱼”一语在书面语中出现的机会将会日渐增多,因为它给人们带来一种新鲜感,并且体现了一种新兴产业用语的独特性。近年来"种鱼"一语数见诸报章,就是这种趋向的表现。

二

除"闻"、"种"外,古代进入句子的个别词义概括性强而具体含义广泛的及物动词如"作"、"为"等也有一词两义而分别带宾的用法。不过这种用法过去常被概括义的训释所掩盖,没有引起人们应有的注意。如苏轼《同正辅表兄游白水山》诗:

(4)劈开翠峡走雷霆,截破奔流作潭洞。(苏轼诗集卷三十九)

"作"的概括义是做。《康熙字典》:"作,为也。"新《辞源》、《辞海》同。据此,诗中"作潭洞"即"为潭洞",这是用概括义来解释概括义,不能解决具体的词义训释问题。但如果从"作"所处的语言环境看,即从它所带的两个宾语看,"潭"、"洞"性质不同,"作"对"潭"、"洞"所发出的动作行为的方式也应该有异。"作潭洞"应是"挖潭凿(开)洞"之意。"截破奔流作潭洞",全句的意思应是,"截住并破开奔泻而下的水流(用它来)挖掘深潭和开凿洞穴"。显然,这里的"作"是以一词两义而分别带宾的用法进入句子的。又如文天祥的《正气歌》:

(5)天地有正气,杂然赋流形:下则为河岳,上则为日星。

"为"的概括义是做。新《辞海》:"为,做,干。"其具体义则依不同的语境而别。人民教育出版社《古代散文选》(中册)注前三句:"天地之间有一种正气,这里那里分别散给了各种物体:在地下的正气就形成大河和高山(在天上的就形成太阳和星星)。"句中的"为"作"形成"解,这也是以概括义来解释概括义。而其具体义是什么呢?这个问题,也不难从其不同的宾语来辨识。上句"为河岳”,从“河”与“岳”两个宾语看,则及物动词“为”具有“造”和“挖”两个具体义。据此,“下则为河岳”,全句的意思应是,“在地下的正气就建造成山岳,挖掘成大河”。本句的“为”字显然是以一词两义而分别带宾的用法进入句子的,它与下句“上则为日星”的“为”字是以单一的词义“形成”而带同一类别的“日星”为宾语的用法是不同的。

古代汉语中究竟有多少及物动词有类似“闻”、“种”、“作”、“为”的这种用法,各有什么特点,这个问题还有继续探讨的必要。

(原载《辞书研究》2007 年第 5 期,第二部分本为原文的组成部分,正式发表时被删,现重新补上。)

# “苟利国家生死以”解

[清]道光二十二年(1842年),我国近代史上著名的民族英雄林则徐由西安赴戍伊犁,登程时吟了两首诗留别家人,题为《赴戍登程口占示家人》二首,其中一首写道:

人微任重久神疲,再竭衰庸定不支。
**苟利国家生死以,岂因祸福避趋之?**
谪居正是君恩厚,养拙刚于戍卒宜。
戏与山妻谈故事,试吟断送老头皮。

“苟利国家生死以,岂因祸福避趋之”是勉励自己要有崇高节操的名句,大凡介绍林则徐这个人物时通常都要列举这两句诗。2003年3月18日在全国两会(全国政协会议和全国人民代表大会)期间,温家宝总理在中外记者招待会上回答德新社记者的提问时引用了林则徐的这两句诗,表明自己今后工作的态度。然而这两句诗的原始出处何在,其中“生死以”何解,很多人是不清楚的。1994年由华东师大出版社出版的蒋世弟的《林则徐诗文选》收了此诗,对这两句亦未作注释,有人问我,我说不准,我问他人,也说不清,终成疑窦。但既是名句,历代援引的定然不少,其后阅读古书,我便多加留意。不过所见都是“死生以之”,也随手录下,终有如下数条:

(1)王濬之入建业也,其明日,王浑乃渡江,以濬不待己至,先受孙皓降,意甚愧忿,将攻濬。何攀劝濬送皓与浑,由是事得解。……濬上书自理曰:“……臣愚以为事君之道,苟利社稷,死生以之。若其顾嫌疑以避咎责,此是人臣不忠之利,实非明主社稷之福

也！”（司马光《资治通鉴》卷八十一《晋记三》，中华书局第2571页）

（2）生且愧且感，不觉涕流，因谓玉曰：“皎日之誓，死生以之。与卿偕老，犹恐未惬素志，岂敢辄有二三？……”（［唐］蒋防：霍小玉传）

（3）夫人臣之事君，苟利于国，死生以之，不当以官职之不足顾计为言也。（［宋］杨时：龟山语录·余杭语录三）

（4）臣闻志士不爱身以殉国，人臣竭忠以匡君，故曰“苟利社稷，生死以之”。（［明］林希元《王政附言》，见《林次崖先生文集》卷二）

（5）余观世上语言无味，面目可憎之人，皆无癖之人耳。若真有所癖，将沉湎酣溺，性命死生以之，何暇及钱奴宦贾之事？（［明］袁宏道：《瓶史》十《好事》）

（6）窦知府笑道：“为朋友有死生以之。他嗔我，不过一削夺而已，何足介怀！……（［明］梦觉道人：《三刻拍案惊奇》第二十回）

（7）“臣官非言责，分属部民。然船政係臣专责，死生以之。”（［清］李元度《沈文肃公事略》，见林海权整理点校《沈文肃公牍》附录）

据“死生以之”，查《十三经索引》，知林诗此二句是变化《左传·昭公四年》“苟利社稷，死生以之”而来的。《左传》原文如下：

郑子产作丘赋（杜注：“丘，十六井，当出马一匹、牛三头。今子产别赋其田，如鲁之田赋，即按田地征收赋税”），国人谤之，曰：“其父死于路，己为虿尾，以令于国，国将若之何？”子宽以告。子产曰：“**苟利社稷，死生以之。**且吾闻为善者不改其度，故能有济也。民不可逞（放任），度不可改。《诗》曰：‘礼义不愆（失误），何恤人之言。’吾不迁矣。”杜注：**“以，用也。”**（按，《左传》此段文字亦见吴楚材等辑《纲鉴易知录》卷一“周景王癸亥七年秋郑作丘赋”条引。）

据杜注“以，用也”，知“以”、“用”同义，可以互训。《论语·先进》：“子路、曾皙、冉有、公西华侍坐。子曰：‘以吾一日长乎尔，毋吾以也。’”孔安国传：“以，用也。”《楚辞·涉江》：“忠不必用兮，贤不必以。”王逸注：“以，亦用也。”《仓颉篇》：“用，以也。”新《辞源》：“用，使用。《诗·大雅·公刘》：‘执豕于牢，酌之用匏。’”王力主编《古代汉语》第六单元《常用词六》：“用，使用，应用。……引申为任用。……引申为施行，实行，做。《孟子·告子上》：‘则凡可以得生者，何不用也？’”古文字学家亦有释“以”义为“用”、为“行”的解释说明。“以”，有行义。“以”原作“㠯”，篆作“㠯”。许慎《说文解字·巳部》：“㠯，用也，从反巳。”段玉裁注：“用者，可施行也。从反巳，与‘巳’篆形略相反也。巳主乎止，㠯主乎行，故形相反。二字古有通用也。羊止切，一部。又按，今字皆作‘以’，由隶加‘人’于右也。”“用”，小篆作“用”。《说文解字》：“用，可施行也。从卜中。卫宏说。”段注：“卜中则可施行也，故取以会意。《方言》：‘用，行也。’”古“以”、“用”皆有“行”义，据此知《左传·昭公四年》：“苟利社稷，死生以之”中的“以”义为“行”，全句意为如果对国家有利，不管是生还是死都要实行它，即要把丘乘的赋税新法实行下去。

以上笔者所录“死生以之”诸例，其原始出处皆源自《左传·昭公四年》，它们或用于社稷表坚定，如例（1）（3）（4）（7），或用于男女情爱表坚贞，如例（2），或用于朋友之间表义气坚决，如例（6），或用于兴趣爱好表坚毅，如例（5），其中的“以”字，用“行”来解释，亦皆可通。林则徐的诗是一首七言近体诗，受平仄、押韵的拘限，而中间两联又要求用对仗，故必须把《左传》的原句加以压缩改造始能适应写作的需要。故此**“苟利社稷，死生以之”**要纳入“仄仄平平平仄仄”的句型，就成为“苟利国家生死以”了。“之”是平声字，与此处平仄要求不合，只好舍弃而移置于下句句尾，以与“支”、“宜”、“皮”等韵字相叶。这样一来，“苟利国家生死以”与下句“岂因祸福避趋之”相对，便成为一副文字并不工整的对仗，此联因思想内容深刻而成为脍炙人口的古今名句。但因为“生死以”把“以”放在句尾的用法古书极少见，这“以”字何义无从索解，其词性是动词还是介词无从判断，故只有找出“死生以之”的原型及其出处，人们才能根据原书的上下文和其原来的句法关系并参酌古注来对它作出正确的解释。古典文学专家沈玉成的《左传译文》译此两句为“如果有利于国家，生死都由它去”，“由它去”与原意不符，二者相差太远。陈铁民选注《近代诗百首》，选林则徐此诗，引杜预注“以，用也”，然后说：“此用其语，意谓只要事情有利于国家，不管生死，也要去做。”他在串讲句意中释“以”为“做”，是可以的，但未直接点明“以”义为“做”，则尚嫌不足。

“以”作动词其后带宾语“之”用在句尾，这用法在上古汉语里并非绝无仅有。《左传·襄公十年》：“荀莹不可，曰：‘我辞礼矣，彼则以之’”杜注：“以，用也。”这句话的意思是：荀莹不同意，说：“我已辞去了这种礼仪了，他们却仍然施行它。”[汉]贾谊《贾谊集·君道》：“《书》曰：‘大道亶亶（dǎndǎn，平坦），其去身不远。’人皆有之，舜独以之。”“舜独以之”，是“舜独行之”之意。“以之”的这种用法，明清人的著作也偶能一见。如[明]林希元《梅窗说》：“《易》曰：‘同气相求。’周君以之。”（《林次崖先生文集》卷十一《说》）又《陈大夫蒙庵传》：“《易》曰：‘鸿渐于逵，可用为仪。’大夫以之。”（见同上卷十四《说》）[明]俞大猷《上兵部尚书东塘毛公书》：“古者遣将，跪而推毂曰：‘间以外，将军以之。’”（《正气堂集》卷一）明此，对加深杜注“以，用也”注释的正确性的认识是有益处的，对林则徐诗“生死以”词义的理解也是有用的。“生死以之”的用法后代很少见，显然具有上古时代的语言特点。今人王亚平曾加以引用。其《精品三说》："求诗句惊人而至生死以之。少陵之言，堪作诗家座右。"载《中华诗词》2010 年第 3 期，是很难得的一例。

福建师大社科联离退休分会 2009 年第十五届学术年会论文

2009 年 8 月作

2010 年 3 月补

# 也谈“振聋发聩”和“振聋发瞶”

## 一

“振聋发聩(kuì)”和“振聋发瞶(guì)”是两个通行的成语。前几年,张教诚写《组词要经得起实践检验——由“振聋发聩”提出的问题》[1],文载《汉字文化》1999年第4期,引起了一场小小的争论[2]。文中提出“现在使用的‘振聋发聩’组词没有客观依据,经不起实践检验,应停止其使用”,而说“振聋发瞶”组词合理,可通行。其理由是:“振聋发瞶”中的“聋”是听觉不灵,此义是由“聋”的本义“无闻”发展引申而来,用巨声振动其耳膜,则还可闻,故“振”与“聋”可以组合成词组“振聋”;“瞶”是视力不好但未丧失视觉能力,经人启发,会看清所视之物,故“发”与“瞶”可以组成词组,成为一个“振聋发瞶”或“发瞶振聋”的词组。而“振聋发聩”则不然:它来源于《国语·晋语四》:“聋聩不可使听”,韦昭注:“耳不别五声之和曰聋,生而聋曰聩。”而东汉许慎《说文解字》释“聋”为“无闻”,“无闻”是丧失听觉能力,那就是巨声也不能振动其耳膜使其可闻,这说明“振”与“聋”不能组合为词组“振聋”;而“聩”既是“生而聋”,那就即使有人启发也不能使其听到声音,这说明“发”与“聩”也不能组合为词组“发聩”。因此“振聋发聩”的组词完全缺乏客观依据,经不起实践检验,“应该停止其使用”。张的看法是否可以成立?其理由是否充足?本文就谈这个问题。

## 二

“振聋发聩”和“振聋发瞶”都用“振聋”二字,张教诚说其

“聋”字词义有别，前者义为“丧失听觉能力”，故不能与“振”字组合为“振聋”，后者义为“听觉不灵”，则可与“振”字组合为“振聋”词组。他说“丧失听觉能力”为本义，引东汉许慎的《说文解字》的释义为证（引见后），而对韦昭《国语》注“耳不别五声之和曰聋”是否正确则不置可否。许慎《说文》云：“聋，无闻也”，未言“聋”是先天性的“无闻”还是后天性的失聪。但从先秦文献看，“聋”所指的“无闻”是后天性的。如《老子》第十二章：“五色令人目盲，五声令人耳聋”，这“聋”显指后天性的失聪，这是“聋”的本义。韦昭注“耳不别五声之和曰聋”，与《左传·僖公二十四年》“耳不听五声之和为聋”的说法同，都是说耳朵辨别不清或听不清五声的和谐之音叫做聋，这“聋”显然是指听觉不灵，这是“聋”的引申义。“振聋发聩”中“聋”与“聩”对举，“聩”指先天性耳聋，“聋”则指后天性的失聪即失去听觉能力，这是十分清楚的。至于这“聋”与“聩”是否即不能与非表疗治性的动词“振”字、“发”字等组合为词组“振聋”、“发聩”呢？这要看其所应用的场合如何而定。语词由于交际场合不同，所用语体有别，用法自有变化。其实，“振聋发聩”和“振聋发瞶”这种成语都是一种分别用动宾＋动宾组成的联合词组，其中“振聋”“发聩”和“振聋”“发瞶”都不是纯客观的纪实文字，而是带有强烈的夸张的修辞色彩。“振聋发聩”和“振聋发瞶”不用于医学一类的科技书籍之中，而通常出现于小说、戏剧、政论、像赞、书信和笔记之中，这就是明证。夸张又叫“铺张”、“增语”、“倍写”、“甚言”或“激昂之言”，是一种言过其实的修辞手法。我国著名的修辞学奠基人陈望道说：“说话上张皇铺饰过于客观事实处，名叫铺张辞。说话上所以有这种铺张辞，大抵由于说话者当时重在主观情意的畅发，不重在客观事实的记录。”对杜甫《古柏行》“霜皮溜雨四十围，黛色参天二千尺”的诗句，［宋］沈括《梦溪笔谈》二十三《讥谑门》评论说：“四十围乃是径七尺，毋乃太细乎？”

黄朝英则又说："古制以围三径一，四十围即百二十尺；围有百二十尺，即径四十尺，安得云七尺也？"对此陈望道批评说，他们二人"那便犯了**照字直解的错误**。"[3] 夸张有数量、情态、质量等的夸张，也有把不可能说成可能的夸张，要使人一看就知道是夸张。"振聋发聩"和"振聋(后天性耳聋)发聩"(先天性耳聋)都是把不可能说成可能的夸张，故不能用语言的精确性来衡量，也不能以违反逻辑来要求。小说、戏剧、政论、像赞、书信和笔记用"振聋发聩"和"振聋发聩"，一般具有夸张的作用，同时具有比喻的功能。写法规范的工具书通常先串讲成语大意，然后指出它"比喻"什么。如李家昱主编的《新编实用成语词典》：

> [振聋发聩]指声音极大，使耳聋的人也能听到。(按，看此串讲即可意会此是夸张)，比喻用语言、文字等手段给人极大的启发和震动，使愚昧麻木的人也能猛然清醒。振，惊动。发，开启，打开。聩，耳聋。(书证略)"振聋发聩"亦作"振聋发聩"。(书证略)[4]

古籍中不但有"发聩"的说法，还有"发矇"的说法。如《礼记·仲尼燕居》："三子者既得闻此言也于夫子，昭然若发矇矣。""矇"，《辞源》释为："盲，眼失明。"《说文解字》曰："矇，童蒙也。从目蒙声。"段玉裁注："谓目童子(按，指眼珠)如冡(音蒙，覆也)覆也。毛公、刘熙、韦昭皆云：有眸子(指眼珠)而无见曰矇。"《诗经·大雅·灵台》："矇瞍奏公。"毛传："有眸子而无见曰矇，无眸子曰瞍。"孔颖达疏："有眸子而无见曰矇，即今之青盲也。"如依张的看法，则"发"与"矇"也不能组合在一起。然古代多用来指拨开蒙眼的事物，并比喻开拓眼界。如三国魏应璩《与从弟君苗君胄书》："间者北游，喜欢无量。登芒济河，旷若发矇。"后代还可与"振聩"组成"振聩发矇"的成语。如：

(1)闽中官民风气，不论是非而论强弱，非大君子提撕警觉

之，安有振瞶发矇之一日？（[清]沈葆桢《沈文肃公牍》卷五《复郭筠仙廉访》二）

张教诚说“振聋发瞶”组词合理，一指听觉，一指视觉，意义相等，应该通行。如果单从语言对称的角度来衡量，张的说法有一定的道理：“振聋发瞶”从耳目两个方面来夸张、比喻用巨大声音来唤醒糊涂麻木的人，不是比“振聋发聩”单从耳聋方面、“振瞶发矇”单从目盲方面来夸张、比喻用巨大声音来唤醒糊涂麻木的人来得更全面深刻而有力吗？但事实上，“振聋发聩”却比“振聋发瞶”通行。今天“振聋发瞶”使用的人少，一般文史工具书和成语典故词典都不收录，这是为什么？看来这既有社会历史的原因，也有“瞶”字本身由于研究不够而存在着音义书证不明等方面的问题。

三

“聋聩”连用最早见于先秦时代的《国语·晋语四》，它为“振聋发聩”成语提供了最原始的语料，而“聋聩”又很早就发展出喻指愚昧无知的新义。如《易林·颐之鼎》：“牛马聋聩，不知声味。”[魏]阮籍《咏怀诗》：“世有此聋聩，茫茫将焉如。”再以单词“聩”字而言，其本义为“生而聋”，其后引申为指一般的耳聋（听觉不灵）。如苏轼《东坡志林》卷一：“蕲州庞君安常，善医而聩，与人语，须书始能晓。”又用同“聋”。如苏轼《次韵太虚见戏耳聋》：“晚年更似杜陵翁，右臂虽存耳先聩。”（《苏轼诗集》卷十八）此“聩”用同诗题中的“聋”字。这些都是为人熟知的例子。而后代还有“闻聋启聩”的新成语出现。如[清]孔尚任《桃花扇·余韵》“闻聋启聩”是。

反观“振聋发瞶”则不然。其原生态始见[宋]司马光《谢胡文学惠水牛图二卷》诗：“有如歌九韶，钟鼓乐聋瞶。”出现既晚，用例又少。[宋]朱熹《宋先儒文靖公（时）画像赞》：“值彼荆国，藉倡新经，诋非先哲，聋瞶蒸民。”此“聋瞶”用为动词。“瞶”字《说文解字》未收，本义不详，其读音和释义，工具书所载多不完备。新《辞海》只收“振聋发瞶”成语而未注音、释义。而“瞶”字条出注：“瞶（guì 贵）极视，见《广韵》八未”，而未举书证。新《辞源》则不收“振聋发瞶”，收“瞶”有两个读音：“1. wèi 以醉切。目疾，《广韵》。2. guì 居胄切。极视，见《广韵》、《玉篇》。见‘眊瞶’。”亦未举书证。张教诚引《康熙字典》给“瞶”字释义，补充“目无精”一义，说：“‘瞶’有‘极视’和‘目无精’两个意义。据这两个意义可知，瞶者视力不好，但未丧失视觉能力，经他人启发，会看清所视之物。”按，《康熙字典》引《仓颉篇》说“瞶”有“极视”义，引《类篇》说“瞶”有“目无精”义，亦皆未举书证。张说“极视”和“目无精”都是指“视力不好”，是没有根据的。以“极视”而言，台湾《中文大辞典》释为“极尽视力也”。引《神仙传》为证：“封衡爱啬精气，不大言极视。”而南朝宋·鲍照《登大雷岸与妹书》亦云：“古树雲平，旋风四起，思鸟群归，静听无闻，极视不见。”“极视”与“极望”义同，并非视力不好。

后来张写《研究词组要尊重历史事实——由〈振聋发聩辨〉提出的问题》[5]一文，不再谈“极视”而专从“目无精”立言。他说：“‘目无精’即目无精光。白内障患者晶体混浊，目无精光。故古之‘瞶’，即今之谓白内障。”据考察，我国辞书似未收“白内障”一词，而古书有“刮目”、“决膜”的记载，但亦未言此即是“瞶”、是“目无精”。如《天中记》云：“魏武帝病眼，令华佗以金篦刮目。”此“病眼”是白内障还是胬肉眼不可知，但如《说苑》所言，则分明是指白内障。《说苑》载：“钱镠年老，一目失明。医曰：‘可无瘵，此当延五七岁寿，若决膜去内障，眼即复明，但虑损福。’镠曰：‘吾将不为一目鬼于地下足矣。’遂为治之，复故。”今人新编的《汉语大字典》所收“瞶”字有读 guì、读 wèi、读 kuì 三个读音，其中读 guì《广韵》“居胃切”的有两义：一为“极视”（例缺），一为“瞎子”。其言曰："(2)瞎子。《类篇·目部》：'瞶，目无精也。'[清]叶燮《原诗》：'其余非戾则腐，如聋如瞶不少。'"[6]此未言"精"何义，而直释"瞶"为"瞎子"，仍缺乏坚强的佐证，无法令人深信不疑。笔者以为，对"精"字的正确释义是破解"瞶"字词义的关键。[明]张自烈《正字通·米部》云：**"精，目中黑粒有光者亦曰精，今通作'睛'。"**而[清]朱骏声《说文通训定声·鼎部第十七》亦云："《淮南子·主术训》：'夫据榦而窥井底，**犹不能见其精'**注：**'目瞳子也。**字亦作**睛'**。"看来此是"目无精"为"瞶"为"瞎"的最精当的释义。如此说来，则"瞶"与"无眸子曰瞍"的"瞍"是同义词。古人称眼珠子为"眸子"，为"童子"，为"瞳孔"，为"瞳人"(仁)，为"精(睛)"，而**目无眸子曰"瞍"，目无精则曰"瞶"，**"瞶"指没有眼珠子，非指白内障可知。在成语"振聋发瞶"中，"瞶"义为"目无精"，即瞎，则与之相对举的"聋"当是"耳无闻"，即失去听觉能力，而不是听觉不灵，这应该是可以肯定的。张教诚所说的"振聋发瞶"中的"瞶"是视力不好，是缺乏客观依据的。"振聋发瞶"由于"瞶"字的读音、释义和书证各方面都存在着上述种种不确定、不明瞭的因素，故这个成语较不易通行，看来绝非偶然。

笔者认为，"振聋发聩"和"振聋发瞶"这两个成语都是客观存在的，我们不能凭主观想像肯定一个而否定另一个，而说"振聋发瞶"组词合理应该通行，"振聋发聩"组词不合理"应停止其使用"。今天"振聋发瞶"使用的人少，文史工具书和成语典故词典亦大多不收录，这对保存成语的多样性不利，对进一步深入研究"瞶"字的音义也是没有好处的。当前"瞶"字的"极视"一义还找不到古书的用例(书证)，而"瞶聋"、"昏瞶"等词也有好多文史工具书未收。前者见李鸿章《光绪元年正月八日复刘仲良中丞》："敝处覆议海防一疏，实缘身任其事，不得不斟酌时势，启发瞶聋。"(见《李文忠公朋僚函稿》卷十六)后者见袁宏道《陶石篑》："借山水之奇观,发耳目之昏瞶。"(见《袁中郎随笔》第89页)而河南人民出版社1995年出版的《实用古汉语大词典》连"瞶"字也不收,更是不妥。

**参考文献:**

[1]张教诚,组词要经得起实践检验——由"振聋发聩"提出的问题[J],北京:汉字文化,1996,(4):18-19

[2]王灿龙,"振聋发聩"辨[J],北京:汉字文化,1997,(4):59-60

[3]陈望道,修辞学发凡[M],上海:新文艺出版社,1957:131

[4]李家昱,新编实用成语词典[M],天津:天津人民出版社,1999:1051

[5]张教诚,研究组词要尊重历史事实——由《"振聋发聩"辨》提出的问题[J],北京:汉字文化,1999,(1):54-55

[6]汉语大字典[M],湖北辞书出版社、四川辞书出版社,1988.7,第1版:2513

2009年10月

(福建师大社科联离退休分会2009年第十五届学术年会论文)

# 音韵·格律篇

# 论陈第对我国古音学的贡献

陈第(1541－1617),字季立,号一斋,明福建连江人,是我国古音学的开拓者和奠基人,著有《毛诗古音考》、《读诗拙言》、《屈宋古音义》等。王力先生对陈第有过很高的评价。他说:“古音学的研究本来在宋代已经开始了。例如吴棫、郑庠、许月卿等都曾讨论过古音的问题。但是,系统的科学的研究还是从明末的陈第开始的。”[1]又说:“古音学的建立,首先应该归功于明代的陈第。”[2]本文试就陈第对我国古音学的贡献再略作一些探讨。

## 一

陈第对我国古音学的突出贡献首先表现在理论方面。

《诗经》是有韵的。由于语言的发展变化,今音不同于古音,拿今音去读古诗,有的韵不合。古代学者不明白语音变化的道理,认为《诗经》时代的读音跟后代一样,遇到今音不押韵的地方,就临时改读以求和谐,叫做“叶音”,也叫“协句”、“协韵”或“合韵”。在魏晋南北朝时代,“叶音”法就开始使用了。到了唐代,甚至发生改经的事。南宋朱熹在《诗集传》和《楚辞集注》里更用了许多“叶音”。“叶音”说脱离古代的语音实际,缺乏历史观点,有很大的主观随意性。宋古音学家吴棫著《韵补》,主古音通转之说,他分《诗》韵为九部,分韵虽宽,仍有出韵。王力先生说:“从叶音上看问题,则字无定音;从通转上看问题,则韵无定类。”[3]吴棫和明杨慎都曾对“叶音”说表示怀疑,但都不敢断然否定。第一个敢于彻底否定“叶音”说的是陈第。陈第“古诗无叶音”的观点原是焦竑提出的(引见后),陈第加以肯定并进行论证。上述陈第的几种古音学著作就是专为论证“古诗无叶音”说而作的。陈第在《毛诗古音考自序》里提出了光辉的语言学理论。他说:

> 夫《诗》,以声教也。……田野俚曲,各有谐声,岂以古人之诗而独无韵乎?盖时有古今,地有南北,字有更革,音有转移,亦势所必至。故以今之音读古之作,不免乖剌而不入,于是悉委之叶。夫其果出于叶也?作之非一人,采之非一国,何母必读米?非韵杞、韵止,则韵祉、韵喜矣;马必读姥?非韵组、韵黼,则韵旅、韵土矣;……厥类实繁,难以殚举。

这里他首先提出了诗必有韵的观点,其次提出语音有时代和地域差别,《诗经》自有其韵,不能以今音代替古音而说《诗经》是叶音成韵的。其中“时有古今,地有南北,字有更革,音有转移,亦势所必至”几句话,道出了音韵学上的重要原理,体现了陈第历史的发展的语言观,给传统的“叶音”说以巨大的冲击,奠定了古音学研究的理论基础,使古音的研究走上了科学的道路。

另外,陈第在《读诗拙言》里还提出了“所贵诵诗读书,尚论其当世之音”的正确观点。他说:

> 一郡之内,声有不同,系乎地者也;百年之中,语有递转,系乎时者也。……所贵诵诗读书,尚论其当世之音而已矣。《三百篇》,诗之祖,亦韵之祖也。作韵书者宜权舆于此,溯源沿流,部提其字曰:“古音某,今音某。”则今音行,而古音庶几不泯矣。……故读六朝,必考六朝之音,由此而上可知也。不然,同乎我者谓声之谐,异乎我者谓韵之叶,以一地概四方,以一时概千古,将使文字、声律涣判支离而靡有画一,岂所贵于诵读哉!

后来段玉裁强调“音韵之不同,必论其世”,并且提出古音发展的历史分期[4],可说是受了陈第观点的影响。

陈第在自己所阐发的理论的指导下，通过对《诗经》、《楚辞》等大量材料的分析和综合，理出了《诗经》、屈宋辞赋入韵字的古本音，彻底推翻了“叶音”说，使人们明确认识到古今语音的变化，确有震聋发聩的作用。此后我国音韵学家才开始进行上古语音的研究。陈第“古诗无叶音”的观点，为清代顾炎武所采纳，他考求古音的方法，也为清代的学者所继承和发展。陈第对我国古音学的贡献是十分巨大的。清江永《古韵标准·例言》说：

> 万历间闽三山陈第季立著《毛诗古音考》，又有《屈宋古音义》，其最有功于《诗》者，谓古无叶音，《诗》之韵，即是当时本音。

清《四库全书提要》评《毛诗古音考》说：

> 言古韵者自吴棫，然《韵补》一书庞杂割裂，谬种流传，古音乃以益乱。国朝顾炎武作《诗本音》，江永作《古韵标准》，以经证经，始廓清妄论。而开除先路，则此书实为首功。

清段玉裁《六书音均表》说：

> 《三百篇》音韵，自唐以下不能通，仅以为“协韵”，以为“合韵”，以为“古人韵缓不烦改字”而已。自有明三山陈第深识确论，谓古本音与今音不同，如凤鸣高冈，而啁噍之喙尽息也。

王力《汉语音韵学》也说：

> 到了陈第，然后把叶音之说彻底推翻。他的意思是，《诗经》的韵是天然的，不是人造的，所以无所谓叶韵，后人所谓叶韵的音，恰是古人本有的语音。……时、地的观念在音韵学上最为重要，所以陈第的古音学非但超越前辈，而且给予后世一个很好的榜样。

其实，陈第的理论不但对古音学的建立有伟大的功绩，而且对文字学、训诂学和经学的发展也有深刻的意义。有清一代学术昌明,古音学的成就是其中一个重要的因素。正如清张裕钊所说:“六书之旨,象形、象事、会意而外,形声、转注、假借三者,其本皆源于声音。是故必明于古音而后训诂明,训诂明而后《六经》之说可得而知。我朝经学度越千古,实陈氏有以启之,虽其后顾江诸贤之书,宏博精密益加于前时,然陈氏创始之功,顾不伟哉!”[5]

二

陈第对我国古音学的贡献还表现在他创造了一系列比较严密的古音研究的科学方法。

第一,陈第采用由个别推论一般的归纳法研究先秦古本音,考证《诗经》、《楚辞》及其他有韵的“古人之书”的音读,创立了“本证”、“旁证”互相证发以明古音的科学方法。所谓“本证”,即《诗经》、《楚辞》自相为证,以探古音之源;“旁证”谓他经所载,以及秦汉以下去《风》、《雅》未远者,以竟古音之委。如他考证《诗经》“行音杭”,说“行”字“今有杭、形两音,古则绝无形音也”,即举出本证 20 条,旁证 7 条。他考证先秦 600 余字的古音,可以说都是“言必有征,典必探本”,钩稽参验,本末秩然。有了本证、旁证,古音为何就显而易见,令人信服。焦竑说:“甲辰岁(明万历三十二年,1604),季立过余,曰:‘子言古诗无叶音,诚千载笃论,如人难信何?’及观《古音考》一书,取《诗》之同类者而胪列之为本证,已取《老》、《易》、《太玄》、《骚》、《赋》、《参同》、《急就》及古诗谣之类,胪列之为旁证,令读者不待其毕,将哑然失笑之不暇,而古音可明也。”[6]顾炎武作《诗本音》,即是以《毛诗》之音为主,而以其他经书的韵语为旁证,来考定《毛诗》的本音。他作《唐韵正》,表面上是改正《唐韵》,其实只是把本该载在《诗本音》里的许多证据拿来另编一书,亦即是《诗本音》的旁证。顾氏所搜罗的材料更为宏富,如他为了证明《诗经》里的“行音杭”,所列材料竟达 372 条之多。江永作《古韵标准》，不但引用了陈第的资料，而且全部采用了他的本证、旁证法。其《古韵标准·例言》说："其书（指《毛诗古音考》）列五百字，以《诗》为本证，他书为旁证。……今书本证、旁证之法本之。"清王引之提出"揆之本文而协，验之他卷而通"的训诂原则，其精神实与陈第的本证、旁证法相通。周祖谟指出："陈第作《毛诗古音考》……列本证、旁证，注出拟定的读音，为古韵的研究开辟出一条途径。"[7]

第二，陈第胪列本证，实际上是在做《诗经》、屈宋辞赋韵字的系联工作，这也给后人系联《诗经》韵字、研究古韵分部提供了范例。现以《毛诗古音考》卷一"服音逼"条为例并略作说明如下：

［本证］《关雎》："求之不得，寤寐思服。优哉游哉，辗转反侧。"《有狐》："有狐绥绥，在彼淇侧。心之忧矣，之子无服。"《葛屦》："要之襋之，好人服之。"《蜉蝣》："蜉蝣之翼，采采衣服。心之忧矣，于我归息。"《候人》："维鹈在梁，不濡其翼。彼其之子，不称其服。"《采薇》："四牡翼翼，象弭鱼服。岂不日戒？玁狁孔棘！"《六月》："六月栖栖，戎车既饬。四牡骙骙，载是常服。"又："比物四骊，闲之维则。维此六月，既成我服。"又："有严有翼，共武之服。共武之服，以定王国。"《采芑》："方叔率止，乘其四骐。四骐翼翼，路车有奭。簟茀鱼服，钩膺鞗革。"《文王》："商之孙子，其丽不亿。上帝既命，侯于周服。"《下武》："媚兹一人，应侯顺德。永言孝思，昭哉嗣服。"《文王有声》："自南自北，无思不服。"《荡》："曾是彊御，曾是掊克，曾是在位，曾是在服。"（按："·"号是笔者所加。下同。）

为了证明"服音逼"，陈第列举了14条本证，其中与"服"押韵的就有侧、襋、翼、息、戒、棘、饬、则、国、奭、革、亿、德、北、克等，这些字无疑就是同一韵部了。而《毛诗古音考》中"音逼"的还有福、辐等字，它们又分别与食、直、稷、侧押韵，而革字又与食、绒、岳押韵，北字又与麦押韵，德字又与麦、极、质、食押韵，国字又与食、棘、直、炽、急、忒押韵。如果再广泛系联其它在一起押韵的字，排除其中的一些合韵字（如质、急、炽），那么《诗经》的一个韵部不就可以确定下来了吗？如果再跟中古的韵部作对比，那么《诗经》韵部和中古韵部的异同不就清楚了吗？只因陈第著书的目的在于考求古本音，否定"叶音"说，故他未进一步做《诗经》所有同韵字的系联和归纳韵部的工作。但他列举本证的方法无疑也给后人系联《诗经》韵字、归纳韵部作出了范例。

陈第列举本证的工作，是建立在他对《诗经》韵例的深刻的认识之上的。他在《读诗拙言》中说："夫诗必有韵，诗之致也。《毛诗》之韵，不可一律齐也。"他严厉批评"叶音"说，针对"沈括云：'庆，古人协韵也，宜音羌。'诸儒遽以为然，故注《诗》者一则曰叶，再则曰叶"的情况，提出"胡为以今之读为正，而以古之正为叶也？"他列举了《诗经》20来种不同的押韵和转韵方式，并且指出《诗》有起而不韵者，有收而不韵者，有隔三句而押韵者，有仄以承平者，形式多种多样。他认为《毛诗》的韵例，"难与后世同日论矣"。在《屈宋古音义》的"凡例"里，他也列举了《楚辞》的多种押韵、转韵的方式。《诗经》韵例到江永作《古韵标准》，归结得更加完备和精密，这是无可置疑的，但其发轫者却是陈第。

第三，陈第利用《说文解字》的谐声偏旁来考求《诗经》、屈宋辞赋入韵字的古音。例如：

> 霾音狸。雨土也。《说文》："狸声。"（《毛诗古音考》卷一。下同。）饗音鄉。《说文》："从食鄉声。"（卷二）旁音滂。《说文》："滂，从水旁声。"傍亦此读。（卷二）姓平声。《说文》："……从女从生，生亦声。"（卷二）革音亟。《说文》：急也。本作鞕，从革亟声。徐曰："束物之急莫若革。"今文省作

革。(卷一)

陈第这种考求古音的方法被清代学者所继承和发展。清顾炎武、江永常用谐声偏旁来考求《诗》本音。如江永《古韵标准》卷一《平声第二总论》在引顾炎武《唐韵正·五支韵》的注文"凡从多、从为、从麻、从垂、从皮、从㲖、从奇、从義、从罢、从离、从也、从差、从丽之属皆入此"后指出:"顾此说甚善,以字偏旁别声音,尤得要领。"在清代的学者中,系统地利用谐声偏旁来归纳《诗经》韵部的首推段玉裁。他在《六书音均表二·古十七部谐声表》中更提出"要其始,则同谐声者必同部也"的著名论断。而陈第在利用谐声偏旁考求古音时其实也是看到了"同谐声皆同音"的事实。例如:

皮音婆。《说文》"波、坡、颇、跛"皆以"皮"得声。徐葴曰:"当为蒲禾切,不当为蒲麋音。"此古今之别也。(卷一)

孚音桴。《说文》"浮、孚、蜉、桴",皆云"孚"声。(卷四)

有时陈第虽未将同谐声偏旁的字列举在一起,但他对这类字所标注的读音却是相同的,这也可证明陈第已认识到"同谐声者必同音"的道理。例如:

姒音以。(卷三)怠音以。愚按:《说文》:"从心台声。""台,从口以声。"(卷二)耜音以。《说文》作枱:"从木以声。"(卷三)殆音以。《说文》:"以声。"(卷三)

梓音滓。《说文》:"梓从[木]宰省声。"(卷三)宰音滓。桑梓之梓,古作榟。《说文》从宰得声。宰之音滓,其来久矣。(卷四)

轨音九。《说文》:"从车九声。"(卷一)簋音九。《说文》:"簋,古作匭。"(卷二)

用谐声偏旁考求古音在吴棫的《韵补》中已见端倪,但比较自觉地大量地运用这种方法的却是陈第。之后,顾炎武沿此途径作出"凡从某者皆入此韵"的结论,段玉裁更沿此途径作出"要其始,则同谐声者必同部”的新概括，成为归纳《诗经》韵部的一个重要方法。由此可见学术发展的轨迹，而陈第在其中的贡献是不可磨灭的。

第四，陈第标拟古音的方法主要是用直音，此外还用标调法和反切，但数量极少。以下各举一例：

兵，音邦。凡《诗》之兵皆读邦。[本证]《击鼓》：“击鼓其镗，踊跃用兵。土国城漕，我独南行。”《无衣》：“修我甲兵，与子偕行。”《抑》：“洒扫庭内，维民之章。修尔车马，弓矢戎兵。”（卷一）

怒，上声。[本证]《谷风》：“习习谷风，以阴以雨。黾勉同心，不宜有怒。”《巧言》：“君子如怒，乱庶遄沮。”《皇矣》：“王赫斯怒，爰整其旅。”《桑柔》：“忧心殷殷，念我土宇。我生不辰，逢天僤怒。”《常武》：“王奋厥武，如震如怒。”（卷一）

达，他悦切。[本证]《子衿》：“挑兮达兮，在城阙兮。一日不见，如三月兮。”《长发》：“受大国是达，率履不越。”又：“苞有三蘖，莫遂莫达。”（卷二）

这里陈第所标拟的古音都只用本证的押韵材料来证明。但有些字的古本音为何这样标拟，陈第则详加考证，说明依据。这也给后人的古音研究作出了良好的示范。

陈第说明标拟古音的依据是多角度的。现分别举例如下：

1. 据谐声偏旁拟音。例如：

瓜音孤。《说文》“孤、罛、觚、柧”皆以“瓜”得声，古音可见。（卷二）

2. 参看古注古读。例如：

角音录。汉有角里先生，其实字形不异。后读角为各，以角为录，是失古音又改字形矣。（卷一）

家音姑。汉曹大家读作姑。（卷一）

华音敷。郭璞曰:"江东读华如敷。"(卷一)

马音姥。……《史记》索隐:"音姥。"古"莽"亦音姥。汉有马何罗者,明德皇后恶其先有叛,以莽易马,改字不改音。(卷一)

3. 利用声训。例如:

水音准。《白虎通》:"水之为言准也。"《释名》:"水,准也。"《考工记》:"辀注则利准,利准则久。"郑司农读准为水。(卷二)

田音陈。《说文》:"田,陈也。"古田、陈通音,故陈敬仲奔齐后改为田。(卷一)

进音箭。……《释名》:"矢,又谓之箭。箭,进也。"(《屈宋古音义》卷一)

4. 利用古音通假。例如:

厉音赖。《说文》:"从虿省。"又蛎:"从虫厉声。读若赖。"《庄子》:"厉之人方夜半生子。"亦此读。(卷二)

畏音威。古畏、威通用。《书》曰:"天明畏,自我民明威。"……《考工记》:"当弓之畏。"畏读威。(卷二)

世音泄。《礼记》:"世柳之母死。"注:"世古与泄通。"(卷四)

5. 利用异文。例如:

觵音光。《说文》:"觵,黄声。"又曰:"俗觥从光。"(卷一)

泉音钱。《周官》"泉府"。郑司农云:"故书泉或作钱。"(卷一)

命音名。《左传》:"异哉,君子之名子。"又曰:"今名之大,以从盈数。"《史记》皆作"命"。"孟子命世之才",谓"名世"也。(卷一)

务音侮。以《左传》引《诗》作“侮”。(卷三)

西音先。《文选》注“西施”作“先施”。《史记》“先俞”，正义作“西隃”。(卷三)

有时，则将几种考证方法结合起来。例如：

讼音公。《说文》：“讼，争也。从言公声。”《汉书·高后纪》：“未敢讼言诛之。”“讼”读作“公”。(卷一)

为音譌。《史记》引《书》“南譌”字作“为”。又考《说文》：“譌，譌言也。从言为声。”据此见“为”加“言”读“譌”，去“言”亦读“譌”，古之音也。(卷一)

逝音折。《说文》：“从辵折声。读若誓。”誓，又云：“从言折声。”此古音也，何待叶乎？(卷四)

江音工。《周礼》六书“三曰谐声，江河是也。”《释名》：“江，公也，八水流入其中，公共也。”《风俗通》：“江者贡也，出珍物可贡献也。”《说文》以工得声。(卷四)

陈第治学严谨，引证详博，有些古音考证十分精审，获得后人的赞誉。下举数例：

榆音由。《说文》：“从木俞声。”揄，亦云“从手俞声”。愚按：《生民》：“或舂或揄。”《周礼》注引作“或舂或抌”，音由。揄，可读由，何疑乎“榆”乎？(卷二)——江永曰：“陈氏此说最确。”[8]

来音厘。《女曰鸡鸣》：“知子之来之，杂佩以赠之。”旧以此音力，乃以“赠”韵，则古无可考。愚疑“赠”是“贻”字之误。“贻我彤管”，“贻”亦赠也，“赠之以芍药”，“赠”亦贻也。然读“赠”则义顺，而音终乖；读“贻”，则音谐而义不悖。(卷二)——江永曰：“陈氏曰，疑‘赠’是‘贻’之误。案，此说是。”[9]

集音杂。愚案：《说文》“杂”作“雥”，谓三佳也。集作雧，又省为集，故集有杂音，古皆通用。（卷四）——江永曰："陈说是也。"[10]

羹音冈。《左传》："陈蔡不羹"，与"古者羹臛"之羹皆此音。正义："音郎。"（卷四）——江永《古韵标准·平声第八部》"羹"下云："羹音冈。陈氏音学不精，此字音冈，独得之。"

陈第考求古音主要用直音法，后来顾炎武作《诗本音》和《唐韵正》，有不少已改用反切，江永作《古韵标准》则采用《广韵》的反切，但我们仍然可以看出陈第直音的考证成果屡为顾、江等人所肯定和采用。如"江音工"、"为音譌"、"皮音婆"、"驰音驼"、"燀音熏"、"西音先"、"华音敷"、"瓜音孤"、"家音姑"、"英音央"、"京音疆"、"行音杭"、"衡音杭"、"牛音疑"、"水音准"、"者音渚"、"野音墅"、"雅音伍"、"寡音古"、"有友右音以"、"久音几"、"垢音古"、"口音苦"、"庆音羌"、"昼属音注"、"角音录"等就为顾炎武所肯定；而"来音厘"、"由音邮"、"畏音威"、"鳏音矜"、"西音先"、"田音陈"、"罹音罗"、"羹音冈"、"觥音光"、"濡音柔"、"驱音丘"、"孚音浮"、"惨音懆"、"马音姥"、"考音糗"、"格音阁"、"宅音度"、"昔音锗"等亦为江永所采用。有人说陈第"标注古音采用直音法，不能表明其实际读音，流弊甚多。"[11]但是如果全部改用反切就能表明其实际读音了吗？恐又未必。王力先生对黄侃"于《广韵》中考得三十二韵为'古本韵'，十九纽为'古本纽'"的做法就提出批评。他说："我们不反对拿《广韵》的系统去推测古音系统……但是，我们不能赞成黄氏拿《广韵》的反切去做推测古音的工具，因为反切是后起的东西，与古音不会发生关系。"[12]陈第也曾说过："徐铉修《说文》，概以孙愐之《切韵》，是以唐音而反律古矣！"[13]陈第不用后代的反切而用直音标注古音，应该说是有相当见地的。

以上我们从四个方面具体探讨和论述了陈第在研究方法上对我国古音学所作的贡献。王力先生所说的"系统的科学的研究"

也许指的就是这些。正确的理论只有和科学的方法结合在一起,才能最终引导我国的古音学研究走上科学发展的道路,而陈第在这两方面都作出了卓越的贡献。

## 三

陈第对我国古音学的建立作出了卓越的贡献,已如上述。他博学精思,慧眼独具,具有冲决的力量和创造的精神,故能深造自得,取得突出的成就。然而陈第的古音研究也有缺点。这主要表现在:(1)他没有提出古韵分部的确切说法,其古音研究显得规律性不足。(2)他对合韵等现象还不能正确认识,对一些韵例还不能正确识别,还出现一字数音的错误。(3)有些材料收集过杂,离《诗经》时代较远,已经不能作为《诗经》时代语音的佐证,使用这些材料反而影响到立论的准确性。(4)他标注古音有时受到方音的影响,因此在利用古注古读时也就难免抉择失当,如"谋"不取《周官》"媒氏"郑氏注"媒之言谋也"而取"迷",但"媒、谋"上古属之部,"迷"属脂部。又如说"母音米",但"母"上古属之部,"米"属脂部;说"马音姥",虽然古音有据,但"马"上古属鱼部,"姥"属幽部。像这种直音就很难说是确切的《诗》本音。当然这些问题都是历史条件造成的,我们不能苛求于古人。王力先生说得好:"王念孙如果早生一百年,他只能做到顾炎武的成绩;顾炎武如果迟生一百年,也就能有王念孙的成绩。我们只须看王念孙之与戴、段、江,江有诰之与戴、王,皆不约而同,就知道科学方法能使人们趋向于同一的真理了。"[14] 视此,我们似乎也可以说,顾炎武如果早生六十年,他只能做到陈第的成绩;陈第如果迟生六十年,他就能有顾炎武的成绩。陈第创立的正确理论和科学方法启迪了有清一代的学者,使我国的古音学研究日趋精密和完善,这就是他贡献于后人的最大的历史功绩。

**参考文献：**

[1][2]王力《汉语史稿》(修订本)上册，科学出版社 1958 年第 1 版，第 11 页。王力《中国语言学史》，山西人民出版社 1958 年第 1 版，第 143 页。

[3]王力《汉语音韵》，中华书局 1963 年第 1 版，第 144 页。

[4]段玉裁《六书音均表一·音韵随时代迁移说》。

[5]张裕钊《重刊毛诗古音考序》，见陈第《毛诗古音考》卷首。

[6]焦竑《毛诗古音考序》，见陈第《毛诗古音考》卷首。

[7]周祖谟《音学五书·前言》，见顾炎武《音学五书》卷首，中华书局 1982 年第 1 版，第 1 页。

[8][9][10]江永《古韵标准》"平声第十一部"、"去声第二部"、"入声第七部"，中华书局 1982 年第 1 版，第 42 页，第 62 页，第 81 页。

[11]吴文祺、张世禄主编《中国历代语言学论文选注》，上海教育出版社 1986 年第 1 版，第 104 页。

[12][14]王力《汉语音韵学》，中华书局 1957 年第 1 版，第 402 页，第 375 页。

[13]陈第《读诗拙言》，见《毛诗古音考》附，中华书局 1988 年第 1 版，第 201 页。

(原载《福建师范大学学报》(社科版)1993 年第 1 期)

# 谈"漫漫"、"漫"的读音，并兼论文史工具书的注音原则

## 一

"漫漫"、"漫"一词在古代有平仄两读，[清]《佩文韵府》(平水韵)、《诗韵合璧》和《辞海》(修订本)，都平去兼收。三年前，我写了一首《初到永安》的七绝。去年，"世界和平杯"全球华人诗词大赛组委会来征稿，我把它抄寄了去，被评为"优秀作品"，准备收入《世界和平诗集》，但看了清样，使我大吃一惊，我诗中的"抗战声中念永安，少年书剑路漫漫"一联的对句却被改为"少年书剑无好颜"，不但意思拙劣，而且连平仄也搞错了。我要求改正，并且声明保留日后公开申明的权利。事后查阅国内几部具有权威性的语文/文史工具书，如《辞源》(修订本)、《汉语大词典》、《王力古汉语字典》甚至《现代汉语词典》等，对"漫漫"和"漫"的注音都只有去声一种。古代汉语"漫漫"、"漫"的读音果真只有读去声而不读平声的吗？弄清这个问题，对于语文/文史工具书的编写和对古代的诗文欣赏以及今天的诗词写作都有重要意义。

## 二

从文献资料看，"漫漫"最初读去声，后来产生出平声的读法，而且平仄两种读法长期并存，其义相同，可以任意用于诗词曲的平声或仄声的位置上。现在我们虽然不能详悉其读音发展变化的全貌，但从古书的注解和韵书的注音以及古代诗词曲作品中却可以

略知其大概的情形。

“漫漫”原作“曼曼”，最早见于屈原《离骚》：“路曼曼其修远兮，吾将上下以求索。”[宋]洪兴祖《楚辞补注》曰：“《释文》‘曼作漫。’五臣云：‘漫漫，远貌。’补曰：曼、漫，并莫半切。”这是认为“曼曼”和“漫漫”都读去声。但他又引《集韵》：“曼曼，长也，谟官切。”又认为它可读平声。再从韵书看。北宋《广韵》（第二次修订于真宗祥符元年，1008年），于上平声二十六桓“曼”下注“母官切”，义为“路远”，于去声二十五愿“曼”下注“无贩切”，义为“长也”，于去声二十九换“漫”下注“莫半切”，义为“大水”。这是认为“曼”有平仄两读。北宋的另一部韵书《集韵》（修于仁宗景祐四年，1037年），于平声二十六桓“莫官切”下，并收“曼”、“漫”二字；而于去声二十九换“莫半切”下，亦并收“曼”、“漫”二字。这也是认为，“曼”和“漫”都有平仄两读。南宋朱熹的《楚辞集注》，于《离骚》“路曼曼其修远兮”下注：“曼，莫半切，又莫官切；一作‘漫’。”这也是认为“曼”、“漫”有平仄两读。刊刻于南宋理宗淳祐壬子年（1252年）的《壬子新刊礼部韵略》（或称《平水韵》，原书已佚，清《佩文韵府》即采用其韵），则于上平声十四寒韵中并收“曼”、“漫”二字，而分别于去声十四愿韵中收“曼”，于去声十五翰韵中收“漫”。这也是认为“曼”、“漫”有平仄两读。《辞海》（修订本）于“曼”下注“màn”，又注“mán 蛮，见‘曼曼’”，而于“曼曼”下注“mán mán，同‘漫漫’”，并于“漫”下注“màn，又读 mán”。这也是认为“曼”和“漫”、“曼曼”和“漫漫”都有平仄两读。字词的读音是在发展变化着的。**字典辞书的编写要密切联系古代作品才能正确反映古人读音的实际。**以上两种说法（即主张古代“漫漫”、“漫”只有去声一种读音和主张“漫漫”、“漫”有平去两种读音）究竟何者为是，最终还要受古人语言实践的检验。笔者认为，从古代作品（主要是近体诗和词、曲，也有部分古体诗）的语言实际看，主张古代"漫漫"、"漫"一词有平去两读而可以通用的说法是正确的,而主张只有去声一种读音的说法是片面的,错误的。以下着重列举"漫漫"、"漫"在古代读平声的例证,以说明我们的观点。

"漫漫"、"漫"在古代有平仄两读,诗词曲中比比皆是。现先说双音词"漫漫"的读音。分几组来谈:

甲组:"路漫漫"中的"漫漫"义为远貌。读平声的。如:

(1)朝矣辛苦地,雪路远漫漫。含冰踏马足,杂雨冻旗竿。([梁]张正见:雨雪曲)

(2)故园东望路漫漫,双袖龙钟泪始干。([唐]岑参:逢入京使)

(3)一自胡尘入汉关,十年伊洛路漫漫。([宋]陈与义:牡丹)

(4)十年愁梦路漫漫,江上离心雁影寒。([明]焦竑:太仆馆中逢许孟中)

(5)客路去漫漫,念女无端,长宵独对五更寒。([清]魏秀仁:浪淘沙)

例(1)"漫漫"与"竿"为韵,属平声。例(2)至(4)"漫漫"所在句的平仄格式是"平平仄仄仄平平",例(5)的平仄格式是"仄仄仄平平","漫漫"都读平声。这种用法的"漫漫"也有读去声的,一般在古体诗中。如:

(1)漫漫遵归道,凄凄对别津。([陈]阴铿:罢故章县诗)

(2)路长漫漫傍江浦,此间不可无君语。([宋]苏轼:往富阳新城,……留风水洞见待)

例(1)"漫漫"所在句中的平仄格式是"仄仄平平仄",例(2)"漫漫"所在句的平仄格式是"平平仄仄平平仄","漫漫"读去声。

乙组:"夜漫漫"中的"漫漫"义为长貌、久貌,读平声。如:

(1)日光洒洒生红,琼葩碎碎迷空,寒夜漫漫漏永。([元]孟昉:小令[越调]天净沙·十二月)

(2)梦儿成/良宵短短,影儿孤/长夜漫漫。([元]刘庭信:[双调]折桂令·题情)

例(1)“漫漫”所在句的平仄格式为“ ⓧ仄平平ⓧ仄”,例(2)的平仄格式是“仄平平/仄仄平平”,“漫漫”读平声。

这种用法的“漫漫”在古体诗中有时读去声。如:

(1)遥夜何漫漫,空歌白头烂。([唐]李白:南奔书怀)

(2)琵琶一曲肠堪断,风萧萧兮夜漫漫。([唐]岑参:凉州馆中与诸判官夜集)

例(1)“漫”与“烂”、例(2)“漫”与“断”叶韵,读去声。

丙组:“水漫漫”中的“漫漫”义为广大貌,大多读平声。如:

(1)惆怅暮帆何处落,青山无限水漫漫。([唐]刘长卿:送女婿)

(2)岳阳城下水漫漫,独上危楼倚曲栏。([唐]白居易:题岳阳楼)

(3)北湖南埭水漫漫,一片降旗百尺竿。([唐]李商隐:咏史)

(4)落叶下君山,空水漫漫。([宋]张舜民:卖花声)

以上例(1)至(3)“漫漫”所在句的平仄格式是“ⓟ平ⓧ仄ⓧ平平”,例(4)的平仄格式是“ⓧ仄平平”,“漫漫”读平声。这种用法的“漫漫”也有读仄声的。如:

(1)河汉,河汉,晓挂秋城漫漫。([唐]韦应物:调笑令的开头三句)

这三句的平仄格式是“平仄,平仄,仄仄平平仄仄”,“漫”与“汉”、“汉”叶韵,读去声。

“海漫漫”中的“漫漫”义为深广貌或平缓貌,读平声。如:

(1)海漫漫,直下无底傍无边。([唐]白居易:海漫漫,戒求仙也)

(2)漫漫黑海向东流,总是相思泪。([元]刘伯亨:[双调]朝元乐·余音)

例(1)“漫”与“边”叶韵,例(2)“漫漫”所在句的平仄格式是“平平仄仄仄平平”,“漫漫”读平声。

丁组:“雪漫漫”、“沙漫漫”中的“漫漫”义为广布貌,大多读平声。如:

(1)客路向南何处是?芦花千里雪漫漫。([唐]刘长卿:奉使鄂渚,至乌江途中作)

(2)阑干风冷雪漫漫,惆怅无人把钓竿。([宋]姜夔:钓雪亭)

(3)江南江北雪漫漫,遥知易水寒。([宋]向子諲:阮郎归)

以上近体诗和词,“漫漫”所在句子的平仄格式是“平平仄仄仄平平”,“漫漫”都读平声。但以下近体诗句中“漫漫”读去声:

(1)迟迟日气暖,漫漫雪天时。([唐]张骞:和潘孟阳《春日雪回文绝句》)

(2)漫漫平沙似白虹,瑶台失手玉杯空。([宋]贺铸:十七日观潮)

以上例(1)“漫漫”所在句的平仄格式是“仄仄仄平平”,例(2)的平仄格式是“仄仄平平仄仄平”,“漫漫”读去声。

戊组:“雨、气、烟、雾、雲”后的“漫漫”义为广远无际貌或遍布貌,大多读平声。如:

(1)商山半夜雨漫漫,偶值新晴下七盘。([唐]裴夷直:上下七盘二首(其二))

(2)连天荒草雨漫漫,赢得鸥边野水宽。([宋]葛天民:江上)

(3)倒影星辰动摇,海气夜漫漫。([宋]张孝祥:水调歌头)

(4)坐稳兴亦佳,夜气方漫漫。草虫鸣东西,飞鸟相与还。([宋]楼阴:月夜泛舟姚江)

(5)一路上/红尘滚滚,半空中/夜雾漫漫。([清]李清《梼杌

闲评》第29回)

例(1)(2)(5)都是近体诗,"漫漫"所在句的平仄格式是"平平仄仄仄平平",例(3)的平仄格式是"仄仄仄平平",例(4)是古体诗,"漫"与"还"叶韵,其中"漫漫"都读平声。这种用法的"漫漫"在近体诗中读仄声的较少见,如:

(1)丁丁漏水夜何长,漫漫轻雲露月光。([唐]张仲素:秋夜曲)——"漫漫"读去声。

己组:"花、草、树"后的"漫漫"义为繁茂众多貌,读平声,如:

(1)君不见/无愁高纬花漫漫,津浦宴馀清露寒。([唐]温庭筠:达摩支曲)

(2)苏溪亭上草漫漫,谁倚东风十二阑?([唐]戴叔伦:苏溪亭)

(3)城中烟树绿漫漫,几万楼台树影间。([宋]陶弼:碧湘门)

例(1)为古体诗,"漫"与"寒"叶韵,读平声;例(2)(3)为近体诗,"漫漫"所在句的平仄格式是"平平仄仄仄平平","漫漫"读平声。

古代单音词"漫"也有平仄两读。在近体诗或古体诗中"漫"读平声的,如:

(1)杨花榆荚无才思,惟解漫天作雪飞。([唐]韩愈:晚春)

(2)无风杨柳漫天絮,不雨棠梨满地花。([宋]陆游:碧瓦)

(3)前村雨过溪流乱,行路迷漫都间断。([宋]梁栋:野水孤舟)

例(1)"漫"所在句的平仄格式是"仄仄平平仄仄平",例(2)"漫"所在句的平仄格式是"平平仄仄平平仄",例(3)为仄韵诗,句子平仄格式是"仄仄平平平仄仄"。

"漫"在近体诗中读去声的甚多。如:

(1)驰道杨花满御沟,红妆漫绾上青楼。([唐]王昌龄:曲江

二首[其二])

(2)却看妻子愁何在,漫卷诗书喜欲狂。([唐]杜甫:闻官军收河南河北)

(3)淮阔洲多忽有村,棘篱疏败漫为门。([宋]梅尧臣:小村)

例(1)(3)"漫"所在句的平仄格式是"平平仄仄仄平平"。例(2)漫所在句的平仄格式是"仄仄平平仄仄平"。

以上列举"漫漫"、"漫"在古代诗(包括近体和古体)词曲中平仄两读的情况。作为阅读古代文史的工具书如《辞源》,自然应该全面真实地反映这种情况。《汉语大词典》既注"漫漫"的音读为去声,却举[宋]范成大的一首押平声的七律《题山水横看》的诗句"烟山漠漠水漫漫,老柳知秋渡口寒"为书证,这不是自相矛盾吗?既然古人写诗,可以自由地把"漫漫"、"漫"用于读平声或读仄声的位置上,今人写作诗词,不论是用旧韵还是用今韵也应该允许有这种自由。

今人写作近体诗,把"漫漫"作为**平声**来使用的为数不少。如袁第锐的《边塞新咏四首》(其三)开头的两句就是:"凉州西望路漫漫,古道难寻七宝鞍。"(载《中华诗词》1996 年第 4 期)刘征《水调歌头·宝成路车上》上片结处:"才赏山腰绿,山顶雪漫漫。"(《古韵新声》第 30 页)当然也有把"漫漫"作为**仄声**来使用的。如袁庆光《警世篇四首》(其三)前联:"抛污掷秽禁尤难,漫漫黑潮浮海湾。"(载《中华诗词》2001 年第 6 期)单音词"漫",今人也有平仄两读的。"漫"读**平声**的,如徐续《中华魂——纪念邓小平诞辰一百周年》:"郡王祠外夕阳残,海峡东头水淼漫。两岸一家完大业,尚馀遗愿在台湾。"(载《中华诗词》2004 年第 9 期)(按,此诗获"京都房地产杯"纪念邓小平诞辰一百周年诗词大赛一等奖)。景生魁《七十三岁书怀》颔联:"寒窗苦读三更月,病榻漫吟一枕秋。"(载同上 2004 年第 4 期)"漫"读去声的,如官福光《读……

〈无欲斋文存续编〉感赋二首》(其二)颈联:“秦镜难磨堪借胆,杜康易醉漫逃禅。”(载同上2004年第2期)据此,重新统一对今音“漫漫”和“漫”读音的认识看来很有必要,这不但可以减少无谓的争议,而且还可以指导人们正确地认识和处理诗词的平仄拗救。这样,如毛泽东七律《冬云》“梅花欢喜漫天雪”句,“漫”读平声,就不存在拗仄的问题了。《新华字典》、《现代汉语词典》对“漫”和“漫漫”的注音都只有去声一种,是否应补注平声一音可由学界再进行深入的讨论,斟酌去取。不过今人新编的诗韵,则要兼收“漫”和“漫漫”的平去两音应该是没有疑义的了。

明陈第提出“所贵诵诗读书,尚论其当世之音”的看法,这应该也适用于辞书编纂。“漫漫”、“漫”是否应兼收平去二音,这牵涉到字典辞书特别是文史工具书的注音原则了,希望由此引起应有的重视。

2004年11月10日

(福建师大社科联离退休分会2004年第十届学术年会论文)

# 谈六言近体诗的格律

## 一、六言近体诗产生于唐代

谈近体诗的人一般只谈五言诗和七言诗，而不谈六言诗。其实近体诗还应包括六言诗。

六言诗起源很早，它是诗从四言体发展到五七言体过程中所产生的一种诗体。据萧艾考证，六言诗始于西汉的东方朔。过去说六言诗始于谷永，那是错的，谷永后于东方朔近百年。东方朔的六言诗，今已佚，其诗句见于唐李善《文选》注左思《蜀都赋》与左思《咏史八首》引。现在能看到的完整的六言诗为东汉末年鲁人孔融的《六言三首》。

六言诗在最初阶段，多数是五句一首，而且句句押韵。后来逐渐有了变化。到了魏晋时代，曹植《妾薄命》二首已用四句写作，嵇康《六言诗十首》已有间句一韵的，而首句可以入韵。到了北周庾信手里，六言诗的格律化、骈偶化已渐趋明显。如其《怨歌行》一首八句："家住金陵县前，嫁得长安少年。回头望乡泪落，不知何处天边。胡尘几日应尽，汉月何时更圆。为君能歌此曲，不觉心随断弦。"（北周诗卷二，见逯钦立辑校《先秦汉魏晋南北朝诗》第2351页）六朝五七言新体诗形成。六言古体与五七言诗古体向近体发展的趋势从总的来看是相一致的。但六朝时代六言新体格律诗并未正式诞生。六言近体诗的四种平仄格式是在初唐以后才陆续出现的，这就是说，**六言近体诗是唐代的产物**。冒春荣《葚原诗说》卷三云："六言自汉谷永始，魏晋间曹陆间作，至唐初李景伯有《回波乐府》，亦颇此体。逮开元、大历间，王维、刘长卿相与继述，而篇什屡见。”六言诗(包括六言近体)因音调迫促,不如五言诗和七言诗有三字尾(“平平仄,仄平平”、“平仄仄,仄平平”),音节灵活,抑扬婉转,故作者较少。但历代继作不绝,有不少人喜欢六言诗。1983 年上海书画出版社出有洪丕谟选注的《历代题画诗选》,收的都是六言诗;其后 1987 年中州古籍出版社出有萧艾辑注的《六言诗三百首》。此二书出版之后,六言诗又重新引起世人的注目。一些诗画家很想用六言诗特别是六言近体诗来题画。但六言近体诗的平仄格式(即平仄图谱)至今无人研究,今人写作六言近体诗,苦于无章可循,难于下手。本人有鉴于此,于教学之余广泛搜求,逐首分析了六朝以来和所能看到的唐宋以后的六言诗,分别其古体和近体,理出了六言近体诗的四种平仄格式及其拗救规则。现在把它公诸同好,以促进各体诗创作的繁荣,满足诗家和鉴赏者的需求。

## 二、六言近体诗的平仄格式

六言近体诗和五言、七言近体诗一样,也有严格的格律。以平韵六言绝句、律诗(简称六律)而言,每首也是限定四句或八句,用平声韵,一韵到底,中间不能换韵,首句可以入韵(一般不用邻韵),每句用字的平仄都有规定,六律每首中间二联(颔联、颈联)必须用对仗,六绝则不要求用对仗,这与五、七言近体没有什么不同,不同的只是平仄组合形式略有差异而已。我们知道,六言近体诗也是以两平两仄相间的方式来组句,以上下句平仄相反的方式来组联,以上下联平仄相粘的方式来组篇的。其平仄构成基本上也是采取两平两仄交替出现的结构,但为了保持偶句押韵而奇句不押韵的这种传统的押韵方式,六言近体诗要求其③④两种平仄句型的第三个节奏(两个字为一个节奏)不再是如五言、七言的“平平”或“仄仄”的构成方式,而是采取“平仄”、“仄平”的构成方式。这是六言近体诗平仄格式不同于五、七言近体诗平仄格式的

最主要的区别之点。六言平韵近体诗也只有四种平仄格式。它是由如下四种基本的平仄句型(即律句)构成的:

①仄仄平平仄仄

②平平仄仄平平

③平平仄仄平仄

④仄仄平平仄平

用以上四种不同的平仄句型为起句,根据对、粘的规则和"约句准篇"的要求,可以构成六言绝句和六言律诗的四种平仄格式。

唐代六言近体诗以绝句为常见,律诗较少见,排律仅一见。以下即谈六言近体诗的四种平仄格式:

(一)以① **"仄仄平平仄仄"** 为起句(即首句仄起仄收不入韵式)写成的六言近体诗。

1. **六绝**。如[唐]顾况《归山作》:

①仄仄平平仄仄,　　心事数茎白髮,(茎,平声。)
②平平仄仄平平。　　生涯一片青山。
③平平仄仄平仄,　　空林有雪相待,
④仄仄平平仄平。　　古道无人独还。(十五删)

(全唐诗卷二六七,第664页)

(以上下有"_"的表示韵脚,下有"︸"的表示拗,有"·"的表示可仄可平。以下同。)

2. **六律**。如[唐]皮日休《胥口即事六言二首》(其二):

①仄仄平平仄仄,　　拂钓清风细丽,
②平平仄仄平平。　　飘蓑暑雨霏微。(对仗)
③平平仄仄平仄,　　湖雲欲散未散,
④仄仄平平仄平。　　屿鸟将飞不飞。(对仗)
①仄仄平平仄仄,　　换酒帩头把看,
②平平仄仄平平。　　载莲艇子撑归。(对仗)

③平平仄仄平仄，　　斯人到死还乐，
④仄仄平平仄平。　　谁道刚须用机？（五微）

（全唐诗卷六一六，第1560页）

（二）以②**“平平仄仄平平”**为起句（即首句平起平收入韵式）写成的六言近体诗。

1. **六绝**。如［唐］李中《客中春思》：

②平平仄仄平平，　　又听黄鸟绵蛮，（绵蛮，鸟声。）
④仄仄平平仄平。　　目断家乡未还。
①仄仄平平仄仄，　　春水引将客梦，
②平平仄仄平平。　　悠悠绕遍关山。（十五删）

（全唐诗卷七四八，第1863页）

2. **六律**。如［唐］刘长卿《苕溪酬梁耿别后见寄》：

②平平仄仄平平，　　清川落日初低，
④仄仄平平仄平。　　惆怅孤舟解携。
①仄仄平平仄仄，　　鸟向平芜远近，
②平平仄仄平平。　　人随流水东西。（对仗）
③平平仄仄平仄，　　白雲千里万里，
④仄仄平平仄平。　　明月前溪后溪。（对仗）
①仄仄平平仄仄，　　独恨长沙谪去，
②平平仄仄平平。　　江潭芳草萋萋。（八齐）

（全唐诗卷一五〇，第354页）

［唐］康骈《广谪仙怨并序》（序略）："晴山碍目横天，绿叠君王马前。鸾辂西巡蜀国，龙颜东望秦川。（对仗）曲江魂断芳草，妃子愁凝暮烟。（对仗）长笛此时吹罢，何言独为蝉蜎？"（一先）（全唐诗卷八九〇，第2165页）按，本诗第五句"曲江魂断芳草"，第五字"芳"字不拗。

（三）以③**“平平仄仄平仄”**为起句（即首句平起仄收不入韵

式)写成的六言近体诗。

1. **六绝**。如[宋]苏轼《惠崇芦雁》:

③平平仄仄平仄,　　惠崇烟雨芦雁,
④仄仄平平仄平。　　坐我潇湘洞庭。
①仄仄平平仄仄,　　欲买扁舟归去,
②平平仄仄平平。　　故人云是丹青。(九青)

(苏轼诗集卷五〇,第2770页)

[唐]王贞白《仙岩》二首(其一)也是用这种平仄格式写成的:“白烟昼起丹灶,红叶秋书篆文。二十四岩天上,一鸡啼破晴雲。”(全唐诗卷七〇一,第1769页)

2. **六律**。如[唐]鱼玄机《寓言》:

③平平仄仄平仄,　　红桃处处春色,
④仄仄平平仄平。　　碧柳家家月明。(对仗)
①仄仄平平仄仄,　　楼上新妆待夜,
②平平仄仄平平。　　闺中独坐含情。(对仗)
③平平仄仄平仄,　　芙蓉叶下鱼戏,
④仄仄平平仄平。　　螮蝀天边鹤声。(对仗)
①仄仄平平仄仄,　　人世悲欢一梦,
②平平仄仄平平。　　如何得作双成?(八庚)

(全唐诗卷八〇四,第1354页)

3. **六排**。如[唐]冯延巳《早朝》:

③平平仄仄平仄,　　铜壶滴漏初尽,
④仄仄平平仄平。　　高阁鸡鸣半空。(对仗)
①仄仄平平仄仄,　　催启五门金锁,
②平平仄仄平平。　　犹垂三殿帘栊。(对仗)
③平平仄仄平仄,　　阶前御柳摇绿,
④仄仄平平仄平。　　仗下宫花散红。(对仗)

①仄仄平平仄仄，　　　　鸳瓦数行晓日，
②平平仄仄平平。　　　　鸾旗百尺春风。（对仗）
③平平仄仄平仄，　　　　侍臣踏舞重拜，
④仄仄平平仄平。　　　　圣寿南山永同。（一东）

（全唐诗卷七三八，第1843页）按，本诗又收入《全唐诗》卷八九八《词九》（第2188页），题为《寿山曲》。文字略有不同，如“启”作“起”，“鸾”作“莺”，“踏舞”作“舞蹈”。

（四）以④**“仄仄平平仄平”**为起句（即首句仄起平收入韵式）写成的六言近体诗。

1. **六绝**。如［唐］刘长卿《发越州赴润州使院，留别鲍侍御》：

④仄仄平平仄平，　　　　对水看山别离，（看，平声。）
②平平仄仄平平。　　　　孤舟日暮行迟。
③平平仄仄平仄，　　　　江南江北春草，
④仄仄平平仄平。　　　　独向金陵去时。（四支）

（全唐诗卷一五〇，第354页）

2. **六律**。如［唐］吕岩《六言》：

④仄仄平平仄平，　　　　春暖群花半开，
②平平仄仄平平。　　　　逍遥石上徘徊。
③平平仄仄平仄，　　　　独携玉律丹诀，
④仄仄平平仄平。　　　　闲踏青莎碧苔。（对仗）
①仄仄平平仄仄，　　　　古洞眠来九载，
②平平仄仄平平。　　　　流霞饮几千杯。
③平平仄仄平仄，　　　　逢人莫话他事，
④仄仄平平仄平。　　　　笑指白雲去来。（十灰）

（全唐诗卷八五八，第2101页）

六绝的**第一式**①"仄仄平平仄仄"(即首句仄起仄收式)是基本格式,写作的人最多,**第二式**③"平平仄仄平平"(即首句平起平收式)也较常见。其余两式罕见,第四式尤罕见。

六律以第一式和第三式为较常见,第四式罕见,第二式尤罕见。

* * *

六言近体诗产生于唐代,而以绝句为最常见。有两种情况值得注意:

第一,六言绝句平仄不粘的居多,不但唐代如此,后代亦如此。这种不粘的绝句尤以第一种仄起仄收式(即"仄仄平平仄仄"式)的首两句重复一遍为最常见,写作的人极多。例如[唐]白居易《临都驿答梦得六言二首》(其一):

(仄起联)杨子津头月下,临都驿里灯前。

(仄起联)昨日老于前日,去年春似今年。(一先)

(全唐诗卷四四八,第1127页)

[宋]苏轼《西太一见王荆公旧诗,偶次其韵二首》(其二):

(仄起联)但有樽中若下,何须墓上征西?(若下,酒名。)

(仄起联)闻道乌衣巷口,而今烟草萋迷。(八齐)

(《苏轼诗集》卷二十七,第1449页)

萧艾说过,"宋代六言,佳作如林",指的恐怕大都是这种失粘的六言古绝。六言古绝的平仄格式选择"仄仄、平平"脚的句型来作正规格式的补充而不用"平仄、仄平"脚的句型,说明"平仄、仄平"脚较难适应六言诗押韵的需要。

把以上这种特殊的平仄格式再重复至八句,便成为一首六言古律。例如[明]袁宏道《渑池和黄平倩壁间诗二首》(其一):

(仄起联)落日疏林涧水,秋风匹马咸秦。(对仗)

(仄起联)南北陵收过雨,东西崤起飞尘。(对仗)

(仄起联)龙锁幽崖翠乳,雷烧古树苍鳞。(对仗)

(仄起联)穴处巢民谁氏,断辕斩轸何人?(十一真)

(《袁中郎集》卷□)

第二,六绝平仄常不相间。例如[宋]黄庭坚《次韵王荆公题西太一宫壁二首》(其二):

晚风池莲香度,晓日宫槐影西。(对仗)

白下长干梦到,青门紫曲尘迷。(八齐)

(引自萧艾《六言诗三百首》第95页)

本诗首句第四字是节奏点,本不能拗,现拗为平,这是失间。六言近体诗不是科举考试要求的诗体,诗人写作比较随意,并不严格遵守六言近体诗的平仄格式,这就不足为奇了。以上这种失粘、失间的六言诗,属入律的古风,不能算作六言近体诗。

**三、六言近体诗的平仄拗救**

六言近体诗的平仄格式有其严格的规定性,但在保持其基本框架不变的情况下,写作时也允许对文字的平仄运用作适当的调整,这就是平仄拗救。**平韵**六言近体诗平仄拗救的原则是**救平声**(**仄韵**六言近体诗平仄拗救的原则是**救仄声**),其拗救方法是**前拗后救**。六言平韵近体诗也讲究避孤平(特别是避句首孤平),并注意防止句尾出现三平调和三仄调。但总的看来,六言近体诗的平仄拗救不如五、七言近体诗严格,手段也较简单,只有本句自救,没有对句互救,比较容易掌握。现将六言平韵近体诗句子平仄拗救(拗用"﹏"标示)和可仄可平(用"·"标示)的情况简示如下:

①仄仄|平平|仄仄

②平平|仄仄|平平

③平平|仄仄|平仄

④仄仄|平平|仄平

以下依次说明不同平仄句型(即律句)的平仄拗救:

第一,在①**“仄仄|平平|仄仄”**的句型里,句中第三字平拗了,要改第五字仄为平来相救,这就是句中孤平拗救。如[唐]李中《莺》:“薄暮欲栖何处,雨昏杨柳深深。”此“欲”拗“何”救,避免了句中孤平。[唐]窦弘余《广谪仙怨》:“雲雨此时萧散,君王何日归还?”此“此”拗“萧”救,避免了孤平。但句中第三字平也有拗而不救的,如[唐]顾况《归山作》“心事数茎白髮”,“数”拗“白”未救。李中《客中春思》“春水引将客梦”,“引”拗“客”未救。以上二例,“数茎”、“引将”都犯了孤平。

第二,在②**“平平|仄仄|平平”**的句型里,句首第一字平拗了,要改第三字仄为平来补偿,这就是句首孤平拗救。如李中《客中春思》:“又听黄鸟绵蛮,目断家乡未还。”此“又”拗“黄”救,是句首孤平拗救。又如[宋]苏轼《惠崇芦雁》:“欲买扁舟归去,故人云是丹青。”此“故”拗“云”救,也是句首孤平拗救。但句首第一字平也有拗而未救的,如刘禹锡《酬杨侍郎凭见寄》后联:“看看瓜时欲到,故侯也好归来。”此“故”拗“也”未救,句首“故侯”成了孤平。

在这种句型里,句尾两平连用,其第一字一般说来也不宜拗。但如[唐]刘禹锡《酬令狐相公六言见寄》后联:“今日便令(平声)歌者,唱兄诗送一杯。”句尾“一”字拗,并不可取。

第三,在③**“平平|仄仄|平仄”**的句型里,句首第一字平拗了,要改第三字仄为平来补偿。如[唐]李嘉祐《送陆澧还吴中》:“故乡南望何处?秋水连天独归。”此“故”拗“南”救,是句首孤平拗救。但也有句首第一字平拗而未救的。如[唐]皇甫冉《送郑二之茅山》:“水流绝涧终日,草长深山暮春。”此“水”拗“绝”未救,句首“水流”成了孤平,是近体诗的大忌。

在“平平|仄仄|平仄”这种句型里,第五字平本不能拗,拗了句尾就会出现四仄调或三仄调,六言近体诗也应极力防止。但确实找不到适用的平声字,只好拗而为仄,这是六言诗的**特拗**。如

[唐]刘长卿《苕溪酬梁耿别后见寄》:"白雲千里万里,明月前溪后溪。"上句"万"拗,本句、对句均无法相救,句尾出现了三仄调。又如[唐]皮日休《胥口即事》:"湖雲欲散未散,屿鸟将飞不飞。"上句"未"拗,本句无法相救,句尾出现了四仄调。这种句尾单平拗而未救的句子有一个显著的特点:其上下句的第四、六两个音节往往是同字前后呼应着用,如"千里万里,前溪后溪"、"欲散未散,将飞不飞"。在这种情况下,下句的第五个仄声字不能再拗平,而上句的第三个仄声字则往往拗平,避免句尾四仄连用。不过上句也有既拗了第五字平,第一字平又拗了,全句只剩下一个平声字,这又是特拗中一个异乎寻常的特例。如[宋]范成大《宿牧马山胜果氏》:"佛灯已暗复吐,旅枕才安却惊。月色看成晓色,溪声听作枕声。"首句"佛"字拗,"已"未救,"佛灯"成为孤平,"复"字又拗,句尾出现了四仄调。这种情况应极力避免。

第四,在**"仄仄|平平|仄平"**的句型里,第三字平一般不能拗。如[南唐]李煜《开元乐》:"心事数茎白髪,生涯一片青山。空林有雪相待,古道无人自还。"第四句"无"字未拗为仄。但也有拗而未救的。如[唐]吕岩《六言》尾句"笑指白雲去来",此"白"拗"去"未救,其实"去"亦无法相救,"去"如改为平,则句尾成三平调。这句中第三字平声,究其实应视为可平可仄。

**参考文献:**

[1]逯钦立辑校,《先秦汉魏晋南北朝诗》(全三册),中华书局1983年9月第1版。

[2]洪丕谟选注,《历代题画诗选》,上海书画出版社1983年版。

[3]萧艾,《六言诗三百首》,中州古籍出版社1987年版。

[4]《全唐诗》(全二册),上海古籍出版社1986年10月第1版。

(原载《厦门广播电视大学学报》(综合版)1999年第2期,2008年5月修改并补写[附]《简论六言仄韵近体诗》,见后)

# [附]

## 简论六言仄韵近体诗

一

六言平韵近体诗的格律及其拗救已如上述。六言近体诗有没有押仄韵的呢？从五七言近体诗皆有押平韵和押仄韵的两种情形看，六言近体诗也应该有押仄声韵的一种。但这个问题目前还未见有人对它进行专门的研究，本人也未及去收集例诗（例诗可能是存在的，但不一定类型齐全）。不过六言仄韵古体诗是存在的，历代都有人写。这些六言仄韵古体诗由于受五七言近体诗和六言平韵近体诗的影响，也大都讲究本句平仄相间，上下句平仄相对，并注意平仄拗救，这是一种入律的古风。在正式谈六言仄韵近体诗之前，先了解一下六言仄韵古风入律的一些情况，对于认识六言仄韵近体诗的平仄拗救也是有好处的。兹录数首如下：如[唐]裴谈《回波乐》：

"回波尔时"栲栳，怕妇亦是大好。

外边祇有裴谈，内里无过（平声）李老。（对仗）（上声十九皓）

（全唐诗卷八九〇，第 2163 页）

"回波"是乐府商调曲，又为舞曲名，唐中宗时造。六言四句，开头例有"回波尔时"四字，故名。"栲栳"是一种用柳条编成的盛物器，此用来兴起诗意并入韵。裴谈是唐中宗时宫内伶人（戏剧演员）。李老指唐中宗李显，高宗第七子，性柔懦，深惧皇后韦氏。诗中裴谈以怕妇自嘲，同时又拿中宗惧内来开涮取乐，并取悦韦氏。据说裴谈当场受到韦氏奖赏。此诗后联平仄相对："平平仄仄平平，仄仄平平仄仄。”又如［唐］无名氏《塞姑》：

昨日卢梅塞口，整见诸人镇守。

都护三年不归，折尽江边杨柳。（上声二十五有）

（全唐诗卷八九九，第 2189 页）

本诗一、二、四三句都用“仄仄平平仄仄”句型，其第三句平仄有拗无救。又如［宋］朱敦儒《双鸂鶒二首》（其二）：

小艇谁吹横笛，惊起不知消息。

悔不当时描得，如今何处寻觅。（入声十二锡、十三职合韵）

（见萧艾《六言诗三百首》第 115 页）鸂鶒（xīchì），赤鸳鸯。

本诗首联上下句平仄皆为“仄仄平平仄仄”，尾联上下句平仄为“仄仄平平仄仄，平平仄仄平仄”，也注意平仄拗救。又如［明］陈继儒《山中作二首》（其一）：

手持斑竹锄头，睡起删花理草。

忽然走入深林，惊起一群黄鸟。（上声十九皓、十七篠合韵）

（《历代各体诗歌精品千首》第三册《历代六言诗精品百首》第 167 页，福建师大社会历史学院郑宝谦老师提供）

本诗首尾两联平仄皆为“平平仄仄平平，仄仄平平仄仄”。其中有拗有救。又如［清］袁枚《从端江到桂林，一路山水奇绝，有突过天台、雁宕者，赋六言九章，恐未足以形容，终抱歉于山灵也》。其一：

前望不知去踪，后望不知来路。

山川如此遮拦，不见一船留住。（去声七遇）

其四：

长绳牵向青天，一步船高一丈。

分明水底山多，篙打乱山头响。（上声二十二养）

（见萧艾《六言诗三百首》第202页）

其一首联平仄为“仄仄平平仄平，仄仄平平仄仄”，尾联平仄为“平平仄仄平平，仄仄平平仄仄”。其四首尾两联平仄皆为“平平仄仄平平，仄仄平平仄仄”。前首平仄有拗有救。

二

六言仄韵近体诗也是由四种基本的平仄句型（见后）组成的，它与六言平韵近体诗所用的平仄句型完全相同，只是由于押平、押仄的差异而形成为两种不同的平仄格式体系。因此，参照六言平韵近体诗的四种基本的平仄句型和四种平仄格式，根据六言仄韵近体诗对、粘的规则，完全可以推求出六言仄韵近体诗的四种平仄格式及其拗救规则，并据以写出仄韵近体的六言绝句，六言律诗和六言排律来。以下是本人对六言仄韵近体诗的格律（这里主要指平仄格式及拗救）和绝句、律诗诗作的一点初步探索和尝试。

六言仄韵近体诗的四种基本的平仄句型（律句）如下：

①平平仄仄平平

②仄仄平平仄仄

③仄仄平平仄平

④平平仄仄平仄

（以上下有“—”的表示韵脚，“～”表示拗，“·”表示可平可仄。以下同。）

依次用以上四种基本的平仄句型为起句，依照对、粘的规则和“约句准篇”的要求，可以推求出六言仄韵近体诗的四种不同的平仄格式，并可据此写出四种不同声韵类型的六言仄韵近体诗来。以下分别举例说明：

（一）以①“**平平仄仄平平**”为起句（即首句平起平收不入韵式）写成的六言仄韵近体诗。

1. **绝句**。如本人《戊子初春，我国西南诸省份开展一场抗击冰雪灾害的斗争，有赋》：

①平平仄仄平平　雪冰肆虐西南，
②仄仄平平仄仄　电网交通阻断。
③仄仄平平仄平　举国同心抗灾，
④平平仄仄平仄　军民争上前线。（今韵）

2. **律诗**。如本人《闻庄奴为新落户台北动物园的大熊猫团团、圆圆作曲，喜赋》：

①平平仄仄平平　团团长伴圆圆，
②仄仄平平仄仄　终日嬉游情笃。
③仄仄平平仄平　告别蜀中旧巢，
④平平仄仄平仄　飞临台北新筑。（对仗）
①平平仄仄平平　天真童子赓歌，
②仄仄平平仄仄　快乐庄奴作曲。（对仗）
③仄仄平平仄平　新岁迎宾喜频，
④平平仄仄平仄　山音海韵相逐。（入声一屋、二沃合韵）

（二）以②**“仄仄平平仄仄”**为起句（即首句仄起仄收入韵式）写成的六言仄韵近体诗。

1. **绝句**。如本人《祝十一届人大二次会议胜利闭幕》：

②仄仄平平仄仄　大会庄严落幕，
④平平仄仄平仄　信心传递承诺。
①平平仄仄平平　内需外贸双赢，
②仄仄平平仄仄　欢笑宽松雀跃。（入声十药）

2. **律诗**。如本人《报称 12 月 5 日万州炸毁在建的三峡明珠宝塔，感赋》：

②仄仄平平仄仄　半立明珠宝塔，
④平平仄仄平仄　一声巨响坍塌。

①平平仄仄平平　行人久待登临，
②仄仄平平仄仄　宝马亦希接纳。（对仗）
③仄仄平平仄平　旅客未窥万州，
④平平仄仄平仄　移民何望三峡。（对仗）
①平平仄仄平平　官员建拆随心，
②仄仄平平仄仄　木叶悲风飒飒。（入声十五合、十七洽合韵）

（三）以③“**仄仄平平仄平**”为起句（即首句仄起平收不入韵式）写成的六言仄韵近体诗。

（1）**绝句**。如本人《戊子新正，泉州市在文庙举行学童拜师仪式，有赋》：

③仄仄平平仄平　文庙学童拜师，
④平平仄仄平仄　欢颜领一红蛋。
①平平仄仄平平　泮池沾润毫端，
②仄仄平平仄仄　开笔尚须许愿。（今韵）

（2）**律诗**。如本人《读老大娘拾荒九年还清5万余元债务成为“感动中国人物”候选人的报道，有感作》：

③仄仄平平仄平　兰玉高风热传，
④平平仄仄平仄　夫亡子死堪涕。（涕，流泪。）
①平平仄仄平平　“借钱谊重情深，
②仄仄平平仄仄　还债天经地义。”（对仗）
③仄仄平平仄平　九载拾荒苦辛，
④平平仄仄平仄　老来奋志磨砺。（对仗）
①平平仄仄平平　人生诚信如金，
②仄仄平平仄仄　日出东天有继。（去声八霁、四质合韵）

（四）以④“**平平仄仄平仄**”为起句（即首句平起仄收入韵式）写成的六言仄韵近体诗。

(1)**绝句**。如本人《5月14日下午,温家宝总理乘直升机赶赴震中汶川县映秀镇察看灾情,有赋》:

④平平仄仄平仄　　察灾屡历艰险,
②仄仄平平仄仄　　心系同胞急难。
③仄仄平平仄平　　决策随机制宜,
④平平仄仄平仄　　平民总理风范。(今韵)

(2)**律诗**。如本人《欢呼我国神舟七号航天员翟志刚、刘景明、景海鹏"太空行走"成功,喜赋》:

④平平仄仄平仄　　神舟七号三杰,
②仄仄平平仄仄　　漫步太空跨越。
③仄仄平平仄平　　美酒携来共斟,
④平平仄仄平仄　　唾壶击碎同悦。(对仗)
①平平仄仄平平　　手挥祖国红旗,
②仄仄平平仄仄　　心系同胞情结。(对仗)
③仄仄平平仄平　　邀与嫦娥远行,
④平平仄仄平仄　　深空巡视星月。(入声六月、九屑合韵)

三

六言仄韵近体诗的平仄拗救,其原则是救仄声,其拗救方法也是前拗后救,手段比较简单,也只有本句自救,没有对句互救。现逐句说明如下:

第一,在①"**平平|仄仄|平平**"的句型里,第三字拗了,一般要改第五字平为仄来相救。但句中孤仄远不如句首孤仄的音律缺陷显著,可以不救。[明]陈继儒《山中作》(其一)首句"手持斑竹锄头",第三字"斑"拗,第五字"锄"未救,"竹"成孤仄。本人《闻庄奴……为大熊猫团团圆圆作曲,喜赋》第五句"天真童子赓歌","童"拗"赓"未救,也是这种用法。

第二,在②**"仄仄|平平|仄仄"**的句型里,句首第一字仄拗,要改第三字平为仄来相救,这是句首孤仄拗救。如本人《戊子新正,泉州市在文庙举行学童拜师仪式,有赋》尾句"开笔尚须许愿",此"开"拗"尚"救,就是句首孤仄拗救。[宋]朱敦儒《双鸂鶒二首》(其一)第二句"惊起不知消息","惊"拗"不"救,避免"起"成孤仄。但有时确实找不到合适的字,句首第一字仄拗了也可以不救。如本人《读老大娘拾荒九年还清5万元……的报道,有感作》第四句"还债天经地义",此"还"拗"天"未救,"债"成孤仄。

第三,在③**"仄仄|平平|仄平"**的句型里,第一字仄拗,要改第三字平为仄来相救。这也是句首孤仄拗救。如[清]袁枚《从端江到桂林……九章》(其一)首句"前望不知去踪",此"前"拗"不"救,避免了"望"成孤仄。本人《戊子新正,泉州市在文庙举行拜师仪式,有赋》首句"文庙学童拜师",第一字"文"拗,即改第三字平为仄"学"来相救,避免"庙"成孤仄。但如果找不到合适的仄声字也可以不救。如[唐]无名氏《塞姑》第三句"都护三年未归",第一字"都"拗,第三字"三"未救,"护"成孤仄。本人《欢呼我国神舟七号航天员……"太空行走"成功,喜赋》第七句"邀与嫦娥远行","邀"拗"嫦"未救,"与"成孤仄。

第四,在④"平平|仄仄|平仄"的句型里,第三字仄拗,本句无法自救,此"仄"非节奏点,属可仄可平。如[宋]朱敦儒《双鸂鶒二首》(其二)尾句"如今何处寻觅","何"拗"寻"未救,救即破坏了本句的平仄格式。本人《欢呼我国神舟七号航天员……"太空行走"成功,喜赋》尾句"深空巡视星月","巡"字也是可平可仄。

六言仄韵近体诗的押韵要求比较宽,可用平水韵,也可用今韵;既可用独韵,也可用合韵,或径直用词韵。请参看《论仄韵近体诗》押韵部分的说明,此不详述。

# 论近体诗产生的年代

**提要**：过去谈近体诗的起源和发展的人往往五、七言不分，笼统地说近体诗“见于唐初”、“起源始于唐代”、“是唐代以前所没有的”。本文通过对六朝新体诗，即六朝新体格律诗（重点分析五言新体诗）的体式、平仄格式、拗救、押韵、对仗诸要素的深入探析，提出如下的看法：五、七言近体诗并非同时产生、同步发展的，五言近体诗产生于六朝，七言近体诗萌芽于六朝陈、隋而完成于初唐，且仄韵五绝新体诗也诞生于六朝，它开了唐代仄韵五言近体诗的先河。

**关键词**：初唐；六朝；近体诗；新体诗

## 一、问题的提出

唐代的格律诗通常叫近体诗，又叫“律诗”或“今体诗”。① 这种诗体究竟产生于何时，过去一般认为它产生于唐代。最早提出这一看法的是北宋李之仪。其《谢人寄诗并问诗中格目小纸》云：“近体诗见于唐初，赋平声为韵，而平侧（即仄）协其律，亦曰律诗。”（见《姑溪居士文集》十六）其后人们大多沿袭其说。［清］钱木庵《唐音审体》云：“律诗始于初唐。”旧《辞海》云：“今体诗，其起源始于唐代。”王力《汉语诗律学》云：“唐代以后，大约因为科举

①“律诗”一词见于［唐］元稹《唐故工部员外郎杜君墓係铭并序》：“唐兴，官学大振，历世之文，能者互出。而沈宋之流，研练精切，稳顺声势，谓之律诗。”这“律诗”即指近体诗。“今体诗”一词见于［唐］张籍《酬秘书王丞见寄》：“今体诗中偏出格，常参官里每同班。”

的关系,诗的形式逐渐趋于划一,对于平仄、对仗和诗篇的字数,都有严格的规定。这种依照严格规则来写出的诗,是唐代以前所未有的,所以后世叫做近体诗。”[1]当然也有人看到唐代近体诗与六朝诗的关系。如[明]胡应麟《诗薮内篇》卷四云:“五言律诗,兆于梁陈。”他列举了十余首六朝诗,称为“真唐律也”、“实百代近体之祖”,年代稍早的杨慎编集六朝诗四首为“五言律祖”,陆侃如、冯沅君在《中国诗史·新体诗人》中说六朝自齐至隋的百余年中有一种“微有格律”的新体诗[2],但实际情况如何,他们都未勾画出一个鲜明的轮廓来,似乎都还找不到具体论证的方法和途径,故只能含糊其辞,无法给人一个明晰的认识。

我过去信从近体诗产生于唐代的说法,只是认为[北周]庾信也曾写出个别合乎近体诗平仄格式的诗作。前年为了修改拙著《诗词格律与章法》一书中“平仄组合规则”的文字,意欲多举几个例证来充实书的内容,仔细地翻阅了逯钦立辑校的《先秦汉魏晋南北朝诗》,意外地发现了六朝(指宋、齐、梁、北魏、北齐、北周、陈)、隋有大量与唐代近体诗平仄格式完全相符的五言新体诗,①而且四种平仄格式俱全,绝句、律诗、排律各体皆备,而七言新体诗则甚少,不但平仄格式不全(只有首句平收的两种诗作,没有首句仄收的两种独立存在的诗作),而且只有绝句没有律诗。再细审六朝、隋五言新体诗的押韵、平仄拗救与对仗等规则,又发现无一不与唐代近体诗相合。事实是最好的证据。过去谈唐代近体诗的起源和产生的人往往五、七言不分,笼统地说近体诗“见于唐初”、“起源始于唐代”、“是唐代以前所没有的”等等说法,看来都是片面的,必须修正。本人认为,五言近体诗与七言近体诗并非同时产生、同

①六朝五言新体诗指的就是五言新体格律诗。“新体诗”的名称来自[梁]萧纲《伤离新体诗》。陆侃如、冯沅君也称六朝“微有格律”的诗为“新体诗”。

步发展的，五言近体诗产生于六朝，七言近体诗萌芽于六朝陈、隋而完成于初唐。六朝的五言新体诗是唐代五言近体诗的直接源头，它是一种成熟的诗体。为了说明上述的观点，本文拟把论述的重点放在五言新体诗上，然后次及七言。

## 二、五言近体诗产生于六朝与七言近体诗萌芽于六朝的证据

为什么说唐代五言近体诗产生于六朝呢？这主要是从以下三个方面来考量：一是看近体诗的三种体式即绝句、律诗、排律（尽管当时没有这些名称）是否已经具备（排律非绝对必具，但在考察唐代近体诗产生于六朝这一点上，排律是否具备却十分重要）；二是看四种不同起句的平仄格式是否已经发育齐全；三是看平仄拗救的方法是否已经周全、完备。从这三个主要方面看，唐代五言近体诗与六朝五言新体诗确是一脉相承的。下面我们即以四种不同的平仄格式（下用"'以某某'为起句"来代称）为纲，分别列举六朝三种不同体式的新体诗来作证明。这里要指出的一点是，本文所举的六朝新体诗包括为后代所避忌的三平调、三仄调和孤平的诗作，但不包括失间、失对和失粘的诗作。这是因为，六朝此类的诗作甚多，如果不把它排拒在外，就很难划清新体诗和非新体诗的界限了。

（一）以**"仄仄平平仄"**为起句写成的六朝新体诗

以"仄仄平平仄"为起句（即首句仄起仄收不入韵式）写成的六朝新体诗数量较多，共有作者45人（其中宋1，齐1，梁22，北魏1，北齐1，北周2，陈9，隋8），作品71首。兹分述如下（诗逐首注明平仄、押韵［押韵与唐近体诗十分相近，故此借用平水韵韵目来标示］和对仗。平用"—"、"仄"用"·"，可平可仄和拗救用"﹏"表示）：

1. **五绝**。如［**梁**］庾肩吾《被执作诗一首》：

髮与年俱暮，愁将罪共深。（俱，平声。）

聊持转风烛，暂映广陵琴。（十二侵）

（梁诗卷二十三，逯书第2004页）

用这种格式写成的五绝，自宋至隋，有作者37人（其中宋1，齐1，梁18，北魏1，北周3，陈6，隋7），作品52首。（详见作者《六朝新体诗分类汇抄》。下同。）

2. **五律**。如［**梁**］徐摛《咏笔》：

本自灵山出，名因瑞草传。

纤端功积润，弱质散芳烟。（对仗）

直写飞蓬牒，横承落絮篇。（对仗）

一逢提握重，宁忆仲升捐？（一先）

（梁诗卷十九，同上第1891页）

用这种格式写成的五律，自梁至隋，有作者12人（其中梁5，北齐1，北周1，陈4，隋1），作品15首。

3. **五排**。如［**梁**］庾丹《秋闺有望》（十二句）：

耿耿横天汉，飘飘出岫雲。（对仗）

月斜树倒影，风至水迴文。（对仗）

已泣机中妇，复悲堂上君。（对仗）

罗襦晓长襞，翠被夜徒薰。（对仗）

空汲银床井，谁缝金缕裙。（对仗）

所思竟不至，持酒清夜分。（十二文）

（梁诗卷二十七，同上第2101页）

用这种格式写成的五排（十二句或十二句以上，至少十句），自梁至北周，有作者3人（其中梁2，北周1），作品3首（其中十句的2首，十二句的1首）。

此外，还有三韵小律1首。如［**北周**］庾信《杏花》诗：

春色方盈野，枝枝绽翠英。

依稀暎春坞，烂熳开山城。（对仗）

好折待宾客，金盘衬红琼。*（八庚）

（北周诗卷四，同上第2399页）*《集韵》：“红，古巷切，音绛。”

（二）以**“平平仄仄平”**为起句写成的六朝新体诗

以“平平仄仄平”为起句（即首句平起平收入韵式）写成的六朝新体诗较少见，这情况和唐代近体诗同。自宋至隋，有作者9人（其中宋1，梁3，北周1，陈2，隋2），作品12首。如下：

1. **五绝**。如［**梁**］朱超《城上乌》：

朝飞集帝城，犹带夜啼声。

近日毛虽暖，闻弦心尚惊。（八庚）

（梁诗卷二十七，同上第2096页）

用这种格式写成的五绝，自宋至北周，有作者4人（其中宋1，梁2，北周1），作品4首。

2. **五律**。如［**陈**］张正见《关山月》：

岩间度月华，流影映山斜。

晕逐连城璧，轮随出塞车。（对仗）

唐蓂遥合影，秦桂远分花。（对仗）

欲验盈虚理，方知道路赊。（六麻）

（陈诗卷二，同上第2478页）

用这种格式写成的五律，陈、隋只有作者2人，作品3首。

3. **五排**。如［**陈**］阴铿《新成安乐宫》（十句）：

新宫实壮哉，雲里望楼台。

迢递翔鹍仰，联翩贺燕来。（对仗）

重檐寒雾宿，丹井夏莲开。（对仗）

砌石披新锦，梁花画早梅。（对仗）

欲知安乐盛，歌管杂尘埃。（十灰）

（陈诗卷一，同上第2450页）

用这种格式写成的五排，只有梁、陈作者2人，作品2首。

此外，还有三韵小律1首。如［梁］萧纲《仰和卫尉新渝侯巡城口号诗——庾肩吾、王筠同赋》（诗见下文第三部分"（二）押韵"引，此略）。

（三）以**"平平平仄仄"**为起句写成的六朝新体诗

以"平平平仄仄"为起句（即首句平起仄收不入韵式）写成的六朝新体诗数量也较多，自宋至隋，有作者44人（其中宋2，梁13，北魏1，北齐3，北周3，陈14，隋8），作品88首。如下：

（1）**五绝**。如［**宋**］鲍照《采菱歌七首》（其一）：

鹜舲驰桂浦，息棹偃椒潭。（对仗）

箫弄澄湘北，菱歌清汉南。（对仗）（十三覃）

（宋诗卷七，同上第1270页）

用这种格式写成的五绝，自宋至隋，有作者35人（其中宋2，梁17，北魏1，北齐2，北周2，陈6，隋5），作品53首。

2. **五律**。如［**北周**］庾信《咏画屏风诗二十五首》（其二十三）：

今朝好风日，园苑足芳菲。

竹动蝉争散，莲摇鱼暂飞。（对仗）

面红新著酒，风晚细吹衣。（对仗）

跂石多时望，莲船始复归。（五微）

（北周诗卷四，同上第2398页）

用这种格式写成的五律，自梁至隋，有作者14人（其中梁2，北周1，陈7，隋4），作品20首。

3. **五排**。如［**陈**］徐陵《山斋》诗（十四句）：

桃源惊往客，鹤峤断来宾。（对仗）

复有风云处，萧条无俗人。

寒山微有雪，石路本无尘。（对仗）

竹径蒙笼巧，茅斋结构新。（对仗）

烧香披道记，悬镜厌山神。（对仗）

砌水何年溜，簷桐几度春。（对仗）

雲霞一已绝，宁辨汉将秦？（十一真）

（陈诗卷五，同上第2530页）

用这种格式写成的五排，梁、陈有作者4人（梁、陈各2），作品6首（其中十句的2首，十二句、十四句、十六句、二十句的各1首）。

此外，还有三韵小律。如[**北周**]王褒《始发宿亭》诗：

送人亭上别，被马枥中嘶。（对仗）

漠漠村烟起，离离岭树齐。（对仗）

落星侵晓没，残月半山低。（对仗）（八齐）

（北周诗卷一，同上第2342页）

用这种格式写成的三韵小律，自梁至隋，有作者6人（其中梁2，北齐、北周、陈、隋各1），作品8首。

（四）以**"仄仄仄平平"**为起句写成的六朝新体诗

以"仄仄仄平平"为起句（即首句仄起平收入韵式）写成的六朝新体诗也较少，这情况和唐代近体诗也正同。自梁至隋，有作者14人（其中梁6，北齐、北周各1，陈、隋各3），作品20首。如下：

1. **五绝**。如[**陈**]陈后主叔宝《舞媚娘三首》（其三）：

春日好风光，寻观向市傍。

转身移佩响，牵袖起衣香。（对仗）（七阳）

（陈诗卷四，同上第2509页）

用这种格式写成的五绝，自宋至隋，有作者7人（其中宋1，梁2，北周1，陈2，隋1），作品9首。

2. **五律**。如[**梁**]沈约《登北固楼》：

六代旧山川，兴亡几百年。

繁华今寂寞,朝市昔喧阗。(对仗)
夜月琉璃水,春风柳色天。(对仗)
伤时为怀古,*垂泪国门前。(一先)

(梁诗卷六,同上第1640页)*为,去声。

用这种格式写成的五律,自梁至隋,有作者8人(其中梁3,北魏1,北周1,陈2,隋1),作品10首。

3. **五排**。如[**隋**]辛德源《白马篇》:

任侠重芳辰,相从竞逐春。
金羁络赭汗,紫缕映红尘。(对仗)
宝剑提三尺,雕弓韬六钧。(对仗)
鸣珂蹀细柳,飞盖出宜春。(对仗)
遥见浮光发,悬知白马人。(十一真)

(隋诗卷二,同上第2649页)

用这种格式写成的五排,只有隋作者1人,作品1首。

此式没有合格的三韵小律,兹不举例。

综上所述,六朝共有五言新体诗(此不计三韵小律)作者85人(其中宋3,齐1,梁34,北魏3,北齐3,北周4,陈18,隋19),用以上四种平仄格式写成的新体诗共有178首(其中宋5,齐2,梁69,北魏3,北齐4,北周28,陈41,隋26),其中五绝118首,五律48首,五排12首。详如表1:

**表1　六朝五言新体诗**

| 首数＼式＼体 | (一)以"仄仄平平仄"起句 | (二)以"平平仄仄平"起句 | (三)以"平平平仄仄"起句 | (四)以"仄仄仄平平"起句 | 总计 |
|---|---|---|---|---|---|
| 五绝 | 52 | 4 | 53 | 9 | 118 |
| 五律 | 15 | 3 | 20 | 10 | 48 |
| 五排 | 3 | 2 | 6 | 1 | 12 |
| 合计 | 70 | 9 | 79 | 20 | 178 |

与此同时，六朝五言仄韵绝句新体诗也诞生了。也有四式，它开了唐代五言仄韵近体诗的先河。此略。见《论仄韵近体诗》。

*　　*　　*

以下谈六朝七言新体诗。

六朝七言新体诗产生较晚。陈、隋时代只见首句用平收格式写成的两种作品出现。以下分别举例说明：

其一，以**“仄仄平平仄仄平”**为起句写成的七绝。如[**隋**]无名氏《送别》诗：

杨柳青青著地垂，杨花漫漫搅天飞。（对仗）
柳条折尽花飞尽，借问行人归不归？（五微）
（隋诗卷八，同上第2753页）

[梁]元帝萧绎的一首22句古体诗《燕歌行》的前四句、[陈]张正见的一首14句古体诗《赋得佳期竟不归》的后四句，也是用这种平仄格式写成的，但却直到隋代有了独立的诗篇出现，这才宣告这种平仄格式的正式诞生。

其二，以**“平平仄仄仄平平”**为起句写成的七绝。如[**陈**]江总《怨诗二首》（其一）：

采桑归路河流深，忆昔相期柏树林。
奈许新缣伤妾意，无由故剑动君心。（十二侵）
（陈诗卷七，同上第2572页）

上述萧绎《燕歌行》的第七－十句、张正见《赋得佳期竟不归》的前四句、[陈]阮卓的一首16句古体诗《赋得黄鹄一远别》的前四句、江总的一首38句古体诗《宛转歌》中的第十九－二十二句，也是用这种平仄格式写成的，但却直到江总《怨诗》（其一）的出现，这才宣告这种平仄格式的正式诞生。

六朝另两种首句用仄收式写成的七绝新体诗虽未见单独出现，但其雏形是存在的，被包孕在古体诗之中，成为古体诗某一相对独立的句群。这种包孕在古体诗中符合平仄格式的七言四句的诗歌片断，可以视为“准七绝”。请看：

其一，以**“平平仄仄平平仄”**为起句写成的“准七绝”，如［**陈**］江总的一首20句古体诗《杂曲三首》（其三）的最后四句：

新人未语言如涩，新宠无前判不臧。

愿奉更衣兰麝气，恐君马到自惊香。（七阳）

（陈诗卷七，同上第2573页）

［陈］陈后主叔宝的一首6句古体诗《玉树后庭花》的后四句，也是这样的“准七绝”。

其二，以**“仄仄平平平仄仄”**为起句写成的“准七绝”，只见于［**隋**］薛道衡的一首28句古体诗《豫章行》中的第五–八句：

枫叶朝飞向京洛，文鱼夜过历吴洲。

君行远度茱萸岭，妾住长依明月楼。（十一尤）

（隋诗卷四，同上第2681页）

六朝时代，七言新体诗的四种平仄格式尚未发育齐全，而诗体也只有绝句一种。因此只能说六朝是七言近体诗的萌芽时期。

## 三、对六朝五言新体诗格律诸要素的考察

六朝五言新体诗是一种新的格律诗。现在我们着重从平仄拗救、押韵、对仗诸格律要素方面对它进行考察，看看六朝新体诗对唐代近体诗的格律究竟产生什么影响，它们有何异同。

### （一）平仄拗救

平仄是新体诗最重要的格律因素，是新体诗的灵魂。新体诗的四种平仄格式是四种理想的声调谱式，它是从音乐的角度出发对诗歌提出的美学要求，是一种原则规定。为了适应写作的需要，做到不以声害义，谱式在基本保持其框架不变的情况下，允许平仄有一定的灵活性，这就产生了拗救。用拗救来促进诗歌写作，这是格律诗体成熟的表现。押平声韵的新体诗特别注意防止句中平声

音节的流失,平声拗了一般都要救。**故平韵新体诗拗救的原则主要是救平声**(仄韵近体诗拗救的原则主要是救仄声),仄声只是在句尾可能出现三平调时才需要救。拗救方法是**前拗后救**。过去讲近体诗的平仄拗救时通常把前拗后救的方法具体化为本句自救、对句互救、本句自救和对句互救相结合三种方法。这些原则和方法都来自六朝人的实践,即所谓"文成法立",是约定俗成的,但都符合科学的道理,为唐人所遵用。

1. **本句自救**。有三种情况:

(1)**孤平拗救**。在"平平|仄仄|平"的句型里,第一字平拗,要改第三字仄为平来相救,否则即犯孤平。如[梁]萧子晖《冬晓》:"步栏光欲通,曙鸟向西东。"此"步"拗"光"救。[梁]范云《登城怨》诗:"独以闺中笑,岂知城上寒。"此"岂"拗"城"救。在六朝新体诗中,孤平拗救有 12 例,未救的只有 3 例。如[梁]吴均《咏柳》:"朝作离蝉宇,暮成宿鸟园。""暮"拗"宿"未救。唐代近体诗重视孤平拗救,在上述句型中,平拗了未救,便是犯了孤平,孤平是近体诗的大忌。[唐]李中《献中书张舍人》诗云:"四方观启沃,毕竟念孤平。"(全唐诗卷七四八)但唐人也偶有未救的。如郎士元《送钱大》:"暮蝉不可听,落叶岂堪闻。"

(2)**句中单平拗救**。在"平平|平|仄仄"句型里,第三字单音节奏点平拗了,要改第四字仄为平来补偿。这就是句中单平拗救。如[梁]沈约《携手曲》:"鵁冠且容裔,岂吝桂枝亡?"此"且"拗"容"救。[梁]萧纲《夜望浮图上相轮绝句》诗:"光中辩垂凤,雾里见飞鸾。"此"辩"拗"垂"救。[隋]炀帝杨广《喜春游歌二首》:"轻身赵皇后,歌曲李夫人。"此"赵"拗"皇"救。句中单平拗救,可以防止出现三仄调;未救,就会造成三仄调。如[梁]武帝萧衍《秋歌四首》(其一):"怀情入夜月,含笑出朝雲。"六朝新体诗中三仄调的甚多,达 56 例。句中单平拗救,也为唐代近体诗所接受。

如孟浩然《过故人庄》:“开轩面场圃,把酒话桑麻。”但唐人也有不少未救的。如王绩《野望》:“东皋薄暮望,徙倚欲何依。”杜审言《和晋陵陆丞早春游望》:“云霞出海曙,梅柳渡江春。”杜甫《送远》:“亲朋尽一哭,鞍马去孤城。”现在讲近体诗格律的对此都避而不谈。事实上,三仄调尚有上去入的曲折变化,不如三平调的单调呆板,应该被允许,视为宽式近体诗之一种。另外,在“平平|平|仄仄”句型里,第三字平拗了,第一字平不能再拗,或第一字平拗了,第三字平不能再拗,否则就是犯孤平。六朝人一般是注意到了,但也偶有在此处犯孤平的。如[梁]庾丹《秋闺有望》:“月斜树倒影,风至水迴文。”[北魏]温子昇《凉州乐歌二首》(其一):“远游武威郡,遥望姑臧城。”近体诗也偶有在此处犯孤平的。如孟浩然《过故人庄》:“故人具鸡黍,邀我至田家。”

(3)**句中单仄拗救**。在“仄仄|仄|平平”的句型里,第三字单音节奏点仄拗了,要改第四字平为仄来补救。这就是句中单仄拗救。(按,孤平拗救主要是对句首、句中的“平平”音节而言,句尾两平连用,其第一字是非节奏点,是可平可仄的。)如[梁]范云《送沈记室夜别》:“秋风两乡怨,秋月千里分。”此“千”拗“里”救。[梁]陶宏景《诏问“山中何所有”,赋诗以答》:“‘山中何所有?’岭上多白云。”此“多”拗“白”救。句中单仄拗救,六朝新体诗有6例。唐代近体诗句中单仄拗救也不少,过去讲平仄拗救的多不讲,但这是无法回避的。如孟浩然《望洞庭湖赠张丞相》:“八月湖水平,涵虚混太清。”李白《江夏送李之悌》:“楚水清若空,遥将碧海通。”李百药《秋晚登古城》:“秋风转摇落,此志安可平!”句中单仄拗救可以防止句尾出现三平调,这是它最显著的作用。

句中单仄拗了也有不救的,这就造成三平调。六朝新体诗有三平调23例。如[北周]庾信《结客少年场行》:“歌嫌李都尉,果掷潘河阳。”唐近体诗也有三平调。如祖咏的应试诗《终南望馀雪》:"终南阴岭秀,积雪浮云端。"三平调是古风的特征,唐代近体诗一般都注意避忌。

2. **对句互救**。在"仄仄|平平|仄,平平|仄仄|平"这两种句型连用时,上句平声字中有一字拗了还是二字都拗了,无法在本句自救,六朝人即改下句第三字仄为平来补救。如[梁]沈约《留真人东山还》:"寥戾|野风|急,芸黄|秋草|腓。"上句"野"拗,下句"秋"救。这是对句孤平互救。[梁]吴均《别鹤》:"别鹤|亲故|侣,联翩|辽海|间。"上句"故"拗,下句"辽"救。这是对句特拗互救。(按,"特拗"指本句无法自救的节奏点上的拗字)[梁]何逊《与虞记室诸人咏扇》:"罗袖|幸拂|拭,微芳|聊可|因。"上句"幸拂"拗,下句"聊"救。这又是对句孤平互救与特拗互救。在六朝新体诗中,下句第三字救上句第三字的有6例,救上句第四字的有2例,救上句第三四字的也有2例。唐代近体诗对句互救的情况与此同。如孟浩然《留别王维》:"寂寞|意何|待,朝朝|空自|归。"白居易《赋得古原草送别》:"野火|烧不|尽,春风|吹又|生。"杜甫《送远》:"草木|岁月|晚,关河|霜雪|清。"都是适例。

在上述句型中,上句第三、四字拗了,下句如找不到合适的平声字也可以不救。如[宋]王僧达《诗》:"缃叶|未开|蕊,红葩|已发|光。"上句"未"拗,下句"已"未救。[北周]庾信《咏怀诗二十七首》(其十六):"横石|三五|片,长松|一两|株。"上句"五"拗,下句"一"未救。在六朝新体诗中,下句第三字未救上句第三字或第四字的各有6例。此等处唐代近体诗也有未救的。如皇甫曾《送郑明府贬岭南》:"共对|一尊|酒,相看|万里|人。"上句"一"拗,下句"万"未救。

3. **本句自救与对句互救相结合**。上述两种句型连用,如果下句句首犯孤平,要改第三字仄为平来补偿,这是本句句首孤平拗救;如果上句句中第三个平声字也拗了,则此下句第三字又同时救

了上句拗仄的平声字,这就是对句孤平互救。唐代近体诗这种拗救屡见不鲜,但这方法实始于六朝。如[梁]萧衍《秋歌四首》(其一):"绣带|合欢|结,锦衣|连理|文。"下句"锦"拗"连"救,是本句句首孤平拗救,"连"又同时救了上句拗仄的"合"字("欢"成孤平)。[齐]谢朓《永明乐十首》(其八):"实相|薄五|礼,妙花|开六|尘。"下句"妙"拗"开"救是本句孤平拗救,"开"又同时救了上句的"薄五"二字,这又是对句孤平互救与特拗互救。这种句型中的拗字,实在找不到合适的平声字也可以不救。如[梁]萧衍《秋歌四首》(其二):"七彩|紫金|柱,九华|白玉|梁。"下句"九"字拗,"白"未救,"华"成孤平,"白"也未救上句的"紫"字。唐宋近体诗也有同样的情况。拗救的,如[唐]储光羲《张谷田舍》:"一径|人寒|竹,小桥|穿野|花。""穿"既救本句的"小"字,又救了上句的"人"字。孟浩然《早寒有怀》:"木落|雁南|渡,北风|江上|寒。""江"既救本句的"北"字,又救了上句的"雁"字。未救的,如[宋]梅尧臣《夏日晚霁》:"雨脚|收不|尽,夕阳|半古|城。""半"未救本句的"夕"字,亦未救上句的"不"字。

(二)押韵

六朝五言平韵新体诗的押韵规则也为唐代近体诗所承袭。

1. 六朝五言新体诗偶句押韵,而以首句不入韵为正体,也以此类作品为最多,奇句押韵只限于首句,此类作品较少。六朝古体诗首句押韵,并不计入韵数之内,如[陈]陈后主叔宝《七夕宴,重咏牛女,各为五韵》:"明月照高台,仙驾忽徘徊。雷徙闻车度,霞上见妆开。房移看动马,斗转望斟杯。靥色随星去,鬓影杂雲来。更觉今宵短,只遽日轮催。"(陈诗卷四)诗用"台、徊、开、杯、来、催"6个韵字,但首句"台"字不计入,故诗题只称"五韵"。唐代近体诗也接受这种观点。如[唐]王维五排《青龙寺昙壁上人兄院集并序……诗五韵,座上成》:"高处敞招提,虚空讵有倪。坐看南陌骑,下听秦城鸡。眇眇孤烟起,芊芊远树齐。青山万井外,落日五陵西。眼界今无染,心空安可迷?"(全唐诗卷一二七)诗用6个韵字,却只计"五韵"。六朝五言新体诗首句押韵也不计入韵数之内,故首句句尾的平声字也可不入韵。如[梁]萧纲《仰和卫尉新渝侯巡城口号》诗:"帝京风雨中,层阙烟霞浮。玉署清馀热,金城含暮秋。水光凌却敌,槐影带重楼。"(梁诗卷二十二)首句"中"字不入韵。唐近体诗也偶有这种情况。如李贺《马诗》:"催榜渡乌江,神骓泣向风。君王今解剑,何处逐英雄?"(全唐诗卷三九一)[明]王世懋认为近体诗首句平声不入韵是出韵。其《艺圃撷馀》云:"至于首句出韵,晚唐作俑,宋人滥觞,尤不可学。"这是就唐代以诗取士的科举制度而言,王世懋的话或许是对的,但六朝人未必是这样看待。

2. 六朝新体诗押平声韵,一韵到底。先看首句不入韵的。如[陈]乐昌公主《饯别自解诗》:"今日何迁次,新官对旧官。笑啼俱不敢,方信作人难。"(陈诗卷六)"官、难"为十四寒韵,一韵到底。再看首句入韵的。如[梁]沈约《登北固楼》:"六代旧山川,兴亡几百年。繁华今寂寞,朝市昔喧阗。夜月琉璃水,春风柳色天。伤时为怀古,垂泪国门前。"(梁诗卷六)"川、年、阗、天、前"为一先韵,也是一韵到底。唐代近体诗的押韵方式与此同,不必举例。

3. 六朝新体诗首句入韵,可借用邻韵,即允许首句邻韵通押。如[梁]萧纲《游光宅寺应令》诗:"陪游入旧丰,雲气郁青葱。紫陌垂青柳,轻槐拂慧风。八泉光绮树,四柱暖临宫。翠網随烟碧,丹花共日红。方欣大雲溥,慈波(音 bì,循引水也)流净宫。"(梁诗卷二十一)首句"丰"属二冬韵,其余属一东韵,这是首句邻韵通押。六朝新体诗首句邻韵通押仅此一例,但它作为一条押韵规则为唐代近体诗所接受,却是不争的事实。例略。

4. 唐代近体诗不能重韵,即一字在同一首诗的韵脚中不能重复出现。这条规则在六朝新体诗中也确立下来了。如前引[隋]辛德源《白马篇》“宜春”是地名,与“逐春”的“春”重出,是重韵。近体诗也偶有重韵的,如杜荀鹤七律《自叙》“人”字重出,都是极个别的现象。

六朝新体诗也有偶句韵脚合韵的现象,这是例外,不是常规。如[梁]庾肩吾《和竹斋诗》:“百拱横筇节,千栌跨簗竿。迴龙仍作柱,置笛且成栾。向岭分花径,随阶转药栏。蜂归怜蜜熟,燕入重巢乾。欲仰天庭掞(通“焰”),终知学步艰。”(梁诗卷二十三)“艰”为十五删,余为十四寒,是寒删合韵。(按,汉代寒删是一个韵。如[东汉]张衡《四愁诗》:“我所思兮在太山,欲往从之梁父艰,侧身东望泪霑翰。”六朝诗“艰”入寒韵。至[隋]陆法言《切韵》始析“艰”入删韵。此例系依平水韵来衡量。)六朝此类合韵的新体诗只有7首。六朝没有官颁的韵书,私人所纂韵书归字是否有出入,不得而知,有人或许就是根据自己的方音来押韵,故有此现象,不足为奇。唐代近体诗也偶有合韵的,唐人叫“落韵”、“出韵”。如杜甫《雨晴》:“天外秋雲薄,从西万里风。今朝好晴景,久雨不妨农。塞柳行疏翠,山梨结小红。胡笳楼上发,一雁入高空。”“农”是二冬,余为一东,这是东冬合韵。因为是个人写作,不关科举录取,杜甫就根据实际读音并以突出关怀农民的心情来押韵。唐代由于科举考试的需要,颁布了官定的韵书《切韵》(193韵),后来又对193韵作了“独用”、“合用”的规定,统一了用韵的标准。这是一大进步。唐代近体诗规定首句句尾平声必须押韵,一韵到底,中间不能换韵,首句入韵,可以借用邻韵,其余韵脚则不能借用邻韵,否则即算出韵,科举出韵即不能录取。从这些方面看,唐代近体诗的押韵要求要比六朝新体诗严格,也更加规范。

（三）对仗

六朝是骈体文的全盛时期。骈体文是一种讲求辞采、对偶，以字句两两相对成篇而骈散兼行的文体，是魏晋以来文章的正体，举凡诏、令、表、疏和碑、铭、诔文、祭文及书信，都应用骈体。六朝新体诗也受其影响，注意使用对偶，成为一种骈散兼行的诗体。对偶是新体诗的另一格律要素。［明］徐师曾《文体明辨序说》云："按律诗者，梁陈以下声律、对偶之诗也。"对偶发挥类比联想和对比联想的作用，可使诗歌显得丰富多彩而深刻，有一种平衡对称之美，且音调铿锵，甚便记忆和吟诵，是新体诗重要的艺术手段。［梁］刘勰对骈体文的对偶有所谓言对、事对、反对、正对的区分。《文心雕龙·丽辞》云："故丽辞之体，凡有四对，言对为易，事对为难，反对为优，正对为劣。"这对新体诗的写作肯定会产生积极的影响。六朝新体诗不论绝句、律诗还是排律都十分注意使用对偶。对偶也叫对仗。唐代律诗中间两联要求用对仗，排律除首尾两联外，中间不论多少联，都要求用对仗，绝句则不要求用对仗。可以看得出来，这些格律要求完全是从总结六朝新体诗的写作经验中提出来的，可能比六朝更明确，也更规范些。但近体诗对仗变格的情况也是存在的。下举六朝的例子：［梁］姚翻《梦见故人》："觉罢方知恨，人心定不同。谁能对角枕，长夜一边空。"（梁诗卷二十八）此绝不用对偶。［梁］吴均《别鹤》："别鹤寻故侣，联翩辽海间。单栖孟津水，惊唳陇头山。"（梁诗卷十）此绝后联用对偶。［陈］陈昭《明君词》："跨鞍今永诀，垂泪别亲宾。汉地随行尽，胡关逐望新。交河拥塞雾，陇日暗沙尘。唯有孤明月，犹能远送人。"（陈诗卷六）此为律诗，中间两联用对偶。五排请参看以上押韵部分所举［梁］萧纲《游光宅寺应令》诗，该诗首尾用散行，中间三联用对偶。

## 四、七言近体诗完成于初唐

唐初，五言近体诗兴起。唐代五言近体诗是六朝五言新体诗的直接继承，这是一种完全成熟的诗体。唐承隋制，于高祖武德五年(622)开科取士，到高宗永徽二年(651)进士科就开始考试诗赋，后并规定以一首六韵十二句的五言排律为考试诗体，这更进一步促进了五言近体诗创作的繁荣。唐人既写五言古体诗、五言近体诗，也写七言近体诗。初唐[①]诗人**沿用六朝两种首句平收的格式**写七绝，也写出了七律。以下分别说明：

其一，以**“仄仄平平仄仄平”**为起句写成的七言近体诗

初唐用这种格式写成的七言近体诗共有作者19人，作品49首(其中七绝29首，七律20首)。

1. **七绝**。如虞世南《应诏嘲司花女》：

学画鸦黄半未成，垂肩亸袖太憨生。(亸，音duǒ，下垂)
缘憨却得君王惜，长把花枝傍辇行。(八庚)

(全唐诗卷三十六，第125页)

初唐用这种格式写成的七绝，共有作者15人，作品29首。(详见作者《初唐七言近体诗分类汇抄》。下同。)

2. **七律**。如张九龄《奉和圣製〈早发三乡山行〉》：

羽卫森森西向秦，山川历历在清晨。
晴雲稍卷寒岩树，宿雨能销御路尘。(对仗)
圣德由来合天道，灵符即此应时巡。(对仗)
遗贤一一皆羁政，犹欲高深访隐沦。(十一真)

(全唐诗卷四八，第149页)

初唐用这种格式写成的七律共有作者12人，作品20首。

其二，以**“平平仄仄仄平平”**为起句写成的七言近体诗

初唐用这种格式写成的近体诗共有作者17人，作品70首(其

---

①自唐高祖武德元年(618年)至玄宗先天元年(712年)约九十余年，是为初唐。(据沈祖棻《唐人七绝诗浅释》第24页)

中七绝 28 首，七律 42 首）。

1. **七绝**。如宋之问《登逍遥楼》：

逍遥楼上望乡关，绿水泓澄雲雾间。

北去衡阳二千里，无因雁足系书还。（十五删）

（全唐诗卷五十三，第 162 页）

初唐用这种格式写成的七绝共有作者 17 人，作品 28 首。

2. **七律**。如宗楚客《奉和〈幸安乐公主山庄〉应制》：

玉楼银牓枕严城，翠盖红旂列禁营。（对仗）

日映层岩图画色，风摇杂树管絃声。（对仗）

水边重阁含飞动，雲里孤峰类削成。（对仗）

幸睹八龙游阆苑，无劳万里访蓬瀛。（八庚）

（全唐诗卷四十六，第 142 页）

初唐用这种格式写成的七律共有作者 15 人，作品 42 首。

沿用六朝这两种首句平收格式写出七律是一大进展。但真正取得突破性进展的却是写出了六朝尚未脱离母体而独立成诗的那两种首句仄收的七言近体诗。分述如下：

其三，以**“平平仄仄平平仄”**为起句写成的近体诗

初唐用这种格式写成的近体诗共有作者 8 人，作品 11 首（其中七绝 4 首，七律 7 首）。

1. **七绝**。如宋之问《伤曹娘二首》（其二）：

前溪妙舞今应尽，子夜新歌遂不传。（对仗）

无复绮罗娇白日，直将珠玉闭黄泉。（一先）

（全唐诗卷五十三，第 162 页）

初唐用这种格式写成的七绝共有作者 4 人（即宋之问、郭震、马怀素、沈佺期。此顺序据《全唐诗》卷次，下同），作品 4 首。

2. **七律**。如苏颋《寒食宴于中舍别驾兄弟宅》：

子推山上歌龙罢，定国门前结驷来。（对仗）

始睹元昆锵玉至，旋闻季子佩刀迴。（对仗）

晴花处处因风起，御柳条条向日开。（对仗）

自有长筵欢不极，还将綵服咏南陔。（十灰）

（全唐诗卷七十三，第192页）

初唐用这种格式写成的七律共有作者5人，作品7首（姚崇1，李適2，苏颋1，张说1，沈佺期2）。

其四，以**“仄仄平平平仄仄”**为起句写成的七言近体诗

初唐用这种格式写成的七言近体诗共有作者9人，作品13首（其中七绝7首，七律6首）。

1. **七绝**。如魏征《舒和》：

圣敬通神光七庙，灵心荐祚和万方。

严禋克配鸿基远，明德惟馨凤曆昌。（七阳）

（全唐诗卷三十一，第117页）

初唐用这种格式写成的七绝共有作者6人，作品7首（魏征2，元万顷1，李峤1，韦元旦1，刘宪1，沈佺期1）。

2. **七律**。如韦元旦《奉和〈立春游苑迎春〉应制》：

灞涘长安恒近日，殷正腊月早迎新。（正，平声）

池鱼戏叶仍含冻，宫女裁花已作春。（对仗）

向苑雲疑承翠幄，入林风若起青蘋。（对仗）

年年斗柄东无限，愿挹琼觞寿北辰。（十一真）

（全唐诗卷六十九，第185页）

初唐用这种格式写成的七律共有作者4人，作品6首（韦元旦2，李適1，苏颋2，张说1）。

初唐七言近体诗**首句仄收二式**作品的出现，宣告了七言近体诗的最后完成，标志着我国格律诗已发展到了它的最新阶段。不过初唐的七言近体诗，多为宫廷贵戚的奉和、侍宴、应诏、应制之作，乏善可言，只有杜审言的《渡湘江》和沈佺期的《古意呈补阙乔

知之》等几首，向为诗家所推崇。到了祖咏、李颀、王维、李白、高适、岑参等人七绝、七律的出现，题材才扩大到登览、送别、寄赠、边塞、行旅等领域，写出了许多优秀而各有独创风格的诗作。李白、高适向有七绝圣手之称。自从出现了杜甫、李商隐等七律大家，七言律诗在中国诗坛上更是光彩夺目而辉耀千古。据笔者统计，初唐计有七言近体诗作者 33 人，作品 144 首，其中七绝 69 首，七律 75 首，七言排律，初唐尚未出现。详如表 2：

**表 2　初唐七言近体诗**

| 首 式 数 人 数 体 | 首句平收式 | | 首句仄收式 | | 总计 |
|---|---|---|---|---|---|
| | （一）以“仄仄平平仄仄平”起句 | （二）以“平平仄仄仄平平”起句 | （三）以“平平仄仄平平仄”起句 | （四）以“仄仄平平平仄仄”起句 | |
| 七绝 | 29(15 人) | 28(17 人) | 4(4 人) | 7(6 人) | 68 |
| 七律 | 20(12 人) | 42(15 人) | 7(5 人) | 6(4 人) | 75 |
| 七排 | | | | | |
| 合计 | 49 | 70 | 11 | 13 | 143 |

七言近体诗是在五言近体诗句子的前头加上两个平仄相反的音节而成，其第二字是节奏点，不能拗，其第一字是非节奏点，不管在何种句型里，都是可平可仄可救可不救的。除此，七言近体诗在平仄、押韵、对仗上并没有自己单独的格律，故此毋须再一一细述。

## 五、馀　论

过去讲近体诗的起源和产生，往往不分五言和七言，统统说是唐初，而且又统统归之于沈佺期和宋之问名下。如［明］王世贞《艺苑卮言》卷四云：“五言至沈宋始可言律。”［明］胡应麟《诗薮内篇》卷五云：“七言律滥觞沈宋。”［清］钱木庵《唐音审体》云：“唐律始于初唐，至沈宋而其体始备。”甚至把“约句准篇”也归之于沈宋。如《唐书·文苑·宋之问传》云：“魏建安迄江左，诗律屡变，至沈约、庾信以音韵相婉附，属对精密。及之问、佺期又加靡丽，回忌声病，**约句准篇**，锦绣成文，学者宗之，号曰沈宋。”这些说法，都言过其实。沈佺期和宋之问是武后时代的宫廷诗人，在流放失意之后也写了一些好诗，他们对七言近体诗形式的最后完成起了一定的作用。这是没有疑问的。就两种首句仄收的作品而言，宋之问贡献了平起仄收的七绝1首（见上引），沈佺期贡献了平起仄收的七绝1首（《钱唐永昌》）、七律2首（《奉和立春游苑迎春》、《从幸香山寺应制》），又贡献了仄起仄收的七绝1首（《狱中闻驾幸长安二首》其二）。但是宋之问（约656－712）与郭震（656－713）、马怀素（生卒年不详）、沈佺期（约656－714）都是同时代人，很难说沈宋就是写首句平起仄收式七绝的最早人物，而魏征（580－643）则无疑是用“仄仄平平平仄仄”为起句写七绝的第一人。姚崇、李適、苏颋、张说、沈佺期都写过首句平起仄收式的七律，但宋之问没有；韦元旦、李適、苏颋、张说都写过首句仄起仄收式的七律，但沈佺期、宋之问没有。过去人们在评价沈宋的诗歌成就时把五七言近体诗形式上的创造也完全归功于他们，这是不恰当的。姜书阁说得好：“我们讲律诗是论诗的形式，虽然形式与内容密切关连，但在讲体裁分类时，却可以而且必须不把形式以外的东西搅到一块，以免混淆不清。”[3]我们认为，对沈宋五七言近体诗的成就的总体评价是一回事，对他们在七言近体诗的写作格式上到底贡献了什么的认定又是另一回事，认真辨析，给予恰当的肯定是必要的，这才不会掩盖七言近体诗平仄格式发展的历史真相，也才不会抹煞他们和同时代诸人或比他们年代稍早的那些人的共同贡献，这才是实事求是与客观公正的。今天，当我们在吟诵唐人的七绝如杜甫的《江南逢李龟年》（岐王宅里寻常见）和王维的《九月九日忆山东兄弟》（独在异乡为异客）时，应该记起这些初唐诗人共同的开创之功。

唐代的五七言格律诗也称“律诗”，而通称“近体诗”。“近体诗”这一名称见于[宋]朱翌《猗觉寮杂》卷上：“李峤、沈、宋之后方为律诗，谓之近体。”这“近体”是唐人对其律诗的称呼，指**近代的诗体**，亦即指六朝时代产生的诗体。今人麻守中在《论近体诗的起源》时说：“近体诗的‘近’，不是指今天所说的近代。”[4]不是指“近代”，不知当何所指？据新《辞源》的释义，“近”共有六个义项：“（一）远之反。（二）接近。（三）近似。（四）浅近。（五）浅陋。（六）指君王的近臣。”除“远之反”（按，指空间的距离之近或时间的距离之近）外，其他义项都不能与“近体”的“近”相切合。唐人对其时行的诗体的由来是清楚的。唐代诗人写近体诗，有人还特地申明是“**效齐梁体**”。如岑参《夜过盘石，隔河望永乐，寄闺中，**效齐梁体**》诗：“盈盈一水隔，寂寂二更初。波上思罗袜，鱼边忆素书。月如眉已画，雲拟鬓新梳。春物知人意，桃花笑索居。”（全唐诗卷二〇〇）可知这“近体”的“近”当指近代无疑。称唐代的格律诗为“近体诗”，如实地反映了唐代近体诗与六朝新体诗之间的渊源关系，是恰当的，又何疑？

**参考文献：**

[1]王力．汉语诗律学[M]．上海：上海教育出版社，1958．18．

[2]陆侃如，冯沅君．中国诗史（中册）[M]．北京：作家出版社，1957．382．

[3]姜书阁．诗学广论[M]．北京：中国社会科学出版社，1982．72．

[4]麻守中．中国诗歌体裁概论[M]．长春：吉林大学出版社，1988．135．

福建师大社科联离退休分会2005年第十一届年会论文，2005．10．25第六稿

（原载《福建师范大学学报》（社科版）2007年第4期）

# 论仄韵近体诗

## 一、研究仄韵近体诗的必要性和重要性

仄韵近体诗是存在的。但过去讲近体诗的人都只讲平韵近体诗，至于近体诗有没有押仄韵的呢？通常都不讲。因此，在一般人的心目中，平韵近体诗成为近体诗的唯一。1962年，王力先生著《诗词格律十讲》，他在“五言绝句”中介绍五绝的平仄格式时说：“除了平韵律绝之外，还有一些仄韵律绝。”（着重号是笔者所加。下同）他举了一种仄韵律绝的平仄格式和[唐]顾况的《忆旧游》为例[1]。1977年，王著《诗词格律》出版，他在介绍律诗时说：“律诗一般只押平声韵。”而在页下注补充说：“刘长卿、白居易、韩偓等人写了一些仄韵律诗，因为这种诗是罕见的，这里不讲。”[2]王力先生在以上二书中提出了“仄韵律绝”和“仄韵律诗”的概念来，显露了仄韵近体诗冰山之一角，但在全国一片平韵近体诗的学习、写作热潮中，他的话并没有引起多少人的注意。1982年，涂宗涛著《诗词曲格律纲要》，说：“旧体格律诗到唐代才定型下来。”又说：“近体诗规定用平声韵，把仄韵绝句、仄韵律诗看为入律的古体诗也未尝不可。”[3]显然涂的说法也是有所本的。1963年王力先生著《汉语诗律学》[4]，说：“近体诗以平韵为正例，仄韵非常罕见。仄韵律诗很像古风。”（着重号是原书所有的。）又说：“近体诗和古体诗的界限相当分明，只有仄韵律绝往往也可认为‘入律的古风’，因为近体诗毕竟是以平韵为主的。”仄韵律绝应否成为近体诗独立的一类还是应该归属于古体诗的范畴，几十年过去了，我国学术界对仄韵近体诗的这个问题并未展开过讨论，亦未见有专门

研究仄韵近体诗的论著问世。

五言仄韵近体诗产生于六朝，四种平仄格式在六朝也已具备。这在拙作《论六朝新体诗产生的历史条件》一文中已经细列出来了。（见后）但该文未及对五言仄韵近体诗的诸种格律要素进行全面而深入的考察说明，人们只知其然而不知其所以然，故还须对仄韵近体诗的格律进行单独的研究，才能证明其自身的存在，本文就是为此目的而写的。

涂宗涛曾经说过："绝句、律诗若用仄韵，每首的句数、字数，每句平仄规定，都和用平韵的绝句、律诗相同，其单句（一三五七句）的末字，可用平声也可用仄声。"[3] 这几句话含混不清，既说仄韵的绝句、律诗"每首……每句平仄规定，都和用平韵的绝句、律诗相同"，那还有什么仄韵绝句、仄韵律诗存在之可言呢？拿涂的这些话来指引人们区分平韵近体诗和仄韵近体诗，是不能解决问题的。近体诗的核心问题是格律，是依平仄规则组合成篇的平仄格式，这是讨论格律诗问题的出发点和归宿点。仄韵近体诗和平韵近体诗的平仄格式都有自己独立的体系性。这体系性既是二者独特个性之所在，也是二者区别的标志，它们既不能互相混淆，也不能互相掺合，那种企图用三言两语即把一个复杂的仄韵近体诗的格律问题讲解清楚的想法未免过于天真，而人们如果没有对仄韵近体诗的格律诸要素有具体的感知，又如何会去认同这种格律诗的存在呢？因此，对于平韵近体诗的格律和仄韵近体诗的格律都必须分别进行独立的研究，才能弄清它们各自的面目，认清各自的特点，建立各自的门户，让读者对它们有个清晰而明确的认识。只有这样，仄韵近体诗作为近体诗的一个独立的门类才能获得普遍的认同，而它也才真正有资格跻身于我国古典格律诗歌的艺术之林。由此可知，研究仄韵近体诗的格律，对证明其自身的存在是十分必要的，并非多此一举。

研究仄韵近体诗的格律对解决“文章辨体”也是十分重要的。从前清以来，我国诗歌辨体中存在的一个突出问题是未能辨清“仄韵律绝”和仄韵古绝的界限，在一些按体编排的诗歌总集里有把上述两种不同体裁的诗混编在一起的现象。如编于清乾隆年间的一部按体编排的诗歌总集《唐诗三百首》，其中“五言绝句”不但收了平韵五绝，还收了仄韵五绝，此外又兼收了平韵古绝和仄韵古绝，与该书“七言律诗”、“五言律诗”、“七言绝句”各部分只收平韵近体诗的体例不合，而编者又不加任何说明。显然编者是认为自己的这种做法是有所本的①，但归根到底还是因为他弄不清仄韵五绝的格律而无法或者不敢把其他非平韵五绝的诗作排拒在外的缘故。这在当时实属无奈之举。而今天有些讲平韵近体诗的书，其标目明揭“五言绝句”，却仍然混收以上两种不同的诗体，其所以这样做，恐怕也还是因为弄不清仄韵近体诗格律的缘故。由此看来，研究仄韵近体诗格律的意义重大，不但对过去那种按体编排的诗集混编五言律、古的现象可以一目瞭然，知识其谬，即对于今后的古代诗选和诗史研究等也是重要的，可以避免出现类似的错误。

事实上，全面深入研究仄韵近体诗的格律，揭示这种艺术形式的奥秘，对于今后仄韵近体诗的研究和写作也会起到一定的推动作用，这是不言自喻的。

以下谈三个问题：

**二、仄韵近体诗的四种平仄格式**

平仄格式是近体诗的存在形式，是近体诗写作的声韵依据。仄韵近体诗也有五言和七言之别，它们各有四种不同的平仄格式，即有四种不同的声韵写作类型。这四种不同的平仄格式是由四种

①《唐诗三百首》编者当是参看了［唐］王维的《辋川集》。该集在“绝句”的总题下，兼收了其本人作品五言平、仄韵“律绝”和平、仄韵“古绝”计 20 首。（见《全唐诗》卷一二八，第 298 页）按体编排的《唐诗三百首》不能据此援例自解，因为二者收诗体例不同。

基本的平仄句型(即“律句”)依对、粘的规则组合而成的。兹分述如下:

**甲、五言仄韵近体诗**

五言仄韵近体诗只有四种基本的平仄句型(律句),如下:

①平平仄仄平　　②仄仄平平仄

③仄仄仄平平　　④平平平仄仄

按格律诗偶句用韵的要求(有时首句亦可入韵,如以②④为起句者),依次用以上四种基本的平仄句型为起句,根据“对”、“粘”的规则和“约句准篇”的规定,即可构成五言仄韵近体诗四种不同的平仄格式。下面我们以仄韵近体诗四种不同的平仄格式(用“‘以某某’为起句”来代称)为纲,分别列举六朝和唐代不同体式的新体格律诗来作证明。诗逐首注明拗救(拗用“﹏”标示)和可平可仄(用“·”标示)、对仗(写于该联之后)、押韵(韵脚用“_”标示)、韵部(六朝诗所押韵部与平水韵相近,故借用平水韵韵目来标示,写于篇后)。所举的诗包括三仄调、三平调和孤仄的诗作,但不包括失间、失对和失粘的诗作,这与平韵近体诗的对待原则是相一致的。(七言仄韵近体诗同此。)以下分别说明:

(一)以**“平平仄仄平”**为起句(即首句平起平收不入韵式)写成的五言仄韵新体格律诗。

1. **五绝**。六朝用这种格式写成的新体诗自宋至隋有作者4人,作品4首。如[宋]谢惠连《离合诗二首》(其二):

①平平仄仄平　　夫人皆薄离,

②仄仄平平仄　　二友独怀古。

③仄仄仄平平　　思笃《子衿》诗,

④平平平仄仄　　山川何足苦!(上声七麌)

(宋诗卷五,逯书第1197页)

唐用这种平仄格式写成的仄韵五绝近体诗有作者15人,作品

17 首。如李白《王昭君》:

昭君拂玉鞍,上马啼红颊。

今日汉宫人,明朝胡地妾。(对仗)(入声十六叶)

(全唐诗卷十九,第 66 页)

2. **五律**。六朝没有此类合格的新体诗作。唐用这种平仄格式写成的仄韵五律只有作者 1 人,作品 1 首。如元稹《遣病十首》(其九):

①平平仄仄平　　秋依静处多,

②仄仄平平仄　　况乃凌晨趣?

③仄仄仄平平　　深竹蝉昼风,

④平平平仄仄　　翠茸衫晓露。(对仗)

①平平仄仄平　　庭莎病看长,

②仄仄平平仄　　林果闲知数。(对仗)

③仄仄仄平平　　何以强健时,

④平平平仄仄　　公门日劳骛!(去声七遇)

(全唐诗卷四〇二,第 997 页)

此外,还有用这种平仄格式写成的三韵小律,唐有作者 1 人,作品 2 首。如拾得《诗五十二首》(其二十六):

悠悠尘里人,常道尘中乐。

我见尘中人,心生多憋顾。

何哉憋此流,念彼尘中苦。(入声十药与去声七遇、上声七麌合韵)

(全唐诗卷八〇七,第 1983 页)

(二)以**"仄仄平平仄"**为起句(即首句仄起仄收入韵式)写成的新体格律诗。

1. **五绝**。六朝自宋至梁用这种平仄格式写成的仄韵五绝新体诗有作者 2 人,作品 2 首。如[梁]萧纲《淫豫歌》:

②仄仄平平仄　　淫豫大如服，
④平平平仄仄　　瞿塘不可触。
①平平仄仄平　　金沙浮转多，
②仄仄平平仄　　桂浦忌经过。（入声一屋、二沃与去声二十一箇合韵）

（梁诗卷二十，逯书第1925页）

唐用这种平仄格式写成的仄韵近体五绝有作者12人，作品12首。如王维《竹里馆》：

独坐幽篁里，弹琴复长啸。（首句"里"不入韵）
深林人不知，明月来相照。（去声七啸）

（全唐诗卷一二八，第299页）

2. **五律**。六朝没有此类合格的新体诗作。唐用这种平仄格式写成的仄韵近体五律有作者1人，作品3首。如寒山《诗三百三首》（其七十二）：

②仄仄平平仄　　啼笑缘何事，（"事"不入韵）
④平平平仄仄　　泪如珠子颗。
①平平仄仄平　　应当有别离，
②仄仄平平仄　　复是遭丧祸。（"丧"，平声。）
③仄仄仄平平　　所为在贫穷，
④平平平仄仄　　未能了因果。
①平平仄仄平　　塚间瞻死尸，
②仄仄平平仄　　六道不干我。（上声二十哿）

（全唐诗卷八〇六，第1976页）

（三）以**"仄仄仄平平"**为起句（即首句仄起平收不入韵式）写成的新体格律诗。

1. **五绝**。六朝用这种平仄格式写成的新体诗自梁至北周有

作者 7 人,作品 7 首。如[梁]萧纲《从顿还城南》(此诗每字平仄全合):

③仄仄仄平平　　暂别两成疑,
④平平平仄仄　　开帘生旧忆。
①平平仄仄平　　都知未有情,
②仄仄平平仄　　更似新相识。(对仗)(入声十三职)

(梁诗卷二十二,逯书第 1969 页)

唐用这种平仄格式写成的仄韵近体诗五绝,有作者 21 人,作品 21 首。如袁长官女《诗》:

彼见是忘(平声)忧,此看(平声)同腐草。(对仗)
青山与白雲,方展我怀抱。(上声十九皓)

(全唐诗卷八六七,第 2124 页)

2. **五律**。六朝没有此类合格的新体诗作。唐用这种平仄格式写成的仄韵近体五律,有作者 3 人,作品 3 首。如韦应物《游南斋》:

③仄仄仄平平　　池上鸣佳禽,
④平平平仄仄　　僧斋日幽寂。
①平平仄仄平　　高林晚露清,
②仄仄平平仄　　红药无人摘。
③仄仄仄平平　　春水不生烟,
④平平平仄仄　　荒冈筠翳石。
①平平仄仄平　　不应朝夕游,
②仄仄平平仄　　良为蹉跎客。(入声十一陌、十二锡合韵)

(全唐诗卷一九三,第 451 页)

此外,还有用这种平仄格式写成的三韵小律,唐有作者 2 人,作品 2 首。如李端《留别柳中庸》:

惆怅流水时,萧条背城路。

离人出古亭，嘶马入寒树。（对仗）
江海正风波，相逢在何处？（去声七遇）

（全唐诗卷二八四，第719页）

（四）以**“平平平仄仄”**为起句（即首句平起仄收入韵式）写成的新体格律诗。

1. **五绝**。六朝［梁］用这种平仄格式写成的仄韵新体五绝数量也较多，有作者6人，作品7首。如［梁］庾肩吾《石崇金谷妓》：

④平平平仄仄　　兰堂上客至，（“至”不入韵）
②仄仄平平仄　　绮席清弦抚。
③仄仄仄平平　　自作明君辞，
④平平平仄仄　　还教绿珠舞。（上声七麌）

（梁诗卷二十三，逯书第2002页）

唐用这种平仄格式写成的仄韵近体五绝，有作者38人，作品63首。如李白《玉阶怨》：

玉阶生白露，夜久侵罗袜。
却下水晶帘，玲珑望秋月。（入声六月）

（全唐诗卷一六四，第388页）

2. **五律**。六朝未见有此类合格的仄韵五律新体诗。唐用这种平仄格式写成的仄韵五律近体诗有作者4人，作品4首。如元稹《遣病十首》（其五）：

④平平平仄仄　　燕巢官舍内，（“内”不入韵）
②仄仄平平仄　　我尔俱为客。
③仄仄仄平平　　岁晚我独留，
④平平平仄仄　　秋深尔安适？（对仗）
①平平仄仄平　　风高翅羽垂，
②仄仄平平仄　　路远烟波隔。（对仗）
③仄仄仄平平　　去去玉山岑，

④平平平仄仄　　　人间罗网窄！（入声十一陌）

（全唐诗卷四〇二，第997页）

此外，还有三韵小律。六朝有1首。如[梁]萧统《长相思》：

相思终无极，长夜起叹息。（叹，平声）

徒见貌婵娟，宁知心有忆？（对仗）

寸心无以因，愿附归飞翼。（入声十三职）

（梁诗卷十四，逯书第1792页）

唐有三韵小律2首。如刘长卿《送丘为赴上都》：

帝乡何处是？岐路空垂泣。（首句"是"不入韵）

楚客愁暮多，川程带潮急。

潮归人不归，独向空塘立。（入声十四缉）

（全唐诗卷一四八，第347页）

综上所述，六朝有五言仄韵新体诗作者16人，作品16首。（详如表1）唐有五言仄韵近体诗作者67人，作品124首。（详如表2）

**表1　六朝五言仄韵新体诗（三韵小律不计在内）**

| 首数（人数）　式<br>体 | （一）以"平平仄仄平"起句 | （二）以"仄仄平平仄"起句 | （三）以"仄仄仄平平"起句 | （四）以"平平平仄仄"起句 | 总计 |
|---|---|---|---|---|---|
| 五绝 | 4(4人) | 2(2人) | 7(7人) | 3(3人) | 16 |
| 五律 | / | / | / | / | |
| 合计 | 4 | 2 | 7 | 3 | 16 |

**表2　唐代五言仄韵近体诗（三韵小律不计在内）**

| 首数（人数）　式<br>体 | （一）以"平平仄仄平"起句 | （二）以"仄仄平平仄"起句 | （三）以"仄仄仄平平"起句 | （四）以"平平平仄仄"起句 | 总计 |
|---|---|---|---|---|---|
| 五绝 | 17(15人) | 12(12人) | 21(21人) | 63(38人) | 113 |
| 五律 | 1(1人) | 3(1人) | 3(3人) | 4(4人) | 11 |
| 合计 | 18 | 15 | 24 | 67 | 124 |

### 乙、七言仄韵近体诗

七言仄韵近体诗也只有四种基本的平仄句型（律句），如下：

①仄仄|平平仄仄平　　②平平|仄仄平平仄

③平平|仄仄仄平平　　④仄仄|平平平仄仄

按格律诗偶句用韵的要求（有时首句亦可入韵），依次用以上四种基本的平仄句型为起句，根据对、粘的规则和"约句准篇"的规定，即可构成仄韵近体诗七言近体四种不同的平仄格式，诗人据此即可写出四种不同声韵类型的七言仄韵近体诗来。六朝七言仄韵新体诗还处在萌芽状态，有一种首句仄收的平仄格式还包孕在古体诗中尚未从母体中剥离出来而独立存在，故只能视为"准七绝"。可以说，七言仄韵近体诗是直到唐代才正式诞生的。不过七言仄韵近体诗是在五言仄韵近体诗句子的前头加上两个平仄相反的音节而成，而且其平仄拗救、押韵、对仗等规则也是在六朝五言的新体诗时代就已经确定下来了的，因此唐人并不讳言他们的七言仄韵近体诗也是"仿效齐梁"的。唐代七言仄韵近体诗体式尚不完备，有的平仄格式只有绝句，没有律诗。现分述如下：

（一）以**"仄仄|平平仄仄平"**为起句（即首句仄起平收不入韵式）写成的七言仄韵近体诗。

1. **七绝**。六朝此体未见。唐用这种平仄格式写成的仄韵七绝近体诗只有作者1人，作品1首。如陆龟蒙《陌上桑》：

①仄仄|平平仄仄平　　皓齿还如贝色含，
②平平|仄仄平平仄　　长眉亦似烟花贴。（对仗）
③平平|仄仄仄平平　　邻娃尽著绣裆襦，
④仄仄|平平平仄仄　　独自提筐采桑叶。（入声十六叶）

（全唐诗卷一九，第65页）

2. **七律**。唐宋皆未见此类合格的诗作。今姑改［唐］许坚《游溧阳下山寺》诗数处（改处用黑体字标示，原诗字句见句后注）以示例：

①仄仄|平平仄仄平　　地枕吴溪与越峰，
②平平|仄仄平平仄　　前朝恩赐灵泉额。
③平平|仄仄仄平平　　竹林晴见北飞鸿，（原作"雁塔高"）
④仄仄|平平平仄仄　　石室曾栖几禅伯。（对仗）
①仄仄|平平仄仄平　　碑碣字残苔藓深，（原作"荒碑字没秋苔"）
②平平|仄仄平平仄　　古池香泛荷花白。（对仗）
③平平|仄仄仄平平　　经年有客称别林，（原作"客有经年说"）
④仄仄|平平平仄仄　　落日啼猿情脉脉。（入声十一陌）

（全唐诗卷七五七，第 1885 页）

（二）以**"平平|仄仄平平仄"**为起句（即首句平起仄收入韵式）写成的七言仄韵近体诗。

1. **七绝**。六朝此体未见。唐用这种平仄格式写成的仄韵七绝近体诗有作者 13 人，作品 13 首。如皇甫冉《秋夜戏题刘方平壁》：

②平平|仄仄平平仄　　鸿悲月白时将谢，
④仄仄|平平平仄仄　　正可招寻惜遥夜。
①仄仄|平平仄仄平　　翠帐兰房曲且深，
②平平|仄仄平平仄　　宁知户外清霜下？（去声二十二祃）

（全唐诗卷二四九，第 630 页）

2. **七律**。唐人未见此类合格的七律。今改刘商《胡笳十八拍·第七拍》中一字（用黑体标示）以为示例：

②平平|仄仄平平仄　　男儿妇**女**带弓箭*，（*"女"，原诗作"人"）

④仄仄|平平平仄仄　　塞马蓄羊卧霜霰。(对仗)

①仄仄|平平仄仄平　　寸步东西岂自由,

②平平|仄仄平平仄　　偷生乞死非情愿。

③平平|仄仄仄平平　　龟兹觱篥愁中听,

④仄仄|平平平仄仄　　碎叶琵琶夜深怨。(对仗)

①仄仄|平平仄仄平　　竟夕无云月上天,

②平平|仄仄平平仄　　故乡应得重相见。(去声十四愿、十七霰合韵)

(全唐诗卷三〇二,第764页)

此外,唐还有三韵小律一首。如白居易《寒食卧病》:

病逢佳节长叹息,春雨濛濛榆柳色。

羸坐全非旧日容,扶行半是他人力。(对仗)

諠諠里巷蹋青归,笑闭柴门度寒食。(入声十三职)

(全唐诗卷四三六,第1079页)

(三)以**"平平仄仄仄平平"**为起句(即首句平起平收不入韵式)写成的七言仄韵近体诗。

1. **七绝**。六朝此体未见。唐用这种平仄格式写成的仄韵近体七绝有作者3人,作品3首。如王昌龄《武陵开元观黄鍊师院》:

③平平|仄仄仄平平　　先贤盛说桃花源,

④仄仄|平平平仄仄　　尘忝何堪武陵郡!

①仄仄|平平仄仄平　　闻道秦时避地人,

②平平|仄仄平平仄　　至今不与人通问。(去声十三问)

(全唐诗卷一四三,第332页)

2. **七律**。唐无此类合格的诗作。今选[宋]释重显一首准七律《送胜目长老》(全诗22句,此为前8句)为例:

③平平|仄仄仄平平　　黄梅散席三百年,

④仄仄|平平平仄仄　　续焰联芳事空在。

①仄仄|平平仄仄平　　宗派分兮生异端，
②平平|仄仄平平仄　　红花绿叶太烦碎。
③平平|仄仄仄平平　　韶阳间出多慨慷，
④仄仄|平平平仄仄　　权要雄雄曾绝待。
①仄仄|平平仄仄平　　曲木横枝知几何，
②平平|仄仄平平仄　　利刀剪却令人爱。（去声十一队与上声十贿合韵）

（全宋诗卷一四七，第1635页）

（四）以**“仄仄|平平平仄仄”**为起句（即首句仄起仄收入韵式）写成的七言仄韵近体诗。

1. **七绝**。六朝[陈]徐陵《杂曲》中有两处是用这种句式为起句写成的“准七绝”。下举其第五－八句为例：

①仄仄|平平平仄仄　　绿黛红颜两相发，
②平平|仄仄平平仄　　千娇百态情无歇。
③平平|仄仄仄平平　　舞衫迴袖胜春风，
④仄仄|平平平仄仄　　歌扇当窗似秋月。（对仗）（入声六月）

（陈诗卷五，逯书第2527页）

唐用这种平仄格式写成的仄韵七绝近体诗有作者19人，作品23首。如杨贵妃《赠张雲容舞》（一名《阿娜曲》）：

罗袖动香香不已，红蕖裛裛秋烟里。
轻雲岭上乍摇风，嫩柳池边初拂水。（对仗）（上声四纸）

（全唐诗卷六，第34页）

2. **七律**。六朝此体未见。唐用这种平仄格式写成的仄韵七律近体诗只有作者2人，作品2首。如韩偓《意绪》：

④仄仄|平平平仄仄　　绝代佳人何寂寞，
②平平|仄仄平平仄　　梨花未发梅花落。

③平平|仄仄仄平平　　东风吹雨入西园，

④仄仄|平平平仄仄　　银线千条度虚阁。

①仄仄|平平仄仄平　　脸粉难匀蜀酒浓。

②平平|仄仄平平仄　　口脂易印吴绫薄。（对仗）

③平平|仄仄仄平平　　娇饶意态不胜羞*，（*“饶”疑为“娆”字之讹。）胜，平声。

④仄仄|平平平仄仄　　愿倚郎肩永相著。（入声十药）

（全唐诗卷六八三，第1720页）

综上所述，唐有七言仄韵近体诗作者33人，作品39首。详如表3：

**表3　唐代七言仄韵近体诗（三韵小律不计在内）**

| 首数（人数）＼式＼体 | （一）以“仄仄\|平平仄仄平”起句 | （二）以“平平\|仄仄平平仄”起句 | （三）以“平平\|仄仄仄平平”起句 | （四）以“仄仄\|平平平仄仄”起句 | 总计 |
|---|---|---|---|---|---|
| 七　绝 | 1（1人） | 13（13人） | 3（3人） | 20（20人） | 37 |
| 七　律 | / | / | / | 2（2人） | 2 |
| 合　计 | 1 | 13 | 3 | 22 | 39 |

## 三、对仄韵近体诗格律诸要素的考察

这里谈平仄拗救、押韵和对仗三个问题，而重点是放在前两个问题上。

### （一）平仄拗救

仄韵近体诗的四种平仄格式是四种理想的声调谱式，诗人能完全按此四种声调谱式来写作的其实很少见。[唐]皎然《惜暮景》：“疎阴花不动，片景松梢度。夏日旧来长，佳游何易暮！”（全唐诗卷八二〇）平仄完全谐合。为了适应写作的需要，谱式在保持其基本框架不变的情况下，允许对非节奏点字的平仄作一些调整，即使是句中处在节奏点的字不得不拗，也要设法补偿，这就产生了拗救。仄韵近体诗特别注意防止句中仄声音节的流失，故仄声拗了一般都要救，以保持仄声节奏的稳定性，而非节奏点的平声字则一般都是可平可仄的。故**仄韵近体诗拗救的原则主要是救仄声**，这与平韵近体诗拗救的原则主要是救平声的精神是一致的，而平声只是在句尾可能出现三仄调时才需要救。拗救的方法也是**前拗后救**。近体诗拗救的原则和方法都是六朝时代就确定下来了的，但都为唐人所遵用。

仄韵近体诗前拗后救的具体方法如下：

1. **本句自救**。也有三种情况：

(1)**孤仄拗救**。五言在"仄仄|平平|仄"的句型里，第一字仄拗，要改第三字平为仄来相救，否则即犯孤仄。孤仄也是仄韵近体诗的大忌。孤仄拗救产生于六朝。[梁]萧纲《淫豫歌》："淫豫大如服，瞿塘不可触"。此"淫"拗"大"救。"豫大"就不犯孤仄了。[梁]萧统《长相思》："相思终无极，长夜起叹息。"此"长"拗"起"救，避免"夜"成孤仄。[唐]司空曙《石井》："苔色遍春石，桐阴入寒井。"此"苔"拗"遍"救。[唐]皇甫曾《路中口号》："还乡不见家，年老眼多泪。"此"年"拗"眼"救。七言在"平平仄仄平平仄"的句型里，第三字仄拗了，要改第五字平为仄来相救，否则犯孤仄。如[唐]温庭筠《春晓曲》："家临长信往来道，乳燕双飞拂烟草。"此"长"拗"往"救。[唐]隐峦《琴》："七条丝上寄深意，涧水松风生十指。"此"丝"拗"寄"救。

仄韵近体诗孤仄拗救似乎不如平韵近体诗孤平拗救严格，五言句首孤仄往往不救。如[梁]何逊《为人妾思》诗："魂销形已去，钗落犹依枕。"此"钗"拗"犹"未救，"落"成了孤仄。[北周]庾信《和江中贾客》诗："悬知岸上人，遥振江中鼓。"此"遥"拗"江"未救，"振"成了孤仄。唐五言孤仄未救的亦不少。如[唐]王维《竹里馆》："深林人不知，明月来相照。"此"明"拗"来"未救，"月"成了孤仄。[宋]苏辙《瀵泉亭》:"泉来草木深,泉去池塘满。""泉"拗"池"未救,"去"成了孤仄。七言孤仄亦有未救的,如[唐]韩翃《和高平朱参军〈思归〉作》:"一雁南飞动客心,思归何待秋风起?"此"何"拗"秋"未救,"待"成了孤仄。[唐]王丽真《与曹季衡宴会》:"年少烟花处处春,北邙空恨清秋月。"此"空"拗"清"未救,"恨"成了孤仄。孤仄未救,固有文意问题,也可能是诗人比较重视平声,故对它比较宽容,因而孤仄在诗中出现频率比较高。

(2)**句中单仄拗救**。句中单仄拗救,其积极作用是防止句尾出现具有古诗特征的三平调。五言在"仄仄|仄|平平"的句型里,处在第三字单音节奏点的仄拗了,要改其后非节奏点的第四字平为仄来相救。此法始见于六朝,亦为唐人所沿用。如[梁]王僧达《春思》:"雪罢枝即青,冰开春便绿。"此"枝"拗"即"救。[唐]崔国辅《怨词》(其一):"织锦犹未成,蛩声入罗幕。"此"犹"拗"未"救。[唐]皮日休《酒龙》:"遂使铜雀台,香消野花落。"此"铜"拗"雀"救。七言在"平平|仄仄|仄|平平"的句型里,第五字单音节奏点仄字拗了,要改其后非节奏点的第六字平为仄来相救。如[唐]施肩吾《秋夜山中别友人》:"知君少壮无几时,莫爱闲吟老松月。"此"无"拗"几"救。柳宗元《雨晴至江渡》:"渡头水落村径成,撩乱浮槎在高树。"此"村"拗"径"救。

句中单仄拗平也有未救的,这便形成三平调。此种情况始见于六朝,也为唐人所承袭。五言句中单仄拗而未救的,如[梁]萧晖《陇头水》:"北注徂黄龙,东流会白马。"此"徂"拗"黄"未救。[北周]庾信《和江中贾客》诗:"五两开船头,长樯发新浦。"此"开"拗"船"未救。七言句中单仄拗而未救的,如[唐]王昌龄《武陵开元观黄鍊师院》(其二):"先贤盛说桃花源,尘忝何堪武陵郡。"此"桃"拗"花"未救。韩翃《赠别上元主簿张著》:"上书一见平津侯,剑笏斜齐秣陵尉。"此"平"拗"津"未救。

上述五言在“仄仄|仄|平平”的句型里，第三字仄拗了，第一字仄不能再拗，或第一字仄拗了，第三字仄不能再拗，七言在“平平|仄仄|仄|平平”的句型里，第五字仄拗了，第三字仄不能再拗，或第三字仄拗了，第五字仄不能再拗，否则就会造成孤仄。古人对此一般是注意的。前者例见上引。后者五言第一字仄拗了，第三字仄不能再拗，如[梁]萧纲《奉答献平王康爽朱樱》诗：“花茂蝶争飞，枝浓鸟相失。”此“花”拗“蝶”不再拗，避免“茂”成孤仄。[唐]贾岛《宿悬泉驿》：“林月值雲遮，山灯照秋寂。”此“林”拗“值”不再拗，避免“月”成孤仄。七言第三字仄拗了，第五字仄不能再拗，如[唐]王昌龄《送朱越》：“蓟门秋月送黄雲，期向金陵醉江树。”此“秋”拗，“送”不再拗，避免“月”成孤仄。但也有在此等处再拗平的。五言第一字又再拗平的，如[梁]萧绎《怀旧》诗：“鸿渐殊入昇，上才淹下秩。”此“殊”拗“入”救，而“鸿”又拗，则“渐”成孤仄。唐人偶亦如此。如[唐]皇甫冉《送陆鸿渐赴越并序》：“迢递风日间，苍茫洲渚晚。”此“风”拗“日”救，而“迢”又拗，“递”成孤仄。七言第三字再拗的，如[唐]西施《谢玉轩》：“当时心比金石坚，去日为君照不得。”[宋]苏轼《游三游洞》：“不辞携被岩底眠，洞口雲深夜无月。”以上二例都是第五字仄拗第六字平救，而第三字仄又拗平，致使“比”、“被”成为孤仄。五言、七言的这种情况都应力求避免。

(3)**句中单平拗救**。五言在“平平|平|仄仄”的句型里，处在第三字单音节奏点的平拗了，要改非节奏点的第四字仄为平来补偿；七言在“仄仄|平平|平|仄仄”的句型里，处在第五字单音节奏点的平拗了，要改非节奏点的第六字仄为平来补偿：这就是句中单平拗救。（按，孤仄拗救主要是对句首句中连用的“仄仄”音节而言，句尾两仄连用，其第一字是非节奏点，是可仄可平的。）句中单平拗救，可以防止句尾出现三仄调。此法始见于六朝。如[梁]江

洪《胡笳曲二首》(其一):“藏器欲邀时,年光不相让。”此“不”拗“相”救。[隋]张碧兰《寄阮郎》诗:“两地惜春风,何时一携手?”此“一”拗“携”救。唐人亦用此法,多不胜举。如[唐]崔国辅《丽人曲》:“独有镜中人,由来自相许。”此“自”拗“相”救。[唐]张继《长相思》:“辽阳望河县,白首无由见。”此“望”拗“河”救。七言句中单平拗救亦始见于六朝。如[陈]徐陵《杂曲》:“立春曆日自当新,正月春幡底须故?”此“底”(何)拗“须”救。唐人七言亦多行此法。如韩翃《题玉山观禅师兰若》:“掖垣挥翰君称美,远客陪游问真理。”此“问”拗“真”救。施肩吾《秋夜山中别友人》:“独鹤孤雲两难说,明朝又作东西别。”此“两”拗“难”救。苏拯《闻猿》:“秋风飒飒猿声起,客恨猿声一相似!”此“一”拗“相”救。

句中单平拗而未救,就会造成三仄调。唐人此种情况不少,其源始于六朝。如[陈]陈后主叔宝《舞媚娘三首》(其一):“转态结红裙,含娇拾翠羽。”此“拾”拗未救,“拾翠羽”成三仄调。唐人亦依例而行。五言句中单平未救的,如权德舆《夜》:“猿声到枕上,愁梦纷难理。”此“到”拗未救,“到枕上”成三仄调。白居易《江上送客》:“江花已萎绝,江草已消歇。”此“已”拗未救,“已萎绝”成三仄调。七言句中单平拗而未救的,如权德舆《石瓮寺》:“石瓮灵泉胜宝井,汲人迴挂青丝绠。”此“胜”拗未救,“胜宝井”成三仄调。韦皋《天池晚櫂》:“扣舷归载月黄昏,直至更深不假烛。”此“不”拗未救,“不假烛”成三仄调。

2. **对句互救**。五言在“平平|仄仄|平,仄仄|平平|仄”这两种句型连用时,上句第三、四两个仄声字中有一字拗了还是二字都拗了,无法在本句自救,六朝人即改下句第三字平为仄来补救;七言在“仄仄|平平|仄仄|平,平平|仄仄|平平|仄”这两种句型连用时,上句第五、六两个仄声字中有一字拗了还是二字都拗了,无法在本句自救,唐人即改下句第五字平为仄来补救:这就是对句互

救。这种对句互救包含了对句孤仄互救和对句特拗互救两种情况。对句互救创自六朝,唐人五、七言近体皆行其法。

六朝五言对句互救的,如[宋]谢惠连《离合诗二首》(其一):"夫人皆薄离,二友独怀古。"上句第三字"皆"拗,改下句第三字平为仄"独"来相救。这是对句孤仄互救。[隋]张碧兰《寄阮郎》:"郎如洛阳花,妾似武昌柳。"上句第四字"阳"拗,改下句第三字平为仄"武"来相救。这是对句特拗互救。[梁]萧绎《和弹筝人诗二首》(其二):"流徵含阳春,美手过如玉。"上句第三四字"阳春"皆拗,改下句第三字平为仄"过"来相救。(按,"徵"疑当念 zhǐ,则本诗应予剔除。)这又是对句孤仄互救与特拗互救。唐人五言对句互救的,如王昌龄《旅次盩厔,过韩士别业》:"春烟桑柘林,落日隐荒翳。"上句"桑"拗,下句"隐"救。这是对句孤仄互救。李肱《省试霓裳羽衣曲》:"开元太平时,万国贺丰岁。"上句"平"拗,下句"贺"救。这是对句特拗互救。薛奇童《吴声子夜歌》:"下簾弹箜篌,不忍见秋月。"上句"弹箜"二字皆拗,下句以"见"相救。这是对句孤仄互救和对句特拗互救。唐仄韵七言对句互救的未见,下举宋诗一例。如[宋]释重显《送胜目长老》:"曲木横枝知几何,利刀剪却令人爱。"上句"知"拗,下句"令"救。这是对句孤仄互救。

在上述连用的句型中,五言第三、四字拗了,七言第五、六字拗了,下句如找不到合适的仄声字也可以不救。六朝人是这样做的。如[梁]江洪《胡笳曲》(其一):"红颜征戍儿,白首边城将。"上句"征"拗,下句"边"未救。[梁]吴均《有所思》:"春风惊我心,秋露伤君鬓。"下句"秋"拗"伤"未救,"伤"亦未救上句拗平的"惊"字。唐人于此等处亦多未救。如于良史《自吟》:"出身三十年,髮白衣犹碧。"上句"三"拗,下句"衣"未救。卢频《失题》:"美人惜花心,但愿春长在。"上句"花"拗,下句"春"未救。李益《闻鸡赠主人》:"膠膠司晨鸡,报尔东方旭。"上句"司晨"二字皆拗,下句"东"未救。唐人七言于此等处未救的亦不少。如崔曙《嵩山寻冯鍊师不遇》:"更值空山雷雨时,雲林薄暮归何处。"上句"雷"拗,下句"归"未救,"雷雨"成孤仄。

3. **本句自救与对句互救相结合**。上述五言两种句型连用,如果下句句首犯孤仄,要改第三字平为仄来补偿,这是本句孤仄拗救;如果上句句中的仄声字也拗了,则此下句第三字又同时救了上句拗平的仄声字,这就是对句互救。唐仄韵近体诗这种拗救屡见不鲜,但此法实创始于六朝。如[梁]萧纲《赋乐器名,得箜篌》诗:"欲知心不平,君看黛眉聚。"下句"君"拗"黛"救(这是本句孤仄自救),这"黛"同时又救了上句拗平的"心"字(这是对句孤仄互救)。[唐]卢仝《客赠石》:"主人虽不归,长见主人面。"下句"长"拗"主"救,"主"同时又救了上句拗平的"虽"字。刘迴《烂柯山》(其四):"白雲风飏飞,非欲待归客。"下句"非"拗"待"救(这是本句孤仄自救),"待"同时又救了上句拗平的"风飏"二字(这是对句孤仄互救与特拗互救)。在这种句型里,拗字实在找不到合适的仄声字也可以不救。如[梁]范雲《别》诗:"洛阳城东西,长作经年别。"下句"长"拗,"经"未救,"经"亦未救上句拗平的"城东"二字。[梁]吴均《有所思》:"春风惊我心,秋露伤君髪。"下句"秋"拗"伤"未救,"秋露"成孤仄,"秋"亦未救上句拗平的"惊"字。

上述七言两种句型连用,如果下句第三四字犯了孤仄,要改第五字平为仄来补救,这是本句自救,如果上句第五六两个仄声字有一字或二字都拗了,则此第五字同时又救了上句拗平的字,这又是对句互救。这种拗救,唐诗未见,宋诗有之。如[宋]释重显《送微文章》:"野兴断山雲片高,澄江孤影月华白。"下句"孤"拗"月"救,避免"孤影"成孤仄,而"月"同时又救了上句拗平的"雲"字。这是对句孤仄互救。在这种句型里,拗字实在找不到合适的字也可不救。如[唐]陆畅《长安新晴》:"一夜城中新雨晴,御沟流得宫花出。”下句“流”拗“宫”未救,“宫”亦未救上句拗平的“新”字。元稹《南家桃》:“更待明年花满枝,一年迢递空相忆。”下句“迢”拗“空”未救,“迢递”成孤仄,“空”亦未救上句的“花”字。

*　　　　　*　　　　　*

至此可知,仄韵近体诗与平韵近体诗的平仄拗救,其所讨论的问题是相同的,因救孤仄救孤平不同,差异自显;而避三仄调、避三平调,则是相同的。如果不深入地逐一进行比较研究,是无法弄清其异同的庐山真面目的。现以五言为例,再将仄韵近体诗句子的拗救(拗用“~~”标示)和可平可仄(用“·”标示)情况简列如下:

①平平|仄仄|平　　　　②仄仄|平平|仄

③仄仄|仄|平平　　　　④平平|平|仄仄

二者互为条件

七言仄韵近体诗的拗救和可平可仄可据此类推而知,不再备列。

(三)**押韵**

仄韵近体诗要求押仄声韵。仄声韵包括上、去、入三声。在一首诗的几个韵脚里,这仄声韵是独用还是合用,首句句尾收仄声的字是否都要用韵,以及如何用韵,情况较押平声韵的近体诗复杂。据观察,六朝仄韵新体诗和唐代仄韵近体诗的押韵有以下一些情况和特点:

1. 押仄声韵,**一韵到底**。如[梁]江洪《咏美人治妆》:“上车畏不妍,顾盼更斜转。太恨画眉长,犹言颜色浅。”(梁诗卷二十六)“转、浅”属上声十六铣韵。[唐]卢仝《客赠石》:“竹下青莎中,细长三四片。主人虽不归,长见主人面。”(全唐诗卷三八八)“片、面”属去声十七霰韵。张窈窕《赠所思》:“与君咫尺长离别,遣妾华容为谁悦？夕望层城眼欲穿，晓临明镜肠堪绝。”（全唐诗卷八〇三）“别、悦、绝”属入声九屑韵。以上三首诗的押韵都是一韵到底。

2. **五言首句句尾收仄声的字可入韵亦可不入韵**。首句仄收入韵而一韵到底的，见上引张窈窕《赠所思》。首句仄收不入韵的，六朝和唐代都常见。六朝以首句不入韵为正体，故虽首句收仄声的诗却因写作上不需要而不入韵，而入韵的亦不计入韵数之内。请参看《论近体诗产生的年代》“押韵”部分的说明，[4]此不再赘。五言仄韵首句仄收不入韵的。如［梁］何逊《为人妾思》诗（其一）：“销魂形已去，钗落犹依枕。欲去泪无皆（遍也），不看悲复甚。”（梁诗卷九）“枕、甚”属上声二十三寝韵，而首句“去”不入韵。唐沿用六朝成例，五言首句仄收多不入韵。如司空曙《石井》：“苔色遍春石，桐阴入寒井。幽人独汲时，先乐残阳影。”（全唐诗卷二九二）“井、影”属二十三梗韵，而首句“石”不入韵。顾况《忆鄱阳旧游》：“悠悠南国思（sì），夜向江南泊。楚客断肠时，月明枫子落。”（全唐诗卷二六七）“泊、落”属入声十药韵，而首句“思”不入韵。**唐七言首句收仄声的字通常都要入韵**。宋代偶见七言首句收仄声的字有不入韵的，此不举例。

3. 仄韵近体诗用韵较宽，而在偶句的韵脚中又常有**合韵**的现象存在。**上声**合韵的，如司空曙《远寺钟》：“杳杳疏钟发，因风清復引。中宵独听（去声）之，似与东林近。”（全唐诗卷二九二）“引”属上声十一轸韵，“近”属上声十二吻韵，轸、吻邻韵合韵（词韵属第六部）。**去声**合韵的，如蔡京《假节邕交，道由吴溪》：“停桡横水中，举目孤烟外。借问吴溪人：谁家有山卖？”（全唐诗卷四七二）“外”属去声九泰，“卖”属去声十卦，邻韵合韵（词韵属第三部）。**入声**合韵的，如韦应物《咏琥珀》：“曾为老茯神，本是寒松液。蚊蚋落其中，千年犹可觌。”（全唐诗卷一九二）“液”属入声十一陌，“觌”属入声十二锡，邻韵合韵（词韵属十七部）。此外，还有**上去声**合韵的，如南溟夫人《题玉壶，赠元、柳二子》：“来从一叶扁舟来，去向百花桥上去。若到人间扣玉壶，鸳鸯自解分明语。”（全唐诗卷八六三）“去”属去声六御韵，“语”属上声六语韵，上去邻韵合韵（词韵属第四部）。

六朝五言仄韵新体诗二、四句韵脚也有合韵现象，不过它又与首句仄收的用韵同时出现，情况更为复杂。如上引萧纲《淫豫歌》是。可见唐五言仄韵近体诗偶句韵脚允许合韵，也是六朝开的先例。

4. 首句仄收用韵既可用本韵（本韵指偶句韵脚所用的韵），一韵到底，亦可**邻韵通押**。用本韵、一韵到底的，如［梁］萧统一首三韵小律《长相思》，押“极、息、忆、翼”（诗见本文（四）“以‘平平平仄仄’为起句”的部分引），属入声十三职韵，一韵到底。［唐］崔曙《嵩山寻冯錬师不遇》：“青溪访道凌烟曙，王子仙成已飞去。更值空山雷雨时，雲林薄暮归何处？”（全唐诗卷一五三）“曙、去、处”属去声六御韵，也是一韵到底。

**首句邻韵通押**，有几种情况值得注意：

第一，偶句韵脚本韵只一韵，而首句用同一声调的一个邻韵字来通押。如［唐］陆龟蒙《峡客行》：“万仞峰排千剑束（二沃），孤舟夜系峰头宿（**一屋**）。蛮溪雪坏蜀江倾，滟滪朝来大如屋（**一屋**）。”（全唐诗卷六三〇）本诗“宿、屋”属入声一屋韵，首句“束”属入声二沃韵，邻韵通押。一屋、二沃，词韵属第十五部。

第二，本韵是合韵的，而首句用不同声调的邻韵字来通押。如［唐］董思恭《咏弓》：“上弦明月半（十五翰），激箭流星远（**十三阮**）。落雁带书惊，啼猿映枝转（**十六铣**）。”（全唐诗卷六三）本韵上声十三阮与十六铣合韵，而首句用去声十五翰字来通押。上声阮、铣与去声翰，词韵属第七部。

第三,本韵是合韵的,首句用其中一韵来通押。如[唐]陆龟蒙《月成弦》:"孤光照还没(六月),转益生离别(**六月**)。妾若是嫦娥,长圆不教缺(**九屑**)。"(全唐诗卷六二七)本韵入声六月与九屑合韵,而首句又用六月韵的韵字"没"来通押。六月、九屑,词韵属第十八部。又如[唐]刘禹锡《送廖参军东游二首》(其一):"繁花落尽君辞去(六御),绿草垂杨引征路(**七遇**)。东道诸侯皆故人,留连必是多情处(**六御**)。"(全唐诗卷三六五)本韵去声七遇"路"与六御"处"合韵,首句又用六御韵的韵字"去"来通押。

以上情况说明两点:首先,仄韵近体诗首句仄收的字用韵或不用韵是自由的。首句仄收的字可入韵亦可不入韵,确是六朝仄韵新体诗、也是唐代仄韵近体诗的一大特点。六朝平韵新体诗首句平收的字亦是可入韵可不入韵的,其情况与仄韵新体诗同。唐代平韵近体诗首句平收的字都要入韵,不入韵是例外,这大概是科举时代的规定。其次,仄韵近体诗押韵十分宽缓。过去说词韵的分部大体是诗韵的分合,而从以上的例子看,词韵分部的情况及入声、去声独用、上去通押等的规定,明显地是受了仄韵近体诗的影响。

**(三)对仗**

对仗是从修辞角度对近体诗提出的一项格律要求。仄韵近体诗各体的对仗要求和对仗在诗中的位置与平韵近体诗完全相同。六朝五言仄韵近体诗绝句有用对仗,也有不用对仗的。如[梁]刘令娴《题甘蔗示人》诗:"夕泣已非疏,梦啼真太数。唯当夜枕知,过此无人觉。"此诗前联用对仗。王僧孺《春思》:"雪罢枝即青,冰开春便绿。复闻黄鸟声,全作相思曲。"此诗两联皆用对仗。

唐代五七言仄韵近体诗绝句、律诗也注意使用对仗。绝句用不用对仗是自由的。不用对仗的,如刘长卿《送方外上人》:"孤雲将野鹤,岂向人间住?莫买沃洲山,时人不知处。"(全唐诗卷一四七)李九龄《过相思谷》:"悠悠信马春山曲,芳草和烟铺嫩绿。正被离愁著莫人,那堪更过相思谷。"(全唐诗卷七三一)用对仗的,如韩愈《月池》:"寒池月下明,新月池边曲。若不妒清妍,却成双暎烛。"(全唐诗卷三四三)律诗要求中间两联用对仗,诗人一般是注意到了。如皮日休《茶笋》:"褎然三五寸,生必依岩洞。寒恐结红铅,暖疑销紫汞。圆如玉轴光,脆似琼英冻。每为遇之疏,南山挂幽梦。"(全唐诗卷六一一)此诗中间两联用对仗。又如吴筠《原宪》:"原生何淡漠,观妙自怡性。蓬户常晏如,弦歌乐天命。无财方是贫,有道固非病。木赐钦高风,退惭车马盛。"(全唐诗卷八五三)此诗颈联用对仗。仄韵律诗使用对仗的位置还有其他变化,不再一一列举。

## 四、馀论

这里主要是谈对五、七言仄韵近体诗的一些问题的思考。

(一)六朝是一个在诗歌领域富有创造性的时代,不但产生了五言平韵新体诗,还产生了五言仄韵新体诗,出现了许多既能写五言平韵新体诗也能写五言仄韵新体诗的诗人,如[宋]谢惠连、鲍照,[梁]何逊、江革、吴均、萧衍、王僧孺、柳恽、萧统、刘孝标、萧纲、庾肩吾、萧绎、刘令娴,[北周]庾信,[陈]陈后主叔宝、徐陵,[隋]辛德源等人。

五言平韵新体诗和五言仄韵新体诗都产生于六朝,其各自不同的**四种平仄格式在梁朝实际上都已经完成了**,它们的来源是相同的,**都是建立在四种基本平仄句型(即律句)的基础之上**。由于押平、押仄的不同而分道扬镳,各走自己发展的道路,形成不同的平仄格式体系。以同一平仄句型为起句的绝句而言,押平、押仄决定着整首诗不同的平仄格式类型。如[梁]萧纲的两首五言绝句都是以**"平平仄仄平"**为起句,其《采菱曲》是押平韵的:"菱花落复含,桑女罢新蚕。桂棹浮星艇,徘徊莲叶南。"(梁诗卷二十)"含、蚕、南”属平声十三覃韵，这是一首**平起平收入韵式**的平韵新体诗。而其《奉答献平王康爽朱樱》则是押仄韵的：“倒流映碧丛，照露擎朱实。花茂蝶争飞，枝浓鸟相失。”（梁诗卷二十一）“实、失”属入声十三职韵，这是一首**平起平收不入韵式**的仄韵新体诗。从这两首诗可以看出，平韵新体诗和仄韵新体诗“本是同根生”，它们是同一时代的产物，而在同一起点上，支配律句对粘的走向的决定因素是韵，以上的例子就是很好的证明。汉语的诗韵只有平仄两韵，能把平仄两韵纳入各具特色的四种平仄格式的体系之中，从而以韵为中心来联系诗歌意象以表达思想感情，这确实是六朝人的伟大创造。平韵诗和仄韵诗有明显的互补性。而平韵诗和仄韵诗从其具体产生的时间看，当有先后，看来应是平韵五言新体诗出现在前，仄韵五言新体诗出现在后。这不但从诗体发育的不同程度可以看得出来，即从六朝最早出现的一首回文诗似乎也可略窥其秘。如［梁］邵陵王萧纶《和湘东王（后园）回文》（诗见《六朝新体诗产生的历史条件》一文引），[5] 其正读是一首平韵新体诗，倒读是另一首仄韵新体诗，六朝未见正读是仄韵新体诗、倒读是平韵新体的回文诗作，这就是明证。

六朝五言仄韵新体诗的四种平仄格式俱全，拗救原则明确，方法细密周全，但与五言平韵新体诗比较起来，写作的人较少，体式也只有绝句一种，律诗尚处在试验阶段，失间、失对、失粘的现象甚多。如［梁］萧统《拟古》诗：“晨风被庭槐，夜露伤阶草。雾若瑶池黑，霜凝丹墀皓。疏条素无阴，落叶纷可扫。安得紫芝术，终然获难老。”（梁诗卷十四）本诗第三、七句句尾“黑”、“术”本该平而拗仄，这是失间，违反了近体诗第三、七句句尾必须用平的规定。而［梁］刘令娴《答外诗二首》（其一）则是第五句句尾失间。刘诗云：“花庭丽景斜，兰牖轻风度。落日更新妆，开帘对春树。鸣鸥叶中舞，戏蝶花间骛。调瑟本要（平声）欢，心愁不成趣。”（梁诗卷二十八）以上二诗，我们都认为是违例，并不计入五律之内。但六朝人以上的两种失误，竟为唐人所仿效，成为一种新的写作风尚。这种现象究竟应该如何看待，还是应该继续讨论的。本人写有《试论唐代五七言仄韵变体格律诗》一文，可参看。

（二）仄韵近体诗是近体诗的一大类别，它虽然“罕见”，却仍有强大的生命力，古人写，今人也在写。过去讲诗词格律的书都只讲平韵近体诗不讲仄韵近体诗，故许多人对仄韵近体诗觉得很生疏，其实不管五言仄韵近体诗还是七言仄韵近体诗，都只有四种基本律句、四种平仄格式，要掌握其格律并不难，而如果有了平韵近体诗格律的基本知识，只要换个思维角度，要掌握仄韵近体诗的格律就更加容易了。写好仄韵近体诗的关键还是立意、表达和语言锤炼等方面的问题。现在报刊上也时而可以看到一些仄韵近体诗，有写得很好的。绝句如刘章《晚秋山中》：“山色转苍凉，黄花开未了。秋风吹客心，落日乱山鸟。”（载中华诗词2007年第5期）律诗如苇可《登居庸关》：“雉堞泣风刁斗哑，硝烟剥蚀成楼瓦。一声清角动天门，几曲哀筝弹雪野。蔽日红尘卷地生，弥山绛叶凭霜打。关墙如纸半空悬，把笔沉吟无字写。”（载中华诗词2006年第3期）笔者亦杜撰一首《咏惠安螺阳艺友文化故里行》：“石寺崧洋誉古今，风光秀丽多人杰：都堂执法凛如霜，县令奉公清似雪。国学大师‘怪杰’称，九章院士宏通列。精华文化在农村，愿引螺阳旅游热。”（“国学大师”，指北大教授辜鸿铭，他出生于槟榔屿，祖籍惠安县螺阳镇上坂村。“九章院士”，指北京师大教授、中国科学院院士陈木法，他是惠安县螺阳镇院东村人。）福建师大杨起予的《白芳礼礼赞》是一首长达22句的排律。诗写道：“热情芳礼伯，助学声名赫。杖国蹬三轮，储财为公益。北风刺似刀，大雪深盈尺。忘倦斗栽沟，带伤仍执役。满身大汗淋，竟日炎阳炙。溽暑遽罗痧，高烧犹奋翮。豉油兑水汤，粗饭遮阴陌。日日瘁心神，年年肥聚积。捐资乃一人,受益逾三百。全力铸长才,壮心铭史册。斯人总涅槃,奕世师标格。"(载福建诗词第十六集)由此可见,仄韵近体诗也可以写景,反映现代社会生活,表现人们喜怒哀乐的思想感情。古人的仄韵近体诗有的写得很通俗。如[唐]贾岛《剑客》:"十年磨一剑,霜刃未曾试。今日把示君,谁为不平事?"(全唐诗卷五七一)此诗至今炙脍人口。隐峦《琴》:"七条丝上寄深意,涧水松风生十指。自乃知音犹尚稀,欲教(平声)更人何人耳?"(全唐诗卷八〇五)张生妻《梦中歌》:"花前始相见,花下又相送。何必言梦中,人生尽如梦!"(全唐诗卷八六八)这些诗都明白如话。今人也一定可以写出意蕴深沉而又易晓易懂的诗作来。今人写作仄韵近体诗有更加自由广阔的天地,既可写正体格律诗,也可写转韵、变格的变体格律诗。至于用韵,既可用古韵,也可用今韵。中华诗词学会提出"倡今知古"、"双轨并行"的方针,但在一首诗中的押韵和辨别平仄要统一用今音或统一用古音,不要古今混用。而用今音的,最好在题下注明"用新韵"。

本文对仄韵近体诗格律问题的探讨是初步的,对有些问题的思考也不成熟,有的还可能是错误的,恳请专家、读者批评指正。

**参考文献:**

[1]王力.诗词格律十讲[M].北京:北京出版社,1963.

[2]王力.诗词格律[M].北京:中华书局,1977.

[3]涂宗涛.诗词曲格律纲要[M].天津:天津人民出版社,1982.

[4]王力.汉语诗律学[M].上海:上海教育出版社,1962:50-51.

[5]林海权.论近体诗产生的年代[J].福州:福建师范大学学报,2007(4):145-151.

福建师大社科联离退休分会2007年第十三届年会论文,2007年10月18日第五稿

(原载《厦门广播电视大学学报》2009年第2期,收入本书时略作增删)

# 论六朝新体诗产生的历史条件

[摘要]本文提出六朝新体诗是六朝时代出现的一种新体格律诗,它是唐代近体诗的直接源头。由于[梁]沈约“四声”、“八病”理论的出现,促进了六朝一种讲究声律的新体格律诗的建立并推动它走向格律精严的发展道路;同时还由于当时社会上层人物的提倡、参与,在文士聚会的各种场合,在写作命题诗、和诗、赋韵诗和联句等的创作实践活动中规定要用新体诗进行写作,造成了社会上写作新体诗的浓厚氛围。这些都是六朝新体诗产生从酝酿、改进到逐渐走向成熟的重要的社会历史条件。

[关键词]六朝　新体格律诗　产生　历史条件

## 一、六朝新体诗是唐代近体诗的直接源头

六朝新体诗是六朝时代出现的一种新体格律诗,它是唐代近体诗的直接源头,唐代近体诗诗体(主要指五言近体诗)其实在六朝时代就已经出现了。

过去讲唐代近体诗(又称“律诗”、“今体诗”)的起源和产生的年代的人往往五七言不分,笼统地说“近体诗见于初唐”[1]、“今体诗,其起源始于唐代”[2]、近体诗“是唐代以前所未有的”[3]。事实并非如此。前几年,笔者为了修改拙著《诗词格律与章法》一书,仔细地翻阅了今人逯钦立辑校的《先秦汉魏晋南北朝诗》,详细地考察了六朝(指宋、齐、梁、北魏、北齐、北周、陈)隋诗歌的情况,发现了其中有不少与唐代近体诗平仄格式完全相符的五言平韵新体诗和五言仄韵新体诗,而且四种平仄格式俱全,五言平韵新体诗绝

句、律诗、排律各体皆备，五言仄韵新体诗只有绝句，没有律诗和排律，其押韵、平仄拗救与对仗等规则也完全与唐代近体诗相合，而七言平韵近体诗在六朝陈、隋也已经萌芽了，写有《论近体诗产生的年代》一文，发表在《福建师范大学学报》2007 年第 4 期。但限于篇幅，对六朝新体诗产生的历史条件如何这一问题尚未能细加讨论。本文即就这一问题加以补充和论述。为了让读者对所讨论的问题有个清晰的认识，以下特将押平韵和押仄韵的六朝五、七言新体诗的情况再作一番简要的介绍。

唐代**五言平韵**近体诗赖以写成的四种平仄格式（按，指由诗作体现出来的）早已见于六朝。六朝五言平韵新体诗就是依据其时所产生的四种平仄格式来写作的。以下以六朝所产生的四种不同的平仄格式（下用“以某某为起句”来代称）为纲，分别列举六朝五言平韵新体诗的绝句、律诗各一首为证，逐首注明其押韵、平仄拗救和对仗的情况（其押韵韵部与唐代近体诗相近，故借用平水韵韵目标示。平仄则平用“一”、仄用“·”，可平可仄和拗救用“﹏”标示。对仗则标在该联的后边）：

（一）以**“仄仄平平仄”**为起句（即首句仄起仄收不入韵式）写成的六朝五言平韵新体诗。绝句如[**梁**]沈约《咏帐》：

甲帐垂和璧，螭雲张桂宫。（对仗）
隋珠既吐曜，翠被复含风。（对仗）（一东）
（梁诗卷七，逯书第 1657 页）

律诗如[北齐]萧悫《上之回》：

发轫城西畤，回舆事北游。（畤 zhì，祭天地和五帝之处）
山寒石道涷，叶下故宫秋。（对仗）
朔路传清警，边风卷画旒。（对仗）
岁馀巡省毕，拥仗返皇州。（十一尤）
（北齐诗卷二，逯书第 2275 页）

（二）以“**平平仄仄平**”为起句（即首句平起平收入韵式）写成的六朝五言平韵新体诗。绝句如［**梁**］朱超《城上乌》：

朝飞集帝城，犹带夜啼声。

近日毛虽暖，闻弦心尚惊。（对仗）（八庚）

（梁诗卷二十七，逯书第 2096 页）

律诗如［陈］张正见《关山月》：

岩间度月华，流彩映山斜。

晕逐连城璧，轮随出塞车。（对仗）

唐蓂遥合影，秦桂远分花。（对仗）

欲验盈虚理，方知道路赊。（六麻）

（陈诗卷二，逯书第 2478 页）

（三）以“**平平平仄仄**”为起句（即首句平起仄收不入韵式）写成的六朝五言平韵新体诗。绝句如［**梁**］范雲《登城怨》：

楚妃歌脩竹，汉女奏幽兰。（对仗）

独以闺中笑，岂知城上寒。（十四寒）

（梁诗卷二，逯书第 1551 页）

律诗如［北周］庾信《咏画屏风诗二十五首》（其十五）：

度桥犹徙倚，坐石未倾壶。

浅草开长埒*，行营绕细厨。（对仗）

沙洲两鹤迥，石路一松孤。（对仗）

自可寻丹灶，何劳忆酒垆。（七虞）

（北周诗卷四，逯书第 2397 页）* 埒（liè），界限。

（四）以“**仄仄仄平平**”为起句（即首句仄起平收入韵式）写成的六朝五言平韵新体诗。绝句如［**梁**］无名氏《瑯玡王歌舞八首》（其八）：

懀马高缠鬃*，遥知身是龙。

谁能骑此马？唯有广平公。（二冬、一东合韵）

（梁诗卷二十九，逯书第2153页）*愴（huì），懒。

律诗如［陈］后主陈叔宝《梅花落二首》（其一）：

春砌落芳梅，飘零上凤台。

拂妆疑粉散，逐溜似萍开。（对仗）

映日花光动，迎风香气来。（对仗）

佳人早插髻，试立且徘徊。（十灰）

（陈诗卷四，逯书第2507页）

从以上例子来看，五言**平韵**新体诗的四种平仄格式在**梁朝**实际上都已经出现了。

五言**仄韵**新体诗在**宋梁**时代也已经出现了，也有四种平仄格式（只标原式，不注可平可仄与拗救符号），但只有绝句。其四种平仄格式如下：

（一）**以"平平仄仄平"**为起句（即平起平收不入韵式）写成的六朝五言仄韵新体诗。绝句如［**梁**］江洪《咏美人治妆》：

上车畏不妍，顾盼更斜转。

太恨画眉长，犹言颜色浅。（对仗）（上声十六铣）

（梁书卷二十六，逯书第2075页）

（二）以**"仄仄平平仄"**为起句（即首句仄起仄收入韵式）写成的六朝五言仄韵新体诗。绝句如［**梁**］萧纲《淫豫歌》：

淫豫大如服，

瞿塘不可触。

金沙浮转多，

桂浦忌经过。（入声一屋二沃、去声二十一箇合韵）

（梁诗卷二十，逯书第1925页）

（三）以**"仄仄仄平平"**为起句（即首句仄起平收不入韵式）写成的六朝五言仄韵新体诗。绝句如［**梁**］刘令娴《题甘蔗叶示人》诗：

夕泣已非疎，梦啼真太数。（对仗）

唯当夜枕知，过此无人觉。（入声三觉）

（梁诗卷二十八，逯书第2132页）

（四）以“**平平平仄仄**”为起句（即首句平起仄收入韵式）写成的六朝五言仄韵新体诗。绝句如[**梁**]庾肩吾《赋得池萍》诗：

风翻乍青紫，浪起时疏密。（对仗）

本欲叹无根，还惊能有实。（入声四质）

（梁诗卷二十三，逯书第2003页）

六朝五言新体诗以平韵为主流，共有作者85人，作品178首（其中绝句118首，律诗48首，排律12首），仄韵五言新体诗作者既少，作品亦少。

六朝七言平韵新体诗产生较晚。六朝陈、隋出现了两种首句用平收格式写成的平韵七言新体绝句：

（一）以“**平平仄仄仄平平**”为起句（即首句平起平收入韵式）写成的六朝平韵新体七绝。如[陈]江总《怨诗二首》（其一）：

采桑归路河流深，忆昔相期柏树林。

奈许新缣伤妾意，无由故剑动君心。（十二侵）

（陈诗卷七，逯书第2572页）

（二）以“**仄仄平平仄仄平**”为起句（即首句仄起平收入韵式）写成的六朝平韵新体七绝。如[隋]无名氏《送别》：

杨柳青青著地垂，杨花漫漫搅天飞。（对仗）

柳条折尽花飞尽，借问行人归不归？（五微）

（隋诗卷八，逯书第2753页）

首句用仄收的两种平仄格式写成的平韵七绝在六朝时代尚未正式出现，但其雏形是存在的，被包孕在古体诗中，成为古体诗的某一组成部分。正式脱离母体独立成诗而首句用仄收的两种平仄格式写成的平韵七绝、七律始见于初唐。这里不再细述。

六朝是我国诗歌发展史上一个极为重要的历史时期，**我国诗歌的新品种——格律诗就是诞生在这个历史时期**。六朝新体格律诗产生的历史条件究竟是什么呢？以下就谈这个问题。

## 二、六朝新体诗产生的历史条件

六朝新体诗的产生是经过很长的历史时期的酝酿、改进，逐渐走向成熟的，它不是突然出现的。其产生的历史条件主要有以下几个方面：

1. **“四声说”**的提出，促使了**平仄概念**的出现和**律句、律联**的产生。

汉语是一种有声调的语言。上古声调有几类，现尚不清楚。中古声调有四声即平、上、去、入，是魏晋时代发现的。[魏]李登编有《声类》，[晋]吕静编有《韵集》，均已佚。六朝以来，韵书蜂出，[齐]有阳休之《韵略》、李季节《音韵》、杜台卿《韵略》，[梁]有夏侯咏《韵略》、沈约《四声》，今亦皆已佚。四声被运用来写诗，出现了**讲究声律的永明体**，形成了新一代的诗风。《南齐书·陆厥传》云：“[齐]永明末盛为文章，吴兴沈约、陈郡谢朓、瑯琊王融，以气类相推毂。汝南周颙，善识声韵。约等为文，皆用宫商，以平上去入为四声，以此制韵，不可增减，世呼为永明体。”《梁书·沈约传》云：“约撰《四声》韵谱，以为在昔诗人，累千载而不悟，而独得胸衿，穷其妙旨，自谓入神之作。高祖（指梁武帝萧衍）雅不好焉。帝谓周舍曰：‘何谓四声？’舍曰：‘天子圣哲是也。’然帝竟不遵用。”善识声韵，区分四声，是当时文人创作的一种时尚。我国诗歌，向有合乐的传统，自《诗经》至汉魏乐府都是合乐的。诗乐配合，诗的节奏由于乐调的帮助，自然抑扬有度，节奏鲜明，优美动听。**诗歌脱离音乐之后，它的节奏和抑扬顿挫之美，就要靠诗歌本身的声调变化来解决，这便促使诗歌最终走上声律化的道路。**

四声说应用于诗文，产生了两个积极的效果，这就是平仄概念的出现和律句、律联的产生。［晋］陆机《文则》云："暨音声之迭代，若五色之相宣。"沈约受其启发，在《宋书·谢灵运传论》中进一步提出："欲使宫羽相变，低昂舛节（交错），若前有浮声（指平声），则后须切响（指仄声）。"这里的"宫"与"羽"，"低"与"昂"，"浮声"与"切响"，都指的是平声和仄声两个互相对立的概念。平仄概念的出现，把汉语四声归纳为两大类，甚便掌握。而所谓"相变"、"舛节"和"前有"、"后须"，即指句子在声调安排上要注意它们的不同而加以变化，亦即平仄在句中要交替出现，在上下句要有对立的变化，这与"音声迭代"所指正同。沈约在《传论》中又更进一步提出组织律句、律联的原则和要求，说：

一简之内，音韵尽殊；两句之中，轻重悉异。妙达此旨，始可言文。

"简"是古代用来书写的狭长的竹片，一简写一行，大抵是一个句子。"一简之内，音韵尽殊"，即指一句之内要实现平仄交替。据此要求，便产生了律句。"两句之中，轻重悉异"，指的是上下句要做到平仄对立，相反相异。据此要求，便产生了律联。律句、律联是新体诗最基本的格律单位。五言新体诗最小的结构单位是四句，就是由两个最基本的格律单位组成。请看：

（1）仄仄｜平平｜仄　　（一简之内，音韵尽殊；
　　平平｜仄仄｜平　　二句之中，轻重悉异）
（2）平平｜平｜仄仄　　（一简之内，音韵尽殊；
　　仄仄｜仄｜平平　　二句之中，轻重悉异）

永明诗人初期发现了平仄交替和对立的规则，并用于写作，使诗歌面貌焕然一新。但诗人写出的常常是对式的诗。如［齐］谢朓《铜雀悲》：

（仄起联）落日高城上，　　（仄仄平平仄
　　　　徐光入繐帷。　　平平仄仄平）

（仄起联）寂寂深松晚，　　　　　（仄仄平平仄

宁知琴瑟悲。（支微合韵）　平平仄仄平）

（齐诗卷三，逯书第1420页）

这是一首纯用仄起联写成的。［梁］范雲《咏寒松》则是一首纯用平起联写成的：

（平起联）脩条拂层汉，　　　　　（平平平仄仄

密叶障天浔。　　　　　仄仄仄平平）

（平起联）凌风知劲节，　　　　　（平平平仄仄

负雪见贞心。（十二侵）　仄仄仄平平）

（梁诗卷二，逯书第1551页）

一首诗用一种律联写成，声调雷同，显得十分单调，如果诗的篇幅长了，这种缺点就更加明显。如［北周］庾信《出自蓟北门行》全诗十二句，都用“平平平仄仄，仄仄仄平平”一种**平起联**写成：

蓟门还北望，役役尽伤情。

关山连汉月，陇水向秦城。

笳寒芦叶脆，弓冻纻弦鸣。

梅林能止渴，複姓可防兵。

将军朝挑战，都护夜巡营。

燕山犹有石，须勒几人名。（八庚）

（北周诗卷二，逯书第2348页）

后来经过写作实践，六朝人终于发现了平仄粘连的规则，写出了仄起联和平起联交替出现的诗作，这就是粘式的新体诗。**粘式新体诗的出现，宣告了新体诗的成立。**粘式新体诗声调曲折变化，读起来铿锵悦耳，富有诗歌的音乐美。如［梁］何逊《闺怨诗二首》（其二）：

（仄起联）闺阁行人断，房栊月影斜。（对仗）

（平起联）谁能北窗下，独对后园花。（六麻）

（梁诗卷九，逯书第1709页）

此诗四句成篇，下联上句“谁能”与上联下句“房栊”平声与平声相粘连，从而使上仄起联与下平起联在诗中交替出现，这种四句一首的诗后来称为“绝句”。**绝句**是新体诗的最小诗体。它既体现了一个**完美的音乐流程**，客观上又符合**诗歌起承转合的章法**要求，**使新体诗**获得了一个**“约句准篇”**的客观依据，避免了以往诗篇长短不定的主观任意性因素，因而获得诗人的普遍认同，成为一种平仄定式。后来在绝句的基础上，经过粘连，又产生出律诗和排律两种诗体来。故冯班《钝吟杂咏》云：“绝者，音韵转换，四句一周，周而复始，如绝而复续也。”

粘式新体诗之所以能实现平仄联交替，其关键即在于找出上下联平仄粘连的交汇点。六朝人虽然在实践中解决了这一问题，但还未能从理论上进行概括和说明。这个任务直到唐初，才由诗人元兢来完成。

2.**“八病说”**的提出，推动了新体诗向**格律精严**的道路发展。

新体诗的写作，在声律上到底应该注意防止和克服哪些可能出现的毛病呢？沈约提出“八病说”。［宋］王应麟《困学纪闻》引《诗苑类格》云：

沈约曰：“诗有八病：平头，上尾，蜂腰，鹤膝，大韵，小韵，旁纽，正纽。”

这“八病说”是沈约在新体诗发展初期对押韵、平仄提出的严格要求，但沈约对“八病”的具体阐述没有文字遗留下来，以致后代异说纷纭。现据［日］僧空海在《文镜秘府论》西卷的解释，略加说明如下：

（1）**平头**：“平头诗者，五言第一字不得与第六字同声，第二字不得与第七字同声。”这说的是上下句头两字的平仄要相对而不能雷同。如［梁］丘迟《夜发密岩口》：“弭棹才假寐，击汰已争先。”第一六字、二七字皆仄声，这是犯了“平头”即“失对”的毛病。其实第一、六字同声并非不可，第二、七字则不能同声，同声则上下句平仄雷同。

(2)**上尾**：“上尾诗者，五言诗中第五字不得与第十字同声。唯连韵者，非病也。”按，此前一句是对五言首句不入韵的绝句而言，因五言新体诗以首句不入韵为常，故第五字不得与第十字同声。而后一句“连韵”则是对五言首句入韵的绝句而言，故第五、第十二字同声不算毛病。

(3)**蜂腰**：“蜂腰诗者，五言一句之中第二字不得与第五字同声，言两头粗中间细，似蜂腰也。”[宋]魏庆之《诗人玉屑》卷十一《诗病》解释说：“如‘闻君爱我甘，窃欲自修饰，’‘君’、‘甘’皆平声，‘欲’、‘饰’皆入声。”其实沈约与魏庆之所言皆有片面性。在“平平仄仄平”和“仄仄平平仄”中，平只有一声（中古汉语平声未分阴阳），仄有上去入三声，平如何能避免同声呢？故[唐]元兢纠正说：“第二字与第五字同上去入皆是病，平声非病也。”

(4)**鹤膝**：“鹤膝诗者，五言第五字不得与第十五字同声，言两头细中央粗，似鹤膝也。”这指的是首句不入韵的五绝，第五字与第十五字不能同上去入，否则就是犯了鹤膝的毛病。如[梁]柳恽《从武帝登景阳楼》：“太液沧波起，长杨高树秋。翠华承汉远，雕辇逐风游。”第一句“起”与第三句“远”同为上声，这就是鹤膝。这是要求奇句句尾不押韵的仄声字在声调上也应有所变化，不要雷同。

(5)**大韵**：“大韵诗者，五言诗若以‘新’为韵，上九字中更不得安‘人、津、邻、身、陈’等字，既同其类，名犯大韵。诗曰：‘游鱼牵细藻，鸣禽弄好音。谁知迟暮节，悲吟伤寸心。’”句中“禽”、“吟”与韵脚“音”、“心”同韵，是犯大韵。又云：“除非故作叠韵，此即不论。”指如[宋]《读曲歌》：“初阳正二月，草木郁青青。”“春风吹杨柳,华艳空徘徊。”“青青”是叠音词,“徘徊”是叠韵连绵词,则不算毛病。

(6)**小韵**:“小韵诗者,除韵以外,而有迭相犯者,名为犯小韵病也。”意指五言新体诗除韵脚外,前九字彼此也不能同声韵。如某句出现一“兴”字,便不能在其余八字中出现“应、陵、冰、称、灯”等。如[梁]萧衍《擣衣》:“金风徂清夜,明月悬洞房。”佚名诗:“搴帘出户望,霜花朝瀁(“漾”的古字)日。”“清”与“明”、“望”与“瀁”是同韵字,那是犯了小韵的毛病。

(7)**旁纽**:“旁纽诗者,五言诗一句之中有‘月’字,更不得安‘鱼、元、阮、愿’等之字,此即双声,双声即犯旁纽。诗曰:‘鱼游见风月,兽走畏伤蹄。’”意指“鱼”与“月”古同属疑母[ŋ]双声,“兽”与“伤”古同属审母[S]双声,双声即是犯了旁纽的毛病。

(8)**正纽**:“正纽者,五言诗‘壬、衽、任、入’四字为一纽(按古属日母)。一句之中,已有‘壬’字,更不得出‘衽、任、入’等字。”意指一句之内不得并用平上去入四声相承韵目的同一声母的字。如古佚名诗:“心中肝如割,腹里气便燋(jiāo)。”“肝”、“割”平入同纽(群母),就是犯了正纽的毛病。

“八病说”的着眼点在力求声调的变化和防止雷同,注意让声韵在对立变化中取得谐协,这对如何写好一首声韵谐和、具有音乐美的新体诗有重要作用。“四声说”和“八病说”开创了一代诗风,**沈约对我国格律诗建立的贡献,功不可没**。

3. **社会上有写作新体诗的浓厚氛围**。

六朝成为我国诗歌发展史上一个十分重要的时期不是偶然的。当时的一些封建统治者都很重视文学,特别是萧梁时代的几个帝王,如[梁]简文帝萧纲、元帝萧绎,不仅以帝王之尊提倡文学,而且还自己参加创作活动。萧纲还是宫体诗派的首领人物,他是六朝时代唯一能用四种平仄格式写作五言平韵新体绝、律的诗人。六朝人既写古体诗,也写新体格律诗,社会上有写新体诗的浓厚氛围。当时常常规定用平韵或仄韵新体诗的平仄格式来进行写作活动。平韵新体诗和仄韵新体诗常见于以下几种活动场合:

(1)见于写**送别诗、命题诗、和诗、赋韵诗**的场合。仄韵送别诗如[梁]范雲《别诗》:"洛阳城东西,长作经时别。昔去雪如花,今来花似雪。"(梁诗卷二)(入声六月)命题诗是文士雅集或侍宴时以古人诗句或以某种事物为题分题写诗,诗题上标明"赋得"二字。用新体格式写成的命题诗,平韵如[北周]庾信的《暮秋野兴,赋得倾壶酒》诗:"刘伶正捉酒,中散欲弹琴。但使逢秋菊,何须就竹林?"(北周诗卷四)(十二侵)[陈]江总的《侍宴,赋得起坐弹鸣琴》诗:"丝传园客意,曲奏楚妃情。罕有知音者,空劳流水声。"(陈诗卷八)(八庚)仄韵命题诗如[梁]庾肩吾《赋得池萍》诗:"风翻乍青紫,浪起时疏密。本欲叹无根,还惊能有实。"(梁诗卷二十二)(入声四质)和诗是和他人之诗。用新体格式写成的和诗,平韵如[梁]刘孝仪的《和咏舞》诗:"迴履裾香散,飘衫钏响传。低钗依促管,曼睇入繁絃。"(梁诗卷十九)(一先)[北齐]萧慤的《和司徒铠曹阳辟疆〈秋晚〉》诗:"叶踈知树落,香尽觉荷衰。山薮良多思(sì),田园聊复归。"(北齐诗卷二)(四支五微合韵)仄韵和诗如[北周]庾信《和江中贾客诗》:"五两开船头,长樯发新浦。悬知岸上人,遥振江中鼓。"(北周诗卷四)(上声七麌)赋韵诗是一种根据他人所设的韵字进行写作的诗,六朝人作诗多先赋韵。用新体格式写成的赋韵诗,平韵如[陈]江总的《于长安归还扬州,九月九日行薇山亭,赋韵》诗:"心逐南雲逝,形随北雁来。故乡篱下菊,今日几花开?"(陈诗卷八)(十灰)仄韵诗如[陈]陈后主叔宝《画堂良夜、履长在节歌管赋诗,列筵命酒,十韵成篇,得"沓、合、答、杂、纳、飒、遝、欱、拉、閤"(原诗20句,此录其第九——十二句):"季冬初阳始,寒气尚萧飒。原叶或委低,岫雲时吐欱(hé,吮进)。"

(陈诗卷四)(入声十五合)

(2)见于**联句**的场合。联句是一种集体诗歌写作活动。几人共赋一题。用新体格式写的联句诗,平韵联句诗如[梁]萧纲《曲水联句》诗:

春色明上巳,桃花落绕沟。

波迴卮不进,纶下钩时留。(对仗)臣导

绛水时迴岸,花觞转更周。(对仗)

陈肴渡玉俎,垂饵下银钩。(对仗)王台卿

迴川入帐殿,列俎间芳洲。(对仗)

汉艾凌波出,江枫拂岸游。(对仗)庾肩吾

王生迴水碓,蔡姬荡轻舟。(对仗)

岸烛斜临水,波光上映楼。(对仗)殿下(十一尤)

(梁诗卷二十二,逯书第1980页)

诗共十六句,写三月上巳日君臣在曲水流觞尽日玩乐的情景,用的是平声尤韵。以"仄仄平平仄"为起句,每人四句,可惜庾肩吾第九句"川"未与王台卿第八句"饵"相粘。但从局部看,后八句和前八句都是一首合格的五律;再从更小的局部看,每人四句,也大都符合平仄格式。可以看出,每人都是自觉地运用平仄格式来进行写作的。

仄韵联句诗如[梁]江革《赋咏联句——何逊、江革、王僧孺同咏,每人四句》:"工商既慚巧,农士聊相易。蝘腹有馀资,鸿肩方可拍。"(梁诗卷九)(入声十一陌)江革又有《赠何记室联句不成》诗:"龙鳞无复彩,凤翅于兹鎩。畴昔似翩翩,今辰何乙乙!"(见同上)(入声八黠)乙乙(yàyà),难出貌。六朝仄韵新体留传下来的不多,但由此也可窥见当时写作的盛况。

(3)见于个人所作的**回文诗**。回文诗是正读、倒读皆成诗的一种特殊诗体。用新体格式写成的回文诗,如[梁]邵陵王萧纶有一首《和湘东王〈后园〉回文》*：

烛华临静夜， 平平平仄仄
香气入重帏。 仄仄仄平平
曲度闻歌远， 仄仄平平仄
繁絃觉舞迟。（五微四支合韵） 平平仄仄平
（梁诗卷二十四，逯书第2029页）*湘东王，即梁元帝萧绎。

本诗正读是一首以“平平平仄仄”为起句写成的**平韵**五绝新体诗，倒读则成为一首以“仄仄仄平平”为起句写成的**仄韵**五绝新体诗：

迟舞觉絃繁， 仄仄仄平平
远歌闻度曲。 平平平仄仄
帏重入气香，（“重”，平声） 平平仄仄平
夜静临华烛。（入声二沃） 仄仄平平仄

**参考文献：**

[1]北宋李之仪《姑溪居士文集》十六。
[2]旧《辞海》，中华书局民国三十六年初版，第84页。
[3]王力《汉语诗律学》，上海教育出版社1958年第1版，第18页。

（原载《厦门广播电视大学学报》2008年第1期）

# 试论唐代五、七言仄韵变体格律诗

## 一

唐代是一个善于学习并善于创新的时代，其七言平韵近体诗和七言仄韵近体诗继承了六朝的五言平韵和五言仄韵新体诗的遗产而加以发展，这就是明证。但与六朝相比，其创造精神尚有欠缺，如唐代即未见有人能写出符合如上文所举（一）（二）（三）等三种平仄格式的七言仄韵律诗的诗作来。唐以五言排律为国家考试诗体，这种诗体既可押平声韵，也可押仄声韵。而实际情况是：考试诗体选择押平声韵的极多，选择押仄声韵的甚少。而选择押仄声韵的，终唐之世，竟没有一人能写出完全符合五言仄韵排律的平仄格式的诗作来。如唐文宗开成二年（837 年）进士第一人李肱《省试霓裳羽衣曲》诗："开元太平时，万国贺丰岁。梨园（失粘）献旧曲，玉座流新製。凤管递参差，霞衣竞摇曳。宴罢（失粘）水殿空，辇馀春草细。蓬壶事已久，仙乐功无替。讵肯听遗音，圣明知善继。"（全唐诗卷五四二）（"岁、製、曳、细、替、继"，属去声八霁韵）本诗"二处失粘，二处失间，一处失对，显然不合格律。进士刘禹锡《省试风光草际浮》，以题中"际"字为韵。诗云："熙熙春景霁，草绿春光丽。的历乱相鲜，葳蕤互亏蔽。乍疑芊绵裹，稍动丰茸际。影碎翻崇兰，浮香转丛蕙。含烟绚碧綵，带露如珠缀。幸因（失粘）采掇日，况此（失对）临芳岁。"（全唐诗卷三六三）（"霁、丽、蔽、际、蕙、缀、岁"为去声八霁韵）本诗一处失粘、一处失对、三处失间，亦不合律。唐代五言仄韵排律存在的这些问题不是偶然的，看来至少有以下三个方面的原因：第一，六朝没有提供作品范例，而其五律写作中的失误，又往往给唐人以误导。第二，唐人受科举考试功利的驱使，精力都放在平韵近体诗的写作上，对仄韵近体诗的平仄格式缺少研究，写作的人少，一向以"诗律细"自称的伟大诗人杜甫就未曾写过一首五、七言的仄韵绝、律。第三，受学诗入门方式的时代局限。今人学习平韵近体诗写作是从格律入手，故王力先生两本讲诗词格律的书一出来，书中格律与范诗并举对照，讲解详明，极便初学，入门甚易，经过自学或经人指点，多数人差不多马上即能写出合乎平仄格式的绝句、律诗来，一时"诗人"满天下。古人学诗没有这种便利条件，古语所谓"鸳鸯绣罢从头看，莫把金针度与人"，反映了学艺者的艰辛。没有类似平仄格式这种便捷的写诗方式的指引，唐人学写近体诗，通常只能拿六朝人的作品来进行模仿，跟着他人经验走，故有"玉台体"、"效齐梁体"之称。模仿前人的诗作也要有鉴别正误的能力，否则也会招致失误。如温庭筠一首七言《春晓曲》（一作《齐梁体》）："家临长信往来道，乳燕双飞拂烟草。油壁车轻金犊肥，流苏冻晓春鸡早。笼中娇鸟暖犹睡，簾外落花闲不扫。衰桃（失粘）一树近前池，似惜红颜镜中老。"（全唐诗卷五七七）此诗第五句失间，当是受［梁］刘令娴《答外诗》（其一）的影响。刘诗云："花庭丽景斜，兰牖轻风度。落日更新妆，开帘对春树。鸣鹂叶中舞，戏蝶花间骛。调瑟本要（平声）欢，心愁不成趣。"（梁诗卷二十八）温诗第七句"衰桃"与第六句"簾外"失粘，则可能是受了［陈］徐陵《陇头水》一诗的影响。徐诗云："陇头流水急，水急行难度。半入隗嚣营，傍侵酒泉路。心交赠宝刀，小妇裁纨素。欲知（失粘）别家久，戎衣今已故。"（陈诗卷五）此诗第七句"欲知"失粘，"久"又失间。可见模仿他人之作，如果不能从格律的整体上去把握，并深谙其拗救和押韵等的规则，而是单纯地从一绝一律去刻意进行仿效，也是难以保证获得成功的。

## 二

唐代仄韵近体诗在格律上也有一些创新，产生了一些与正体相对立的变体仄韵近体诗。其中有的明显是变六朝人的失误为常规而成的。这种**变体格律诗**主要有以下两种：

(一)产生了一种由平韵绝句格式和仄韵绝句格式交替组合而成的**五、七言转韵律诗或排律**。[唐]王勃《滕王阁》诗："滕王高阁临江渚，佩玉鸣鸾罢歌舞。画栋朝飞南浦雲，珠帘暮卷西山雨。(仄韵绝句)闲雲潭影日悠悠，物换星移几度秋。阁中(失粘)帝子今何在？槛外长江空自流。"(全唐诗卷五六)本诗由一首合律的仄韵七绝格式和一首失粘的平韵七言古绝组成的，王力先生把它归入古体诗，称为"入律的古风"。[1]但据我们观察，唐诗除这种平仄韵交替四句一换韵的入律的古风外，还有一种是由平韵绝句格式和仄韵绝句格式交替组合而成的转韵律诗，应属近体诗的范畴。这种诗的特点是每首首句都要入韵，而且每首平仄通常都相粘连。如韩翃如《送客还江东》，是一首**七言转韵律诗**：

(上声二十五有)还家不落春风后，数日应沽越人酒。
池畔花深斗鸭栏，桥边雨洗藏鸦柳。(对仗)
(平声五微)　遥怜(粘连)内舍著新衣，复喜邻家醉落晖。(对仗)
把手闲歌香橘下，空山一望鹧鸪飞。
(全唐诗卷二四三，第614页)

温庭筠《织锦词》，是一首**七言转韵排律**：

(入声四质)　丁东细漏侵琼瑟，影转高梧月初出。
簌簌金梭万缕红，鸳鸯艳锦初成疋。

（平声十二侵）　锦中（粘连）百结皆同心，蕊乱雲盘相间深。

此意欲传传不得，玫瑰作柱朱弦琴。

（上声四纸）　为君（粘连）裁破合欢被，星斗迢迢共千里。

象尺熏炉未觉秋，碧池已有新莲子。

（全唐诗卷五七五，第1473页）

也有由两首五言平韵绝句和五言仄韵绝句交替组成的**转韵五律**。如李德裕《海上石笋》：

（平声一先）　常爱仙都山，奇峰千刃悬。

迢迢一何迥，不与众山连。

（入声十三职）　忽逢（失粘）海峤石，稍慰平生忆。

何以慰我心，亭亭孤且直。

（全唐诗卷二七五，第1026页）

（二）产生了一种由两种相同或不同的平仄格式连用而成的一首新型**变格仄韵格律诗**。这种新型变格格律诗，实际上是改六朝仄韵律诗**第五句**句尾的平声为仄声而成的。故全诗只押一个韵，前后四句各用一种平仄格式，前后两种平仄格式之间仍互相粘连。仄韵五律的各种平仄格式皆有。请看：

第一，以**“平平仄仄平”**为起句的**仄韵变格五律**。如欧阳詹《铜雀妓》：

“萧条登古台，回首黄金屋。

落叶不归林，高陵永为谷。

（变格）妆容徒自丽，舞态阅谁目？

惆怅蕙帷空，歌声苦于哭。”

（全唐诗卷三四九，第863页）

“屋、谷、目、哭”为入声一屋韵。本诗原为一首以“平平仄仄平”为起句的五律，只因第五句句尾变平为仄（不入韵），遂一破为二，变为由以“平平仄仄平”为起句和以“平平平仄仄”为起句组成的用两种不同的平仄格式连用而成的一种新型的仄韵变格五律。唐人用此种格式写成的变格五律还有王昌龄、李白、李端、陈存、皮日休等6人6首,变格五排有戎昱、张说、宋务光等3人4首。这种诗用韵统一,粘、对亦合,它起源于六朝[梁]刘令娴的《答外二首》(其一)。见上引。刘诗第五句句尾"舞"本应用平而用仄,破坏了全诗统一的平仄格式,应算违例,故我们并未把它列入六朝的律诗之中,亦不列为变格五律。但到了唐代,写作此体的人渐多,且为宋、元、明、清诗人所仿效,在唐代科举场上,此类诗甚至得到考官的容许。(见后引)。故此似应认为它是一种新型的变体仄韵格律诗。以下各点可与此说互参。

第二,以**"仄仄平平仄"**为起句的**仄韵变格五律**。如[唐]孟浩然《江山别流人》:

"以我越乡客,逢君谪居者。

分飞黄鹤楼,流落苍梧野。

(变格)驿使乘云去,征帆沿溜下。(对仗)

不知从此分,还袂何时把?"(对仗)

(全唐诗卷一五九,第370页)

首句不入韵,"者、野、下、把"为上声二十一马韵,一韵到底。本诗原实为一首以"仄仄平平仄"为起句写成的五律,第五句本应作"仄仄仄平平",现改为"仄仄平平仄"(不入韵),以下四句遂成为另一种平仄格式。本诗即由此两个完全相同的平仄格式连用而成,是一种新型的仄韵变格五律。

第三,以**"仄仄仄平平"**为起句的**仄韵变格五律**。如[唐]元稹《解秋十首》(其七):

"寒竹秋雨重(平声),凌霄晚花落。

低回翠玉梢,散乱栀黄萼。(对仗)

（变格）颜色有殊异，风霜无好恶。（对仗）

年年百草芳，毕意同萧瑟。”（对仗）

（全唐诗卷四〇二，第997页）

“落、萼、恶、索”，为入声十药韵，一韵到底。本诗原实为一首以“仄仄仄平平”为起句写成的五律，第五句本应作“仄仄仄平平”，现改为“仄仄平平仄”（不入韵），以下四句遂成为另一种平仄格式。本诗即由此两种不同的平仄格式连用而成。

第四，以**“平平平仄仄”**为起句的**仄韵变格五律**。如［唐］崔颢《入若耶溪》：

“轻舟去何疾，已到雲林境。

起坐鱼鸟间，动摇山水影。

（变格）岩中响自答，溪里言弥静。（对仗）

事事令人幽，停桡向馀景。”

（全唐诗卷一三〇，第303页）

首句不入韵。“境、影、静、景”为上声二十三梗韵，一韵到底。本诗原实为一首以“平平平仄仄”为起句写成的五律，第五句本应作“平平仄仄平”，现改为“平平平仄仄”（不入韵），其下四句遂成为另一种平仄格式。本诗即由此两种完全相同的平仄格式连用而成。唐代用此式写成的五律变格诗最多，其中变格律诗40首，变格排律27首。唐德宗贞元进士豆卢荣的一首应试诗排律《赋得春风扇微和》，也是用这种起句写成的。其诗云：

春晴生缥缈，软吹（chuì）和初遍。

池影动渊沦，山容发葱蒨。（对仗）

（变格）迟迟入绮阁，习习流芳甸。（对仗）

树杪飏莺啼，阶前落花片。（对仗）

（变格）韶光恐闲放，旭日宜游宴。（对仗）

文客拂尘衣，仁风愿迴扇。

（全唐诗卷三四七，第859页）

首句不入韵。本诗以题中"扇"字为韵，韵脚"遍、倩、甸、片、宴、扇"属去声十七霰韵，一韵到底，各联对、粘中规中矩。其第五、九句的平仄本应分别作"平平仄仄平"，现都改为"平平平仄仄"（不入韵），其下四句遂各成为两种平仄格式，本诗即由此三种相同的平仄格式连用而成。这是一种新型的变体排律，与严式正体排律不同，当时可能被认为是一种格律创新。否则，考官是难以认同的（或许考官就根本不知五言仄韵排律的平仄格式）。但是这种变体并不见于平韵近体诗，省试五言平韵排律不允许此种变体诗出现。

**参考文献：**

[1]王力.汉语诗律学[M].上海:上海教育出版社,1962:50-51.

（福建师大社科联离退休分会2007年第十三届年会论文）

# 后序(一)

林海权同志是我的老同事,我们相聚半个世纪,而且经常交流。不过,有一个事实不能忽略。我们从事的专业虽相近却相远,他搞古代汉语,我搞现代汉语,尽管常常交流,我对他的专业却只能仰望。去年他把自己多年所写的语言学论文收集起来准备交付出版,嘱我为他写一篇序。他说,我被撰写《李贽年谱考略》和主编《学生小辞海》(语文分册)、省高教自考《古代汉语》辅导教材及点校几部古籍所累,撰写专业文章起步较晚,又大多发表在省内刊物上,只有少数同仁看过,但这些文章有一定的价值,印出来可供学术界同仁参考。不过需要几位同仁略作评述性的介绍,才能为人所认知。他意要我写篇序言。我说,古代汉语的事我了解很少,别让我介入吧。他急了,说知我莫若君。我好几篇论文都是让你反复提意见才写成的,“莫”字篇如此,“为”字篇如此,《论用在主谓之间的“之”字》更是如此。退休后的一些文章也是在你的催促下写出的,而且分别在校社科联离退休分会每年的讨论会上印发交流,你也都看过。按照他的说法,这篇序文我是不能不写了。

海权同志的《古汉语研究论集》分“语法篇”、“训诂篇”、“音韵·格律篇”三部分,这三部分都有许多新的见解,比较起来,我以为“语法篇”的成绩尤为突出。我佩服他那种敢于面向困难和挑战自我的勇气。其论文观点鲜明,材料翔实,论证严密,在我看来,有如下一些特点:

其一,独创性。

教材有时只提出古书上有某种语言现象,有某种作用,不作别

的说明,给读者在理解上留下了困难。如教材上说:"古书上常常见到'孰与'二字连用,以比较人物的高下或事情的得失。"例如:

我孰与城北徐公美?(战国策·齐一)

(田侯召大臣而谋曰:)"救赵孰与勿救?"(同前)

说"孰与"二字连用,其词性、语法作用是否相同等等,均未涉及。海权同志为了讲清这些句子,遍查先秦两汉的有关典籍,广泛搜集例句,经过缜密的排比分类,发现"孰与"和"与孰"关系密切,它们是春秋末期、战国初期产生的新兴句式,具有鲜明的时代特色,它们之间存在着演变的关系。上述例句,实际上代表了两种句式,但教材上的提示并不全面,而"比较人物的高下或事情的得失"实际上只是一种句式的两种类型而已,且"比较人物的高下"这一种意思教材上又未曾举例,提示与举例失去照应,这就更增加了理解上的困难。为了讲清教材上所举的甲乙两种句式,海权同志从其初始的选择问的句型丙式讲起,由正到变,三种句子的性质、句式和"孰""与"的词性、语法作用等就都一目了然了:

丙式:吾与徐公‖孰美?(战国策·齐一)——选择问。("与"是连词,"孰"是疑问代词,相当于"哪一个"。)

甲式:吾‖孰[与徐公]美?(战国策·齐一)——比较性选择问("与"是介词,"与"所组成的介宾词组作状语。)

乙式:A类:子‖[孰]与起?(史记·孙子吴起列传)——比较问,问人物的高下。("与"是动词,同"如",后带宾语。"孰",同"何",问情状,作状语。)

B类:救赵‖[孰]与勿救?(战国策·齐一)——比较问,问事情的得失。("与"、"孰"同上)

这三组例子,不仅提问内容有别,结构上也不同,"孰""与"的词性、用法也有变化。

海权同志对"孰"和"与"连用的句式,找出其相同点,又找出其相异点，明确其异同，确定为三种句式，显出其独创性。此文发表于《福建师范大学学报》1983 年第 1 期，其篇目当年即被中国人民大学《报刊复印资料》所登录。

海权同志在《谈六言近体诗的格律》、《论仄韵近体诗》中，提出六言平韵近体诗和五、七言仄韵近体诗各自的平仄格式和拗救规则，弥补了当前格律研究的空缺。

其二，深广性。

海权同志的论文，程度深，范围广。

“何所不容”是哪种句式？过去有一种说法：“何所……”里所字词组作主语，“何”字作谓语，“何所不容”就是“所不容（者）何”，是主谓倒置的句式。海权同志则认为，“何所”是一个用来询问处所、事物和人的习惯用语，其中“何”是疑问代词，“所”是名词。他按所属成分举出 40 多个例子，如：

子何所不逞欲？（左传·昭公十四年）作状语

何所冬暖？何所夏寒？（屈原：天问）作主语

又不知其何所人……（史记·封禅书）作定语

田于何所？池阳谷口。（汉乐府·郑白渠歌）作介词“于”的宾语

荡子何所之？（汉乐府·鸡鸣）作动词“之”的宾语

这些例子里的“何所”分属不同的成分，可见非属主谓倒置的句式。例子选取的深度广度确属难见。

海权同志认为：“只要是从语言的客观实际出发，而不是凭主观臆测，不论今人古人，都是可以达到共同的认识的。”研究问题，他不但重视今人的观点，也重视古人的看法，故其论文往往深度广度兼备，可信度较强。对上古否定词“莫”字，马建忠说这“莫”字是“约指代字”，后人说是无指代词，属指示代词，在句中作主语；而现代学人周生亚却说这“莫”字属否定副词。海权同志支持周

生亚的看法,他拿否定词“莫”与指示代词“是”、“此”进行比较,指出否定词“莫”根本不具有名词性指示代词的任何句法功能,却具有与否定副词“不”“未”等完全相同的句法功能,在句中只能作状语。海权同志的《上古否定词“莫”字词性研究》发表于《福建师范大学学报》1983年第1期,2003年,中国管理科学研究院企业家研究会与当代杰出管理专家人才名典编辑部发来通知说:“经有关专家及新闻机构的宣传与推荐,确定您所撰写的《上古否定词“莫”字的词性研究》一文,具有较高的参考价值与研读价值,内容新颖,结构严谨,经审定符合入编大型理论文集《中华优秀论文(作品)集》……”这个通知说明此文已受到重视。

在《论近体诗产生的年代》一文,海权同志指出,五言平韵近体诗产生于六朝,七言平韵近体诗萌芽于陈隋而完成于初唐。为了证明五言近体诗产生于六朝,作者在介绍用四种不同平仄格式写成的绝句、律诗时各举六朝一首新体诗为例,还统计出这些绝句、律诗在六朝各有多少作家、多少作品,最后还加以综合统计,这样,五言平韵近体诗产生于六朝就成为无可争辩的事实了。七言平韵近体诗萌芽于陈隋而完成于初唐,也是用同样的办法来证明的。《论近体诗产生的年代》此文的论证也体现了深广性。

其三,周全性。

海权同志语言学论文往往有立有破,找到根源,对正面加以论证,对反面加以批驳,有理有据,做到全面细密。以《“有以”“无以”用法新探》一文为例。他基本同意《马氏文通》的说法:“‘有无’两字后习用介词‘以’字以系动词于后,而宾语则隐而不书。”他从古书注释、古书异文和古书用例中搜集“有宾以”“无宾以”的例证,说明“有以”“无以”确是“有宾以”“无宾以”的省说形式,即略式。又指出其详式则是连谓词组,是由动词(或动词性词组)组成的表示有无条件做什么的习惯句式。文章特别指出宾语隐而不说的缘由和特点，并指出“有以”“无以”习惯说法是修辞上的要求，可以把话说得含蓄婉转。文章又对错误观点进行了批驳。有立有破。此文原载《福建师范大学学报》1990 年第 3 期，同年，《全国高校文科学报文摘》曾摘要发表。

海权同志退休后仍坚持自己的人生追求——继续学术研究，但其初由于有点校杨时《杨时集》、点校张岳《小山类稿》等的国家任务在肩而无暇顾及。自 1999 年起，他几乎每年都有一两篇新论文参加“校社科联离退休分会”研讨。可以想象，没有坚强的意志和毅力是写不出的，而如果没有深厚的语言和文学的功底也是写不出的。海权同志自小受家学熏陶（其父是塾师），原属爱好古典文学的，大学毕业后却被分配到汉语教研组来。但是他并不气馁，认真修习音韵学、文字学、语法学名著，经常向谢石麟教授请教音韵、文字问题；又经常向张贻惠教授和洪心衡先生请教语法问题，并与二师讨论古今汉语语法问题。张、洪二师都对他平等相待，每听到他说出在理的意见时就伸出大拇指，这种自由平等的学术气氛使他深受鼓舞，也增强了自信。海权同志认定学好语言的基础在文学，他购买古书，争取旁听著名学者、我国易学专家黄寿祺教授的古典文学专书课不遗余力。上世纪 60 年代初，他被派到广州中山大学中文系进修，跟赵仲邑教授学习训诂学，跟方孝岳教授学习音韵学，接受查找工具书、点校古籍和独立分析《广韵》声韵系统的专业训练，也增强了专业的适应性，提高了教学科研的能力。他求真务实，寻根究底的学风的形成绝非偶然，他取得可贵的成就亦非一朝一夕之功。

学术研究贵在争鸣。海权同志的语言学论文有新角度、新观点，论文集的出版将为相关专业人士带来新的启发。我祝颂着，期待着，是为序。

福建师大文学院教授郭大英

2009 年 2 月写于福建师大意园

# 后序(二)

这部论文集收录林海权教授的语言学专论,凡26篇。有的是早年所写,也有一大部分是他退休十余年来为社会主义的科学文化事业再献余热的力作,多散见于有关刊物,也有部分未曾面世。现在结集刊行,确是学术界的一件喜事,值得庆贺!

林君于上世纪五十年代中叶大学毕业后留校任教,长期从事古代汉语、训诂学的教学、中国古籍整理和李贽研究,并主持教研室的工作。他勤奋好学,涉猎面广,而学有专长,对古汉语语法、音韵和传统诗词格律造诣尤深,也精于古籍的整理点校;教学经验丰富,著述甚丰,是著名的李贽研究专家,有"南林北张"之称,也是古籍整理点校的行家。所著《李贽年谱考略》蜚声学界,新近出版的整理点校《沈文肃公牍》,也获得好评,受到同仁和学生的敬重。九十年代中叶退休后,仍不甘寂寞,笔耕不辍,而又卓有成效。一个耄耋之年,步履维艰,健康状况不是很好的学者,居然退而不休,老而弥坚,致力于学术探索,其精神境界难能可贵,令人钦佩!

论文集所录包括"语法篇"、"训诂篇"和"音韵·格律篇"三大部分。

"语法篇"涉及的内容大多是高校古代汉语教材中长期以来受到学界关注的疑难问题或有重大争议的问题,读来并不陌生,但细读一过,获益良多。如探讨词性的"莫"字篇、"之"字篇、"所"字篇,探讨句法功能的"其"字篇、探讨句式的"孰与"篇、"何所"篇、"有以""无以"篇,等等,等等,都有其独到、精辟的见解,论证严密,论据翔实可靠,非同凡响,令人叹服。上古否定词"莫"的词性，长期以来学者看法分歧，有指示代词（或称“无定代词”）、否定副词或既是指示代词又是否定副词诸说。林君从句法功能和词义两方面进行一番艰苦的历史考察，认定这“莫”字是否定副词，而不是指示代词，在句中只能作状语，根本不能作主语。他说，“把否定词‘莫’字看作指示代词是马建忠及其后的某些学人的事，而不管在这之前或之后，我国古人一直都是把否定词‘莫’作为一个表示否定的副词来理解和运用的。”这话振聋发聩，令人耳目一新。

“训诂篇”所收论文不多，但也有不乏发前人之所未发者，亦难能可贵。如词义进入句子都是单义的，这已成古今学界的共识。林君指出，在中古时代，却有一词两义而分别带宾进入句子的现象。如“种鱼万尾橘千头”（苏轼诗），这确实是一个重大的发现。

“音韵·格律篇”也有不少精彩之笔。林君对近体诗产生的年代及其格律的研究也取得了突出的成绩。《论近体诗产生的年代》一文，提出五言近体诗（包括平韵、仄韵）产生于六朝，七言平韵近体诗萌芽于六朝陈、隋而完成于初唐的见解，把近体诗产生的年代从唐向前推进了大约近百年。他提出六言平韵近体诗产生于唐代的见解，也是证据确凿，令人信服。他还拟出了六言近体诗（包括平韵、仄韵）的四种平仄格式，也完整地拟出了五、七言仄韵近体诗的四种平仄格式，这使今后五、七言仄韵近体诗和六言仄韵近体诗的写作有章可循，是一个有重大创造的历史性贡献。更难能可贵的是他弄清了仄韵近体诗的格律，明确地提出仄韵近体诗的概念而和平韵近体诗相对，使仄韵近体诗成为格律诗的一个独立的门类，解决了“文章辨体”中的一个亟待解答的课题。他说五言新体诗产生于六朝，并说五言平韵新体诗和五言仄韵新体诗的四种平仄格式在梁朝都已经完成了，这各自不同的四种平仄格式都是建立在四种基本平仄句型（即律句）的基础之上的（这是最重要的发现），由于押平、押仄的不同而分道扬镳，各走自己的发展道路，形成了不同的平仄格式体系。他指出五言平韵新体诗和五言仄韵新体诗“本是同根生”，它们是同一时代的产物，二者有明显的互补性。据此，林君不但能够参照七言平韵近体诗的平仄格式拟出七言仄韵近体诗的平仄格式，而且能够参照六言平韵近体诗的四种平仄格式拟出六言仄韵近体诗的四种平仄格式，提出平韵格律诗和仄韵格律拗救的原则和方法。以上这些都观点鲜明，证据确凿，令人信服，是林君对我国格律诗研究的重要突破。他肯定沈约的“四声”“八病”说为我国格律诗的建立和发展作出了伟大的贡献，也说得有理有据。

读林君的论文集，很受启迪。林君在学术道路上执着坚毅的探索精神非常突出，有几点很值得称道：

1. 善于从教学实践中发现疑点，捕捉课题，并把它上升为科研项目，长期坚持不懈，执着追求，不断探索，直到诸多问题有了答案而后已，即使退休仍然乐此不疲。所写论文将近一半是他退休以后之作，创造了人生第二个春天的辉煌。

2. 他研究语言不唯书，不唯师，不囿成说，不盲从教科书，也不迷信权威，独立思考，坚持从语言的客观实际出发，唯真理是归。他既重视今人的观点，也重视古人的看法，注重利用古书注解、古书异文、互文等的材料，加以认真的考辨而定去取，故能时出新见而有所创获。

3. 治学严谨，不畏艰辛，注重占有大量翔实可靠的材料，论证问题细心严密。如写《论近体诗产生的年代》一文，他翻遍了六朝诗篇，也翻遍了全唐诗，对其平仄格式、平仄拗救、押韵、对仗诸格律要素逐一进行比较考察。他认为只有这样，才能说明近体诗产生于六朝这一无可否认的事实。这是一项十分繁重而又枯燥的工作，花费的时间和精力可想而知，如果没有坚强的毅力是做不到的，而如果没有音韵学和格律学的深厚功力也是做不到的。林君所做的这一工作，填补了六朝新体格律诗的一块空白，功不可没。

4. 务真求实，一丝不苟，不轻易下结论，也不急于求成。许多文章都是殚精竭虑，几经揣摩、推敲，反复修改才最后定稿的。“莫”字篇从酝酿到成文大约经过近 20 年，“之”字篇写成也超过 10 年，“所”字篇写成经过的时间则更长。他常自言“我的一生可用‘千辛万苦’四个字来形容”，其言不虚。

林君学识渊博，其治学精神是执着的，态度是严谨的，方法是科学的，工作又勤恳不苟。天道酬勤，其学术探索屡有建树，绝非偶然。

笔者与林君是大学上下届同学，又同在母校共事，相处半个多世纪，还曾先后在中山大学深造，对其学识与为学、为人，知之颇详。君嘱作序，未便婉辞，匆促命笔，言不尽意，略书一二，权以为序。

福建师大文学院庄正容<br>2008 年 5 月写于福州<br>次年 3 月修改补充

# 后序(三)

《古汉语研究论集》是林海权同志的一部学术著作,有很高的学术价值。全书26篇,分为三个部分。

“语法篇”所讲的大多是古代汉语教材中的一些疑难问题或尚有争论的问题。如上古否定词“莫”字是无定代词还是否定副词,“何所”是不是倒装句式,人称代词“其”所代替的是不是名词加“之”,在句中能否作主语,“孰与”的句式如何,“有以”、“无以”是一种什么样的习惯句式,用在主谓之间的“之”字是结构助词(一称介词、连词)还是语气助词,等等,等等,海权同志都提出自己的看法和解决的方法。他研究词法都紧密地与句法研究结合起来,解决句子的成分分析问题,很切实用,很受学生的欢迎。这部分论文新见迭出,有很高的水平。其中“莫”字篇、“其”字篇、“孰与”篇、“有以”“无以篇”、“之”字篇,受到学术界的重视。

“训诂篇”也有不少新见解。如《也谈“登轼而望之”》,他举《吕氏春秋·忠廉》“举臂”与“登轼”相对为文的铁证,说明古代“登轼”实有其事,不容否认,不能重新点断为“登,轼而望之”,这既与“兵车不式”的礼制不符,也与远望俯视两种动作不相协调。他又引江永对轼形制的考证,说车轼有两种,可登可伏,很能服人。他不同意把“辟易”、“披靡”说成是连绵字,所引证据,也坚实可信。他说林则徐诗“苟利国家生死以”,语出《左传·昭公四年》“苟利社稷,死生以之”,杜预注“以,用也”。他增举古书用例,引用古代字书和今人释义,进一步弄清“用”有“行”义,解决了林诗“以”的释义问题,亦信而有徵。

“音韵·格律篇”的亮点也不少。如说陈第推求《诗经》古本音用“本证”、“旁证”法，实际是在做《诗经》、《楚辞》韵字的系联工作，为后人研究和归纳上古音的韵部作出示范。陈第用《说文》的谐声偏旁注音，为顾炎武、江永等所承袭，段玉裁受其启发，循此而提出“究其始，凡同谐声者皆同部”的著名论断。陈第提出的一系列的古音研究的科学方法，奠定了清代古音学的基础。本文被世界文化艺术研究中心确认为国际优秀论文，是名副其实的。他说“漫漫”、“漫”古代有平去两读，文史工具书不能只收去声不收平声读音，而考查不同时代的读音应是文史工具书的注音原则，也言之成理。他发现唐代五言近体诗（包括平韵、仄韵）产生于六朝，而七言平韵近体诗萌芽于六朝陈、隋而完成于初唐，六言平韵近体诗产生于唐代，这些都是证据确凿，令人信服。他拟出六言近体诗（包括平韵和仄韵）的平仄格式，又拟出五七言仄韵近体诗的平仄格式，这都是十分不容易的。令人写仄韵近体诗有章可循，此说应该引起世人的重视。他提出平韵近体诗拗救的原则主要是救平声，仄韵近体诗拗救的原则主要是救仄声，令人耳目一新。他提出拗救的方法是前拗后救，也较旧说合理而周密，易于掌握。他对近体诗格律的研究成绩显著，一般人难以企及。

海权同志学识渊博，语言文学兼通，他是著名的李贽研究专家，也是古籍整理点校的行家，著作甚丰。他治学严谨，时发新见，其论著信而有征，往往带有考证的特点，可信度高。《古汉语研究论集》充分反映了他的学术风格，有很高的学术价值。望能及早出版，以飨读者，是为序。

福建师大文学院硕士研究生导师、教授梁玉璋

2009年3月5日

# 后序(四)

林海权先生是我在福建师大读本科时教我古代汉语的老师,也是我后来就读的中山大学的校友前辈,二十多年来,我们一直保持着良好的师生情谊。一年前,先生说想把自己写的有关语言学的文章结为一集,问我该起什么名称,并要我作一篇序言。我说我的学识不够,当学生的也没有资格给老师的著作写序,遂称谢固辞。没想到一个月前,先生把打印好的部分文章和论文的目录交给我,真的要我在前面写几句话,我甚感惶恐。但转念一想,先生是认真的,我恭敬不如从命,就当是老师奖掖后学,给我一个写序的机会吧。这样想想,心中便也释然。

这本论文集分为“语法篇”、“训诂篇”和“音韵·格律篇”三个部分。“语法篇”所谈的内容多是高校古代汉语教材中涉及到的一些疑难或有争议的问题,如“莫”字的词性问题、主谓之间“之”字的性质和作用、人称代称“其”的句法功能、“孰与”的结构、“有以”“无以”的用法等。“训诂篇”和“音韵·格律篇”的内容,除了一部分与古代汉语课程教学有关外,还有一些学术专题,如“闻”“种”等词的一种用法,也谈“振聋发聩”和“振聋发瞶”,谈“漫漫”“漫”的读音、论陈第的古音学贡献、论近体诗产生的年代等。与教学有关的一些论文,多是针对教材中的问题有感而发,往往从大量的古书及注疏材料中提取例子,从古人语言实际出发,多方论证,细密分析,因此所得结论皆信而有徵,翔实可靠。此乃先生学术思考之结晶,可为古代汉语教学之良助。从事高等教育的学者,要做到教学科研相结合,然而如何使二者相辅相成,并不是每个人都能处理好的。像先生这样从教学中发现问题，然后进行学术上的研究，就给我们提供了一个很好的范例和有益的启迪。他的不盲从权威教材的精神，尤其值得敬佩！《杨时集》和《小山类稿》是先生点校的古籍，细密和审慎的特点随处可见，本集所选的论文，也正体现这种特色。《论近体诗产生的年代》是先生新近完成的论文，是他退休之后没有停止学术研究的又一个见证。该文通过对六朝新体诗的体式、平仄格式、拗救、押韵、对仗诸要素的深入探析，提出五言近体诗产生于六朝，七言近体诗萌芽于六朝陈、隋而完成于初唐等看法，也与流行看法相左，但证据确凿，论证严密，不能不令人信服。他的后续之作《论仄韵近体诗》也已完成，同样令人耳目一新。早在1986年，先生就出版过《诗词格律与章法》一书，有时亦诗情勃发，有不少诗作问世，因此他对于格律的研究，可谓博识专深，理论和实践相得益彰。

除上述论著之外，先生已经出版的还有《李贽年谱考略》、《杨时故里行实考》（与人合作）、《〈战国策〉选》、《沈文肃公牍》（整理点校）、《学生小辞海（语文分册）》（主编）、《〈古代汉语〉习题集》（主编）等著作，尚未出版的还有《张岳年谱》、《训诂学》、《古代诗词曲格律与写作》、《林海权诗选》等。在这些著作中，《李贽年谱考略》名重士林，在学术界的影响尤盛。此书于1979年写成，1992年由福建人民出版社出第1版，2005年出第2版，香港《大公报》等多家媒体刊登了评介文章。著名学者、易学专家黄寿祺先生在《序》中称："余观其书，取材广博，体例甚备，以诗文编年为基础，考辨精详，往往胜于旧谱。……能补苴前人之罅漏，而于后之研究有所启发，可断言也。"台湾李亦园先生在《增订版序》中称此书"考虑细致而周到，宜乎为学界之所重。"陈庆元教授在推荐意见中说："《李贽年谱考略》凡四十万字，是目前海内外分量最重、水平最高的一部李贽年谱……近年研究李贽有'南林（海权）北张

(建业)'之说,依本人之见,此书的学术水平要超过《李贽评传》(张建业著)。"

记得先生上课时,常常为一个问题举了一连串的例子,例句出处也都标得清清楚楚,黑板上写得满满当当。所谓文如其人,书如其人,他的论著,亦以翔实细致见称,多有发人所未发者。先生曾戏言,自己的论著多发表在省内,影响有限。但我以为,只要是真正有质量的作品,都有其焕发光辉的时候。以《李贽年谱考略》观之,省内的作品照样也可以走向全国,走向世界。时下以科研考核为名而给刊物定级别,有所谓国家级省部级,又有所谓A类B类,名目繁多,不一而足。然以文章质量论之,一般刊物也有高质量文章,权威刊物也难免有粗劣的产品,真正的学者,当不以刊物论文章。本论文集中的文章,确有不少发表在省内高校学报上,但皆材料充实,辨析精详,非一般敷衍应付之作可比,其见解俟时而显,其价值待机而张,亦可断言也。

愿先生健康长寿,学术之树常青!是为序。

受业弟子　林志强

2008年元月吉日

# 后 记

《古汉语研究论集》终于和读者见面了，这是本人专业论文的结集，是本人长期从事古代汉语、训诂学教学与研究的心血结晶，也是本人敬业精神的表现。

本书分为"语法篇"、"训诂篇"、"音韵·格律篇"三个部分，大多是为解决教学中所遇到的疑难问题或尚有重大争论问题而写的，有些是本人的读书偶得，有些则是参加社会对某一问题的讨论的。我写的这些论文，大多是从问题出发，有几种意见分歧的，一般列举持某一观点的有哪些学人，持另一观点又有哪些学人，然后深入分析其是非得失而定去取。我尊敬马建忠，既有肯定马建忠的说法的(如"其"字篇、"有以""无以"篇、"之"字篇)，也有否定马建忠的说法的(如"莫"字篇、"所"字篇)，但对马建忠本人并无成见。对当今我国语言学界的泰斗前辈先生们亦如此。这是首先要说明的。其次，我在职时公务性事情较多，曾奉调参加李贽《焚书》、《续焚书》的注释，又先后接受撰写《李贽年谱考略》、主持编写省自学考试辅导教材《古代汉语》、点校《耿天台先生文集》、点校《杨时集》(此二项均国家任务)，主编《学生小辞海》(语文分册)等任务，这些事情占去了我的大量时间，撰写专业论文往往被往后一推再推。本书所写论文有一半以上是退休之后写的。尽管如此，这些论文亦皆信而有徵，并无敷衍成篇之意，仍是可读的。再次，书中的一些语法论文，其观点在平时的教学中其实都已经讲过了，只是来不及形成文字就年届六十而退休了，这些文章之所以要写，一来是经过长期积累的资料平白丢弃十分可惜，二来是我的